María Luisa Blanco

Gespräche mit António Lobo Antunes

Aus dem Spanischen von
Maralde Meyer-Minnemann

W0197065

Luchterhand

Die Originalausgabe erschien 2001
unter dem Titel *Conversaciones con António Lobo Antunes*
bei Editiones Siruela, Madrid.

© 2001 María Luisa Blanco und Editiones Siruela
© 2003 für die deutsche Ausgabe
Luchterhand Literaturverlag, München
in der Verlagsgruppe Random House GmbH
Die Fotografien im Text sind aus dem Privatarchiv des Autors.
Umschlagkonzeption und -gestaltung:
R·M·E, Roland Eschlbeck, München
Fotografie Umschlag: Heiner Wessel
Fotografie S. 2: C. Gorka Lejarcegui, 2001
Satz: Filmsatz Schröter, München
Druck und Bindung: Elsnerdruck, Berlin
Alle Rechte vorbehalten. Printed in Germany
ISBN 3-630-62059-0

*Für António Lobo Antunes und
seine Freundschaft*

Inhaltsverzeichnis

Die Kindheit. Das Benfica-Viertel. Die Entscheidung zu schreiben. Das Gesamtwerk von António Lobo Antunes. Die Entdeckung der Sprache. Seine Großeltern, Eltern, Brüder. Großvater António.

Die Lehrjahre. Die Begegnung mit dem Tod. Ernesto Melo Antunes. Das psychiatrische Krankenhaus. »Elefantengedächtnis«. Zé und die Trennung. Die Nelkenrevolution.

Literatur und Leben. Die Hölle des Schreibens. Die Kunst des Romans. *Portugals strahlende Größe*. Noch einmal der Krieg in Angola.

Die Begegnung mit Zé. Die Freundschaft. Die Rückkehr. Cardoso Pires. Der Verlust des Gehörs. Das Leben in Afrika. Der Traum vom Schreiben. Die Klassen innerhalb der Gesellschaft.

Einführung

Das erste der in diesem Buch aufgezeichneten Gespräche fand im April 2000 statt und das letzte im Februar 2001. In dieser Zeit, in der ich jedes zweite Wochenende nach Lissabon gefahren bin, hat sich António Lobo Antunes den regelmäßigen Interviews diszipliniert wie ein Schüler unterworfen: durchschnittlich fünf Stunden während meiner dreitägigen Aufenthalte in der portugiesischen Hauptstadt sprachen wir miteinander. Er hat mir seine Zeit immer sehr großzügig zur Verfügung gestellt, obwohl es Stunden waren, die ich, und das war ihm sehr bewußt, den Büchern stahl, an denen er gerade schrieb. Nie hat er die Gespräche vorzeitig abgebrochen, keine Zeit mit Mittagessen, Abendessen oder einem Bier vergeudet, das wir zusammen hätten trinken können. Nur einmal, während eines der letzten Wochenenden, nahm er an einem Abendessen *en famille* teil, zu dem mich seine Töchter eingeladen hatten, was mich sehr berührt hat, und am Tag darauf lud er mich zu einem Mittagessen im Hotel Ritz in Lissabon ein.

Er holte mich immer pünktlich um 14.30 Uhr in meinem Hotel an der Rua da Liberdade ab, und von dort fuhren wir in seinem silbermetallicfarbenen Mittelklassewagen zu der Wohnung, die heute seinen zwei Töchtern gehört, Maria José, unter Freunden Zé, und Joana. In die Wohnung, in der er nach seiner Rückkehr aus Angola während seiner ersten Ehe gelebt hat und in die er vor etwas mehr als einem Jahr wieder zurückgekehrt war, um mit seiner ersten Frau, Maria José, von der er geschieden war, während ihrer letzten Lebensmonate zusammenzusein. Sie ist im Februar 1999 gestorben, und seither kommt António jeden Nachmittag in diese Wohnung, in der sich praktisch alle Interviews abgespielt haben.

Da sie auf einem der Hügel Lissabons gelegen ist, hat man von dieser Wohnung aus einen weiten Blick über einen Teil der Stadt und das Gefühl, sich im Freien zu befinden. In dem Viertel leben einfache oder, besser, bescheidene Leute, obwohl es, wie der Schriftsteller behauptet, ein »sehr teures« Viertel war, als er dort vor mehr als dreißig Jahren diese Wohnung mietete, die er später kaufen würde. Während der ersten Fahrt zu dieser Wohnung, als ich seine Töchter noch nicht kannte und gerade einen allerersten Blick auf sein Privatleben – im Falle von Lobo Antunes ein sehr privates – geworfen hatte, hat er gleich über sein augenblickliches Leben gesprochen: Die Mutter seiner Töchter sei gerade vor einem Jahr gestorben, und niemand, auch er nicht, habe diesen Tod verarbeitet. Er erzählte mir von Zé, der älteren Tochter, die ihr erstes Kind erwartete und beschlossen habe, ledige Mutter zu sein, und daß er daher im Juli Großvater werden würde. Joana, die jüngere Tochter, studiere in Spanien, in Santiago de Compostela. Beide habe das Unglück sehr mitgenommen, und António verbringe viel Zeit mit ihnen, weil er sich um sie sorge wegen dieses Verlusts, dessen Endgültigkeit jedoch allen klar bewußt sei. Sein Leben habe sich nicht nur wegen der traurigen Tatsache geändert, daß Zé, so hatte er sie genannt, gestorben war, sondern auch, weil das Zusammenleben mit seinen Töchtern für ihn das Leben in einer Welt bedeute, die er nicht kenne und die ihn, das Gefühl vermittelte er zumindest, irgendwie einschüchtere. Er hat noch eine dritte Tochter, Isabel, aus seiner zweiten Ehe, die siebzehn Jahre alt ist und bei ihrer Mutter lebt, einer Frau, die offenbar sehr reich ist, über die António jedoch nie spricht.

Seine Gesprächigkeit bei dieser ersten Begegnung überraschte mich, war er doch für seine Verschlossenheit bekannt. Auch die Offenheit, die Unverblümtheit, die seine Gesprächspartnerin zum Schutz des Redenden – es gibt Dinge, die kann man nicht so direkt weitergeben! – in eine vertrauliche Mitteilung verwandelte. Es war ein eigenartiges Spiel, und es sollte zum Charakteristikum dieser Gespräche werden.

Der erste Schritt in die Wohnung hatte etwas von der Verletzung einer Intimsphäre. Vom ersten Augenblick an atmete man eine Atmosphäre ein, in der die Katastrophe fühlbar war, die ihre Bewohner durchlebt hatten. Ihnen kam sie sicherlich wie immer vor, möglicherweise wollten sie auch, daß in der Wohnung alles so blieb wie vor Zés Tod; aber schon im Wohnzimmer, in das man gleich von der Eingangstür kommt, konnte der Besucher sich einer Stimmung von Hilflosigkeit und Verlassenheit nicht entziehen. Es lag zwar kein Staub – ein Dienstmädchen ging in der Küche, die nah beim Wohnzimmer lag, Putzarbeiten nach –, doch es herrschte ein Gefühl von Verwaistheit und Nachlässigkeit. Es war bestimmt auch nicht kalt, aber das große, nur von einer zarten, durchsichtigen Gardine bedeckte Fenster lud einen nicht dazu ein, seinen Mantel auszuziehen. Auf einem Regal mitten im Wohnzimmer stapelten sich Bücher mit vergilbten Rändern, die so aussahen, als seien sie lange nicht in die Hand genommen worden – später sollte ich erfahren, daß dies die Bücher waren, die seine Frau ihm nach Angola geschickt hatte, als er dort im Krieg war. Auch die Fotos. Eine Galerie von Fotos stand auf den Regalen, und das Foto von der Hochzeit stach heraus:

ein sehr junger, sehr gutaussehender António Lobo Antunes neben seiner ersten Frau, die auch gut aussah, aber nicht ganz so gut wie er. Dann Fotos von ihr, viele Fotos von ihr, von ihren Töchtern als kleine Mädchen, als Teenager. Fotos von ihm im Krieg; eines, fast so groß wie das Hochzeitsfoto, von der Frau seines Bruders Miguel, eine vierzigjährige, schöne Frau, eine enge Freundin von António, die auch im Jahr zuvor an Krebs gestorben war. Der Raum wirkte wie ein Mausoleum, in dem alles in eine Wolke aus Nostalgie und Traurigkeit gehüllt war.

Nachdem wir alle Fotos auf den Regalen angeschaut hatten – jedes einzelne zeigte er mir, bevor wir uns setzten –, rief António seine Tochter Zé. Nach einer Weile kam sie, grüßte schnell und distanziert, ein wenig mißtrauisch und verschwand dann wieder in ihrem Zimmer am Ende des Flurs. António bat sie um die Fotoalben, mußte sie aber schließlich selbst holen. Ich habe sie alle gesehen. Wieder seine Töchter, als sie klein waren, Fotos aus dem Krieg in Angola, von seiner Frau, von ihm und ihr, darunter auch welche aus ihrem letzten Lebensmonat, sehr, sehr mager, aber mit einem Ausdruck großer Lebendigkeit. António zeigte sie mit einer gewissen Bangigkeit, erklärte jedes einzelne Foto, betonte, wie schön seine Frau gewesen sei und wie viel sie ihm bedeutet habe … Als hätte ihn unvermittelt seine Vergangenheit eingeholt und er den Wert dessen begriffen, was er verloren hatte. Im Wagen, auf der Fahrt zur Wohnung, hatte er mir erzählt, daß bei seiner Exfrau, die Chefsekretärin in einem großen Unternehmen gewesen war, bei einer Routineuntersuchung ein Nierenkrebs festgestellt worden sei und man ihr erklärt habe, sie habe nur noch drei Monate zu leben. Daraufhin habe sie ihn angerufen und gesagt: »Ich werde sterben, kümmere du dich um die Mädchen ...« Und er sei sofort in die Wohnung gezogen und habe bis zum Ende mit ihr zusammengelebt. Fünf Monate, die er in allen Gesprächen immer wieder als eine Zeit großen Glücks bezeichnete, denn obwohl sie der nahende Tod bedrängte, hätten beide diese Zeit als eine glückliche und langersehnte Wiederbegegnung erlebt.

Wir setzten uns schließlich einander gegenüber an den Tisch und begannen das Gespräch. Es war der Tisch, an dem António jetzt schreibt und an dem er vor dreißig Jahren geschrieben hat, als er noch nicht daran dachte, das Geschriebene zu veröffentlichen, den seine Frau jedoch, wie er erzählte, nach dem Abendessen immer schnell abdeckte, damit er keine Zeit verlor. Bei der zweiten Sitzung zeigte er mir den Rest der Wohnung, die Schlafzimmer seiner Töchter, das Schlafzimmer seiner Frau, in dem jetzt das kleine Bett steht, das der Schriftsteller benutzt, wenn er in der Wohnung schläft, was er zur Zeit häufig tut. Er machte sich Sorgen um seine Tochter, wegen ihrer Schweigsamkeit, ihrer Schwangerschaft, ihrer Traurigkeit ... Eine Traurigkeit, die die ganze Wohnung, alle Gegenstände erfüllte. Nur die Anwesenheit des Dienstmädchens, das jetzt bügelte, später mit dem Staubsauger hantierte, dann der Geruch nach Gedünstetem fürs Abendessen ... Diese Geräusche, die niemand als Segen bezeichnen würde, waren hier die Garantie dafür, daß das Leben weiterging.

Lissabon ist eine sehr melancholische Stadt, und obwohl sie dies nicht sein will, gelingt es nicht, ein anderes Attribut für sie zu finden, tragen doch alle seine Bewohner zu diesem Eindruck bei. Der Portugiese begehrt nicht gegen sein Schicksal auf, er nimmt resigniert hin, was das Schicksal für ihn bereithält. Die meisten sind so: schweigsam, bedächtig, niemals schrill, Lächeln anstatt breites Lachen, Höflichkeit, Diskretion ... Sieben Hügel, zu denen man aufblicken kann ... Einhundertdreizehn Arten, den Stockfisch zuzubereiten ... Als Lobo Antunes als Literaturnobelpreisträger im Gespräch war, fürchteten seine Feinde, der Preis könnte einem Schriftsteller verliehen werden, der ihrer Meinung nach gegen Portugal schrieb ... Nichts ist weniger wahr. Das Werk von Lobo Antunes ist zweifellos universell, doch die Atmosphäre seiner Bücher, dieses Protokollieren der Unerbittlichkeit der Zeit und der Vergänglichkeit der Dinge ist von der portugiesischen Melancholie durchdrungen.

In den späteren Treffen verlor die Situation in der Familie etwas von der großen Traurigkeit. António erzählte nicht viel von seinem Privatleben, hat dies nie getan, aber es war klar, daß er es wiederaufnahm. Zés Sohn wurde geboren, und es war sehr befreiend, sie mit ihrem Baby im Arm zu sehen und mit einem Gesicht, das in keiner Weise an das schwermütige Mädchen der ersten Begegnung erinnerte. Ich lernte Joana kennen, die ihrer Schwester nicht sehr ähnlich sieht. Zé hat hellbraunes Haar, sehr weiße Haut, ist groß und wirkt ernst und etwas distanziert. Joana ist kleiner und brünett, hat ein lächelndes Gesicht, ist kommunikativ und offen. António spricht immer mit großer Zärtlichkeit und Bewunderung von ihr, weil sie ihre Zuneigung und ihre Gefühle zeigen kann. Ich habe auch Isabel kennengelernt, die jüngste Tochter. Sie ist größer als ihre Schwestern, hat blondes Haar und helle Augen; António findet, daß sie ihm ähnlich sieht, aber ich habe diese Ähnlichkeit nicht entdecken können. »Sie liebt ihre Schwestern«, sagte er, und tatsächlich hat sie auf dem Weg, den wir mit dem Wagen zusammen zurückgelegt haben, mit ihrem Vater von ihnen und vom Baby gesprochen. Auch vom Zahn, den es gerade bekommen hatte, einer Tatsache, die António mir gegenüber schon mehrfach erwähnt hatte.

Lobo Antunes macht niemals genaue Angaben. Man bekommt allmählich heraus und erhält irgendwann auch den Beweis dafür, daß seine Einsamkeit von einer Frau begleitet wird, daß seine Töchter eine immer wichtigere Rolle in seinem Leben spielen, daß es ihn rührt, daß Zés Baby schon einen Zahn hat … Während eines der Gespräche mit seinen Töchtern, die sich manchmal am Ende der Interviews ergaben, warfen diese ihm vor, daß ihm Mannequinfrauen gefielen, Vorzeigefrauen. António, den das amüsierte, meinte daraufhin, daß er nun mal ein Genie sei, und eine Tochter entgegnete darauf, daß sie bei ihm als Vater nicht seine Genialität suchten, sondern einen Vater. Später sollte er mir gestehen, daß er fürchte, seine Töchter würden ihn für einen schlechten Vater halten.

Jedenfalls ist Lobo Antunes, obwohl er nicht allein lebt, ein einsamer Mann. Es ist eine gewählte Einsamkeit, weil er in dieser Einsamkeit das wahre Glück findet. Er lebt für seine Bücher, und es macht ihm nichts aus, der Literatur jenes Maß an Einsamkeit zu geben, das diese verlangt. Während unserer Treffen hat er nie über die Zeit geklagt, die er dabei verlor; aber ich habe häufig bemerkt, daß er nervös und unruhig war, weil ich seinen Büchern Zeit stahl, was bei Lobo Antunes bedeutet, sie seinem Leben zu stehlen. Im Laufe unserer Gespräche habe ich mich häufig gefragt, inwieweit seine Bücher tatsächlich sein Leben sind, wie er immer wieder erklärte. Der Leser wird nach der Lektüre des Buches seine Schlüsse daraus ziehen. Doch die weit größere Herausforderung für mich war, die radikale Wahrhaftigkeit und Ehrlichkeit seiner Worte wiederzugeben.

Es hat während der Gespräche auch Schwierigkeiten gegeben. Für António ging es nicht nur darum, daß er von Ereignissen erzählte, sondern hin und wieder übermannte ihn die Sehnsucht, die *saudade*, sagte er, nach seinen toten Freunden: »Ich hatte nie das Bedürfnis, sie häufig sehen zu müssen, aber jetzt bedaure ich, es nicht getan zu haben.« Das Ansprechen bestimmter Themen ist manchmal eine wahre Katharsis für den Autor gewesen, der, wie er zugab, seit Jahren nicht mehr vom Krieg und über andere ebenso intime und private und gleichermaßen schmerzliche Themen gesprochen hatte. »Manchmal«, gestand er mir, »muß ich, nachdem du gegangen bist, lange Zeit in mich gekehrt dasitzen, kann ich an nichts anderes denken, bis ich wieder von meinen Erinnerungen lassen kann.«

Hier sind nun endlich die Interviews. Daß sie nur dank der Großzügigkeit des portugiesischen Autors möglich waren, dessen sollte sich der Leser immer bewußt sein. Er sollte auch nicht vergessen, daß es nicht möglich ist, die Komplexität und den Reichtum eines Menschen in einem Dutzend Gesprächen einzufangen. Dergleichen im Falle der labyrinthischen Persönlichkeit von Lobo Antunes erreichen zu wollen wäre kindliche Vermessenheit. Aber alle diese gesprochenen Reflexionen, ehrlichen Enthüllungen, vertraulichen Mitteilungen, die manchmal die natürliche Schamgrenze streiften, wollen den Schriftsteller seinen Lesern näherbringen, dazu beitragen, Schlüssel und Motivationen kennenzulernen, die der Prosa dieses hermetischen, undurchdringlichen Autors zugrunde liegen. Mögen die Neugier auf das Leben und den Menschen, die sich hier zeigen, den Leser zu seinen Werken führen. Einer Prosa – manchmal nähern uns Klischees der Wahrheit an – von erschütternder Schönheit und unergründlicher Tiefe.

María Luisa Blanco
September 2001

1

»Warum man schreibt? Fragen Sie einen
Apfelbaum, warum er Äpfel hervorbringt.«

Die Kindheit. Das Benfica-Viertel. Die Entscheidung
zu schreiben. Das Gesamtwerk von António Lobo
Antunes. Die Entdeckung der Sprache. Seine Großeltern, Eltern, Brüder. Großvater António.

Wenn es stimmt, daß der erste Blick auf die Dinge die eigene
Weltsicht schafft, dann entsteht sie zweifellos in der Kindheit.
In Lobo Antunes' gesamtem Werk, in seinen Büchern wie in
seinen Kolumnen, blitzen diese ersten Lebenseindrücke auf
und prägen die besondere Ästhetik des Autors.

Seine Obsessionen, sein Eifer, seine Hartnäckigkeit, den Beruf eines Schriftstellers auszuüben, haben sich in jenem Haus
im Lissabonner Stadtviertel Benfica herausgebildet. Ein Haus
in einem Stadtteil, in dem seine Familie immer gelebt hat, in
dem seine Eltern weiterhin leben und das heute nicht so groß
wirkt, wie seine Erinnerung es evoziert. Die Villen, die in den
fünfziger Jahren die Sommersitze wohlhabender Lissabonner Familien waren, gibt es nicht mehr. Heute ist das Viertel
ein Arbeiterviertel, in dem das Elternhaus von António mit
seinem fast verwilderten Garten eine melancholische Remi-
niszenz dessen ist, was es einmal war.

In diesem Haus entstanden auch, von seinen Eltern João
und Margarida gefördert, die Liebe des Schriftstellers zu den
Büchern und seine große Sensibilität für die Kunst und die
Musik. Seine Erziehung war sicher streng und die Disziplin
eisern. Der Schriftsteller hat sich immer wieder über den Man-

gel an Zärtlichkeit und Aufmerksamkeit seitens seiner Eltern beklagt; doch obwohl António Lobo Antunes seinen Eltern vorwirft, sie hätten ihm die »Kalorien der Zärtlichkeit« nicht zu geben gewußt, so sind sich doch viele darin einig, daß ihr Vermächtnis durchaus nicht spärlich war.

– Welches sind die Erinnerungen an Ihre Kindheit?

– Eine der deutlichsten Erinnerungen an meine Kindheit ist die an den Tag, an dem ich beschlossen habe, Schriftsteller zu werden. Es war ein 24. Dezember, ich war sieben Jahre alt und fuhr in einem Taxi und hatte plötzlich so etwas wie eine Eingebung: Ich werde Schriftsteller, dachte ich. Und kaum war ich zu Hause angekommen, da machte ich mich ans Schreiben. Und so war es, genau so, wie ich es Ihnen erzähle.

Das war der Augenblick der Bewußtwerdung, der Augenblick, in dem ich dachte, daß mein Wunsch zu einem Lebensprojekt werden könnte, doch geschrieben hatte ich bereits vorher. Ich habe sehr, sehr früh angefangen, mit vier oder fünf Jahren. Meine Mutter sagt, daß sie sich an mich immer als jemanden erinnert, der schreibt, nicht an jemanden, der spielt oder Sport treibt, nur schreibt, denn genau das tat ich die ganze Zeit.

Ich weiß nicht mehr, was ich schrieb, aber ich erinnere mich daran, daß ich Zeitungen machte, die ich dann verkaufte. Zeitungen, die ich selber illustrierte, denn ich konnte gut zeichnen. Ich machte die Nummer eins, und die ganze Familie bezahlte, um sie zu lesen. Ich nehme an, daß es etwas Naives, Kindliches war. Ich machte auch Comics.

Mein Vater hat einige Blatt Papier von mir aufbewahrt, auf denen ich unter dem Titel »Das Gesamtwerk von António

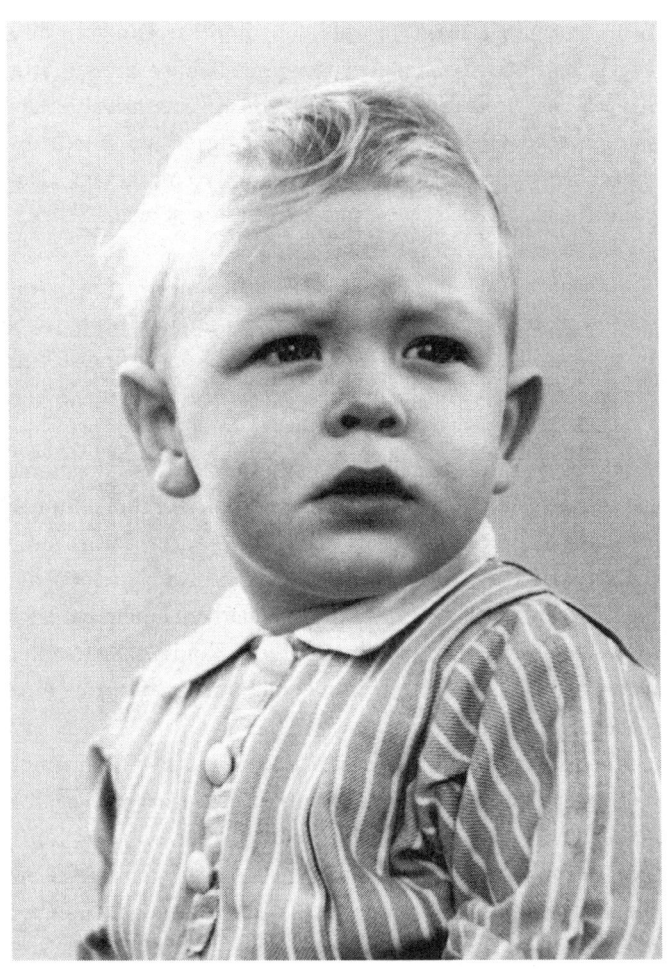

António Lobo Antunes mit einem Jahr

Lobo Antunes, Romane, Erzählungen, Berichte, Essays …« die Werke bis ins Jahr 2000 mit Titeln und allem vermerkt hatte. Als ich dreizehn war, hatte ich bereits ein ansehnliches Gesamtwerk und zeigte es stolz meiner Mutter. Als gute Mutter hat sie mich ungemein ermuntert und zu mir gesagt: »Das ist nichts wert, lern tüchtig und werde Arzt, denn als Schriftsteller wirst du es zu nichts bringen.«

Und ich las viel. Las alles. Das Haus, in dem wir lebten, war sehr groß, und mein Leben war sehr einsam. Ich las, schrieb. In der Familienbibliothek gab es erlaubte Bücher und solche, die mir zu lesen verboten war und die sie weggeschlossen hatten.

Ich ging auch immer in die Bibliothek des Gymnasiums. Ich erinnere mich daran, wie nach der Grundschule, immer wenn ein Lehrer fehlte, mein einziges Vergnügen war, in die Bibliothek zu gehen. Im Gymnasium habe ich begonnen, die portugiesischen Schriftsteller des vergangenen Jahrhunderts zu lesen. Aber damals wollte ich nicht Romanschriftsteller werden, sondern Lyriker. Mit vierzehn Jahren hatte ich eine Gedichtsammlung.

Meine Welt waren die Bücher. Ich fand sie im Haus meiner Großeltern, im Haus meiner Eltern, im Gymnasium … Ich glaube, man kann auf die Frage, weshalb man schreibt, fünfzehn oder zwanzig wahre Antworten geben, obwohl bestimmt keine davon ehrlich ist, denn im Grunde weiß man selber nicht, warum. Fragen Sie einen Apfelbaum, warum er Äpfel hervorbringt. Den tieferen Sinn, weshalb man schreibt, kennt man nicht; man weiß nur, daß Schreiben eine Notwendigkeit ist.

Habe ich an einem Tag nicht geschrieben, dann fühle ich mich, als hätte ich mich angezogen, ohne vorher zu duschen.

Wenn ich nicht schreibe, erfüllt mich ein Gefühl von Abwesenheit, von tiefer Leere. Wenn ich nicht schreibe, überfällt mich noch heute ein immenses Schuldgefühl.

Mein Arbeitsrhythmus ist höllisch, ich arbeite zwölf Stunden am Tag. Wenn ich reise, um ein Buch vorzustellen, oder Interviews machen muß, weil all dies zur Promotion des Buches beiträgt, hole ich nachts die verlorenen Stunden nach und schreibe bis zwei oder vier Uhr morgens. Gleichgültig, ob ich in Deutschland, in Österreich oder in Spanien bin oder sehr früh aufstehe oder müde bin, ich muß jeden Tag schreiben, ich brauche das, um mich nicht schuldig zu fühlen.

– Können Sie sich an etwas erinnern, das Sie entscheidend dazu beeinflußt hat, den Weg der Literatur zu beschreiten?

– Nein, nein, einen konkreten Einfluß hat es nicht gegeben. In meiner Familie hat niemand geschrieben, niemand. Es hat Verwandte gegeben, die Bücher liebten und schätzten, aber sie schrieben nicht. Und außerdem kam Literatur nicht in Frage. Wenn ich im Alter von zwölf oder dreizehn Jahren zu meinen Eltern sagte, ich wolle Schriftsteller werden, waren sie beunruhigt, denn das war kein vernünftiger Beruf. Sie glaubten tatsächlich, daß dies der Weg war, Hungers zu sterben: »Ein Buch zu schreiben ist sehr schwer«, sagten sie zu mir. »Es gibt viele Leute, die schreiben, aber nur wenige Bücher sind gut, nur wenige Schriftsteller bringen es zu etwas; du solltest lieber etwas anderes machen …«

Auch die Lehrer brachten einen nicht zum Schreiben. Ihre Art, Dinge zu erklären und zu lehren, machte Literatur nicht gerade interessant, und die Pflichtlektüre war langweilig, weil sie einem auf wenig anregende Weise nahegebracht wurde.

– Für Sie ist Schreiben weniger das Erzählen einer Geschichte als vielmehr die Suche nach einer Sprache, nach der Vollkommenheit der Sprache und der Worte. Wann haben Sie erkannt, daß dies so ist?

– Ich habe mich schon früh für Sprache interessiert, als ich etwa fünfzehn war. Mit zwölf oder dreizehn habe ich angefangen, Salgari, Jules Verne zu lesen, spannende, aufregende Bücher, aber bald schon kamen die Überraschungen: mein unendliches Staunen darüber, was man mit Worten machen konnte.

Ich versuchte, sehr einfache Geschichten zu erzählen. Die Figuren waren Rennfahrer, Boxer oder so etwas. Als ich begann, die Dichter zu lesen, da hat meine literarische Unruhe begonnen.

Mit der Poesie begreift man den wahren Wert des Wortes. Für einen Jungen war es einfacher, diesen Wert in den Gedichten zu entdecken als in der Prosa. Bis zu diesem Augenblick hatte ich heroische Bücher, Abenteuerbücher, sentimentale Geschichten gemocht, mir gefielen Autoren wie Blasco Ibáñez. Aber das Gefühl für die Bedeutung des Geschriebenen, die Sorge um die Worte, die Erkenntnis, daß es wichtig ist, wie man schreibt, und nicht, welche Geschichte man erzählt, das ist erst später gekommen, ich bin erst sehr, sehr spät darauf gekommen.

Dennoch hörte ich nicht auf zu schreiben, ich schrieb viel. Ich war zwanzig Jahre alt und schrieb bereits an einem Roman, dem ich insgesamt mehr als zehn Jahre gewidmet habe. Das Problem war, daß ich nie zufrieden war und ihn schließlich zur Seite legte. Die Frau eines meiner Brüder sagte: »Du wirst nie etwas publizieren, weil du das, was du schreibst, immer aufgibst, am Ende alles verachtest.« Und das stimmte, ich war nie mit den Ergebnissen zufrieden, war nie mit dem von mir Geschriebenen zufrieden. Ich hörte viele fremde Stimmen.

Mit fünfzehn entdeckst du, daß es einen Unterschied gibt zwischen gut und schlecht Geschriebenem, und beginnst, dich zu beunruhigen, zwischen zwanzig und vierundzwanzig aber begreifst du den Unterschied zwischen gut Geschriebenem und einem Kunstwerk, und damit ist deine Ruhe ganz dahin, und du wirst sie nie wiederfinden. Aber es ist immer so, man ist sich seiner Arbeit nie sicher, weiß nie, ob sie gut ist oder nicht.

Ich glaube, Dumas hatte recht, als er über seine Bücher sagte, die Intrige sei nur der Rahmen des Bildes. Dennoch denke ich, daß wir vor einem wirklich komplexen Problem stehen. Ein Schriftsteller arbeitet mit der Sprache, und die ist selbstverständlich das Wichtigste, aber diese Sprache muß strukturiert werden, muß im Dienste dessen stehen, was du erzählen willst.

Gestern habe ich im *Ulysses* von Joyce gelesen und finde, daß der Roman im Hinblick auf seinen Wortreichtum phantastisch ist, aber zugleich habe ich mich auch ein bißchen gelangweilt, weil ich nicht erkennen konnte, in wessen Dienst dieser gewaltige verbale Lärm stand. Die Pirouette um der Pirouette willen, die phantastische Zurschaustellung der unendlichen Fähigkeit, Wörter zu erfinden, läuft für mich ein bißchen ins Leere, weil sie für die Geschichte hinsichtlich der erzählerischen Wirksamkeit nicht hilfreich ist.

Einerseits ist es wichtig, die Sprache, die Wörter zu beherrschen, aber es würde mich nicht zufriedenstellen, es allein dabei zu belassen, denn am Ende begreift man, daß dies nicht die Hauptsache ist.

Wichtig ist, daß das Buch sich allein, sich selber schafft, daß es eine eigene Existenz hat und aus sich selbst heraus seinen Wert bezieht, nicht daraus, daß jemand es gemacht hat. Und bei Joyce fühlt man immer seine Geschicklichkeit, seine schriftstellerische Könnerschaft drängt sich einem auf, und man merkt ständig, daß er es ist, Joyce selber, der hinter allem steht. Das erinnert mich daran, wie es ist, wenn ich mit einigen Franzosen rede. Ich habe immer das Gefühl, daß sie mir sagen: »Schau nur, wie intelligent ich bin.«

Nicht du sollst intelligent sein; das Buch muß es sein.

– Soll das heißen, daß der Autor im Buch nicht zu spüren sein soll, daß dies ein Eigenleben haben und unabhängig vom Autor funktionieren soll?

– Ja, genau. Der Autor darf seine technischen Fähigkeiten, seine Könnerschaft oder seine Herausforderungen oder Schwierigkeiten nicht zur Schau stellen. In einem Buch, das gut ist, ist der Autor nicht vorhanden, man bemerkt ihn nicht. Wenn man liest und als Leser den Autor sagen hört: »Guck mal, was ich da mache, guck mal, wie schwierig es ist, dies zu lösen, und wie gut ich das schaffe …« So funktioniert nicht nur das Buch nicht, sondern ich glaube zudem, daß man ein Problem mit dem schlechten Geschmack bekommt. Solche Bücher können nicht gut sein.

Der Autor darf keine Figur seines Buches sein, weil der Leser nicht spüren darf, daß der Schriftsteller da ist, dieser muß sich unsichtbar machen. Darin bin ich mit Faulkner einer Meinung, der ein sehr bescheidener Mensch war und sagte: »Ich hätte meine Bücher anonym veröffentlichen sollen, weil sie das Wichtige sind, meine Bücher, und nicht ich …« Es ist wirklich phantastisch, daß Bücher ein eigenes Leben haben, unabhängig von dem, der sie geschrieben hat.

Es heißt irgendwo, daß, damit der Leser den Genuß haben könne, der Schriftsteller leiden müsse, und ich glaube, das stimmt genau. Man kann Stunden über einem Satz verbringen, den der Leser später in einer Sekunde liest, aber er braucht nicht zu wissen, welche Qual ihm vorausgegangen ist, wieviel Sorgfalt auf die Stellung der Wörter verwandt wurde, das muß der Leser nicht merken.

Es kostet den Schriftsteller viel Mühe, den Platz eines jeden Wortes zu finden, aber jedes Wort hat seinen Platz, und setzt du es nicht an den richtigen Platz, scheitert der Satz. Doch der Leser muß ihn lesen, als wäre dieser Satz auf die selbstverständlichste Art der Welt zustande gekommen, er darf die Mühen des Autors nicht spüren. Ich zitiere Puschkin immer wieder, der gesagt hat, daß man, wenn man das Wort »Fleisch« benutzt, den Geschmack von Fleisch im Mund spüren muß. Das Wort »Fleisch« ist immer dasselbe, aber es kommt darauf an, wohin man es setzt, damit es nach Fleisch schmeckt, damit es wirkt.

– Würden Sie die Wirksamkeit eines literarischen Textes als dessen Fähigkeit definieren, Gefühle zu wecken?

– Die Wirksamkeit liegt vor allem darin, nicht der Verführung durch eine schöne Metapher zu erliegen. Ein schönes Bild, eine brillante verbale Pirouette können einem Roman schaden.

Man darf nicht vergessen, daß ein Roman schwer zu lesen ist, es sind viele, viele Seiten, und man muß den Leser ununterbrochen fesseln, ihn nicht entkommen lassen. Der Roman muß unerbittlich sein, und es muß einem gelingen, so wie es der Musik gelingt, daß der Leser einem folgt, einen Seite für Seite begleitet, man muß ihn an sich binden, so wie der Torero den Stier an sich bindet. Ich benutze diese Metapher, weil ich einen Roman geschrieben habe, der noch nicht ins Spanische übersetzt wurde, in dem ein ganzes Kapitel Curro Romero gewidmet ist. Der Mann fasziniert mich, ich glaube, seine Kunst ist wunderbar, aber man fühlt, man sieht seine Angst, und ein Torero, der Angst hat, ist etwas Schreckliches.

– Lassen Sie uns mit dem Kind weitermachen, das Sie einmal waren. Wie ist Ihre Kindheit verlaufen?

– Ich habe in Benfica gelebt, einem Vorort im Westen der Stadt. Damals sagten die Leute des Viertels, wenn sie ins Stadtzentrum fuhren: »Ich fahre nach Lissabon.« Es war ein Viertel armer, bescheidener Leute, obwohl es dort auch ein paar reiche Familien gab. Es gab Leute aus Lissabon, die den Sommer in Benfica verbrachten. Jetzt ist es eine riesige Schlafstadt geworden.

Wir hatten ein sehr großes Haus mit einem sehr großen Garten … Und draußen waren die Armen. Ich erinnere mich daran, wie meine Großmütter wie Hofdamen durch das Viertel spazierten.

– Wie lebten Sie damals?

– Die Schule hatte überhaupt keinen Einfluß, und die Familie meines Vater und meiner Mutter waren jeweils sehr große, unterschiedliche Familien. Es gab Mitglieder, die waren an Literatur interessiert, an Musik oder Malerei; aber niemand schrieb. Meine Brüder schrieben auch nicht, weder damals noch heute, doch obwohl ich es tat, hatte ich nicht die Absicht, das Geschriebene zu veröffentlichen, ich habe nie ans Veröffentlichen gedacht.

Ich schrieb dies und das: Gedichte, Essays, Romane, Berichte, die ich sofort in meine »Gesammelten Werke« einschloß, wirklich schlechte Texte, und später zerstörte ich sie; ich verbrannte sie im Garten. Die Ergebnisse waren so armselig, so häßlich, daß es mich ganz traurig machte. Ich dachte immer: Werde ich denn nie etwas Gutes schreiben? Das denke ich heute noch.

Heute bin ich zufrieden, es gibt Bücher, mit denen ich zufrieden war, obwohl ich immer denke, daß ich es hätte besser machen können. Je weiter ich voranschreite, desto mehr Probleme habe ich, und desto schwieriger ist meine Arbeit, und desto langsamer geht sie voran, weil ich ständig mehr korrigiere und meine Zweifel immer größer werden.

Andererseits glaube ich nicht, daß meine Zweifel untypisch sind. Wenn ich literarische Schriften von Autoren lese, die ich mag – ihre Briefe, Anmerkungen oder Dokumente –, finde ich in ihren Reflexionen immer eine sehr große Unsicherheit. Und ich frage mich: Warum diese Unsicherheit, wo seine Arbeit doch so gut ist? Warum haben sie so viele Zweifel? Ich glaube, daß Unsicherheit und Zweifel unter Schriftstellern ziemlich weit verbreitet sind, ich glaube nicht, daß ich da eine Ausnahme bin.

Mein Freund Tom Colchie, der nicht nur mein Literaturagent ist, sondern auch mein härtester und anspruchsvollster Kritiker, ruft mich jede Woche an und fragt mich: »Wie geht es dem Roman?« Und ich antworte ihm stets: »Sehr schlecht, Scheiße.« Und er: »Na gut, dann bin ich beruhigt ...«

– Wir sprachen von Ihren Jugendjahren. Sie sind in einer aristokratischen, privilegierten Umgebung aufgewachsen. Wie waren Ihre Eltern, wie war Ihre Beziehung zu Ihren Brüdern?

– Ich halte meine Eltern für außergewöhnliche Menschen, und ihre sechs Söhne sind es auch. Ich bin der älteste, mein Bruder João ist Neurochirurg, und mit dreißig Jahren war er bereits der Vorsitzende der weltweiten Gesellschaft für Neurochirurgie. Pedro ist Architekt, Miguel leitet das Centro Cultural de Belém. Nuno ist Arzt und lebt in New York, und Manuel ist Diplomat und Botschafter.

Wir verdanken unseren Eltern alle viel, weil sie uns sehr streng erzogen haben, obwohl sie zu den adligen Familien Portugals gehören. Mein Vater hat nie zu uns gesagt, etwas sei nicht gut, sondern: »Das ist dumm.« Er gab uns große Unabhängigkeit und Verantwortungsgefühl. Wenn wir vierzehn wurden, gab er uns den Haustürschlüssel und stellte keine Fragen, riet nur: »Tu nichts, was du später bereuen könntest.«

Mein Vater ist Arzt. Neuropathologe. Er hat lange Zeit in Deutschland und Belgien gearbeitet, er ist ein großer Bewunderer von Ramón y Cajal und ein großer Buchliebhaber.

Als ich zwölf war, gab er mir Oscar Wilde, Flaubert zu lesen … In den Ferien mußte ich ein Kapitel von Madame Bovary lesen und anschließend eine Zusammenfassung machen, oder ich mußte eine Symphonie anhören und sie mit ihm durchsprechen und vergleichen. Anfangs war das grauenhaft langweilig, es war eine arge Pflicht, aber diese Disziplin nützt einem später sehr, und zugleich weckt sie die Sensibilität.

Und dann schrieb ich schrecklich schlechte Gedichte, und

er nahm sie mit ins Krankenhaus und las sie den armen Ärzten vor … Dennoch hat er mir nie gesagt, ob sie gut oder schlecht seien. Auch heute rede ich mit meinem Vater nicht über meine Bücher. Ich habe nie mit ihm über meine Bücher oder meine Arbeit als Schriftsteller geredet. Nur bei *Die natürliche Ordnung der Dinge*, in dem ich den Tod seiner Schwester erzähle, die er innig liebte, machte er eine Bemerkung: »Ich habe das Buch nicht verstanden.«

Wir wurden sehr streng erzogen, wollte man Geld haben, mußte man dafür arbeiten. João machte Kinderprogramme fürs Fernsehen, ich gab Matheunterricht. Mein Vater dachte, wir würden so den Wert des Geldes kennenlernen und daß es wichtig sei. Tatsächlich habe ich ein eigenartiges Verhältnis zum Geld, ich denke, aufgrund dieser Erziehung.

Als ich meinen Vater das letzte Mal besuchte, wollte der Mann, der im Garten des Hauses arbeitet, meine Hand küssen, als befänden wir uns in einem feudalen System.

Wir sind zwischen Büchern und Bildern aufgewachsen. Mein Vater hat im Bereich der Malerei zwei Vorlieben: Velázquez und Vermeer, Goya gegenüber ist er sehr kritisch. Als ich vierzehn war, hat er mir eine Erstausgabe von Céline zum Lesen gegeben, und während des Sommers hat er mich gezwungen, Bilder von Gauguin zu kopieren. Anfangs war das schrecklich, aber ganz allmählich fand ich Gefallen daran.

Ich glaube, mein Vater hat uns als Reaktion gegen meinen Großvater zu alldem gezwungen, der ein konservativer Monarchist war und keine Bücher mochte.

– Ihr Großvater António ist aber doch Ihr großer Bezugspunkt.

– Aber ja doch. Mein Großvater war viel wichtiger als mein Vater. Bei ihm gab es niemals Konkurrenzgefühle. Mit ihm bin ich im Alter von sieben Jahren durch ganz Europa gereist! Und das ist für ein Kind ein nicht wiederholbares Erlebnis.

Ich war immer mit ihm zusammen. Immer, immer. Seine Zärtlichkeit und seine Großzügigkeit habe ich in keinem anderen Menschen wiedergefunden. Er war ein eigentümlicher Mensch, der die außerordentliche Fähigkeit besaß, einem das Gefühl zu geben, einzigartig zu sein. Wenn er mich ansah, fühlte ich, daß ich der einzig existierende Mensch war. Er sagte zu mir: »Von mir hast du nur den Namen«, denn er war brünett, groß, kräftig und extrovertiert.

Sein Haus war immer voller Menschen. Samstags aßen all seine Kinder bei ihm. Er gab viele Feste, Abendessen in seinem Haus. Und ich bin natürlich nicht wie er, da hatte er recht, ich bin das genaue Gegenteil, aber ich betete ihn an. Ich war sein ältester Enkelsohn, der Erbe seines Titels und so. Als ich dreizehn Jahre alt war, hat er mich eines Tages zu sich gerufen und sehr beunruhigt gefragt, ob ich schwul sei … nur, weil ich schrieb.

– Wie viele Kinder hatte er?

– Zwei Jungen, meinen Vater und dessen Bruder, der ganz jung gestorben ist, mit ein oder zwei Jahren, ich weiß es nicht genau, und zwei Mädchen. Eine der Töchter, die wie meine zweite Mutter war und die ich anbetete, ist auch gestorben. Von ihr erzähle ich in *Die natürliche Ordnung der Dinge*.

Sie war eine Frau, die ständig las, mein Bruder sagte, sie sei die Frau auf der Welt, die das Lesen am meisten liebte. Sie war

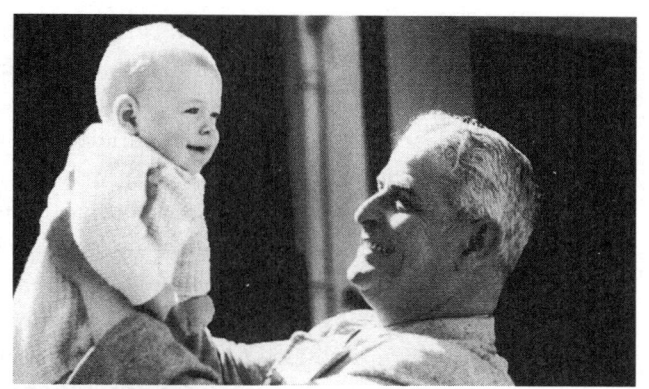

Mit dem Großvater António

Musiklehrerin. Sie sah meiner Großmutter sehr ähnlich, und ich habe immer, wenn ich ein Problem hatte, mir ihr geredet; bis zu ihrem Tod. Da war ich sieben oder acht Jahre alt.

Sie war ein offener Mensch, wenn ich sie anrief, hatte sie immer Zeit für mich. Sie hatte eine Tochter, machte aber nie einen Unterschied zwischen uns beiden. Sie liebte ihre Tochter genauso wie uns, zumindest empfanden wir es so. Sie war ein wunderbarer Mensch.

Aber in meiner Kindheit gab es noch andere wunderbare Menschen, zum Beispiel die Mutter meiner Mutter, die die Tochter eines Generals war und vom Leben und den Abenteuern ihres Vaters erzählte, eines Mannes, der aus sehr armen Verhältnissen stammte und am Ende von Königin Victoria empfangen wurde. Er war Sohn eines mehr oder weniger analphabetischen Vaters, der im Süden arbeitete. Doch der Patron merkte, daß der Junge etwas Besonderes war. So begann sein Leben. Am Ende war er ein reicher Mann, obwohl er aus einfachen Verhältnissen stammte.

Aber trotz dieser wunderbaren Menschen, die in meiner Kindheit wichtig waren, ist die wichtigste Person in meinem Leben der Vater meines Vaters, mein Großvater António.

– Und Ihr Vater, welche gefühlsmäßigen Erinnerungen haben Sie an ihn?

– Es fällt mir sehr schwer, über diese Erinnerungen zu sprechen, ich kann sie nur schwer beschreiben. Mein Vater ist ein zutiefst egoistischer Mann. Ich kann mich nicht daran erinnern, jemals Zärtlichkeit von ihm bekommen zu haben. Auch nicht von meiner Mutter. Die Beziehung zu ihnen ist immer sehr kompliziert gewesen.

Sie sind zweifellos sehr wertvolle Menschen. Meine Mutter ist die einzige Frau, die ich kenne, die Proust mehrfach gelesen hat, sie ist eine gebildete Frau, spricht mehrere Sprachen, hat einen klaren Verstand und ist zudem sehr kritisch. Sie hat viele gute Eigenschaften, aber ich kann mich nicht daran erinnern, daß sie mich je geküßt hätte.

Ich habe auch nie gesehen, daß mein Vater meine Mutter geküßt hätte oder umgekehrt. Ich habe nie gesehen, daß er sie berührt hat, aber mein Vater kam aus Deutschland zurück, und kurz darauf war meine Mutter schwanger. Sie hat sechs Söhne, und das war für mich immer ein großes Mysterium.

Es hat bei mir zu Hause nie Gespräche über persönliche Dinge gegeben, auch heute nicht. Man unterhielt sich über Literatur, Malerei oder Poesie, aber weder über Politik – weil alle Tendenzen vorhanden sind, obwohl eher die linke vorherrscht – noch über Religion, weil dies als intimes, persönliches Thema angesehen wurde. Doch vor allem sprach man nie über Gefühle oder etwas, das in diese Richtung ging. Und das fehlt einem, es gibt ein Alter, in dem ein Gespräch darüber sehr wichtig ist.

Man braucht eine Mutter und einen Vater, die einen berühren, ihre Gefühle für einen ausdrücken, aber diese »Kalorien an Zärtlichkeit«, die ich brauchte, die bekam ich von meinen Großeltern. Ich legte meinen Kopf auf die Knie meiner deutschen Großmutter und sagte zu ihr: »Ich bin hergekommen, damit du mich streichelst.«

So war meine Kindheit. Man mußte der Beste sein, der Stärkste. Wenn ich zu Hause ankam und sie sahen, daß ein anderer Junge mich geschlagen hatte, dann schlug mich mein Vater auch noch, weil ich nicht zurückgeschlagen hatte. »Er

Mit seiner Mutter

Mit seiner Mutter und seinen Brüdern

Mit seiner Mutter und den Großeltern mütterlicherseits

war größer als ich«, protestierte ich. »Dann beiß ihn in die Hoden«, entgegnete mein Vater.

Ich habe nicht das Gefühl, daß ich meinem Vater oder meiner Mutter sehr viel schulde. Tut mir leid.

– Dennoch hatten Sie mit Ihrer Mutter viel gemeinsam.

– Sie ist eine intelligente Frau, aber damals wurden die Frauen von ihren Ehemännern vollkommen ausgelöscht. Sie gingen nicht zur Universität. Sie waren von ihren Vätern oder Ehemännern vollkommen abhängig. Sie ließen sich nicht scheiden, weil geschiedene Frauen nur wenig besser als Prostituierte waren. Sie lebten ein unterworfenes, sehr trauriges Leben. Sie waren richtige Sklavinnen, und meine Mutter war es auch.

– Und hatten Sie kein vertrautes Verhältnis zu Ihrer Mutter?

– Nein, es herrschte eine große Distanz. Man redete zum Beispiel nie über Sex. Mit den Eltern sprach man nie über das, was einen interessierte oder einem Sorgen bereitete. Das waren intime Dinge, die man nicht mit ihnen besprach. Es herrschte eine riesige Distanz, ein Mangel an Vertrautheit, den sie kultivierten und steigerten.

Ich sprach wenig mit meinen Eltern. Heutzutage kann man über einige Dinge mit ihnen reden, aber wenn ich sie brauchte, um mit ihnen zu reden, waren sie nicht da. Sexualität zum Beispiel, alles, was du als Jugendlicher darüber wissen mußtest, fandest du mit deinen Schulfreunden heraus.

Ich erinnere mich daran, wie ich, ich muß damals etwa fünf oder sechs Jahre alt gewesen sein, zwei Hunde aneinanderhängen sah. Ich fragte meine Mutter, ob Menschen das so machten wie die Hunde. Und sie hat mir keine Antwort gegeben. Sie war von der Frage sehr verwirrt.

– Und das Verhältnis zu Ihren Brüdern?

– Mit meinen Brüdern habe ich auch nie viel geredet. Als wir klein waren, ja. Später, als wir erwachsen waren, nicht mehr. Es gibt zwischen uns kein Konkurrenzverhältnis. Einmal habe ich einen Preis im äußersten Norden Portugals erhalten, und ich war sehr überrascht darüber, daß alle hinkamen. Obwohl es eine stundenlange Autofahrt bedeutete. Sie sagen nichts, tun aber etwas.

Ich bin sehr stolz auf sie, weil sie interessante Berufswege eingeschlagen haben und in dem, was sie tun, sehr gut sind. Es ist angenehm, mit ihnen zusammenzusein. Sie sind intelligent. Ich kann mit ihnen über alles reden, obwohl wir im Grunde immer noch wenig miteinander reden. Wir sind keine besonders kommunikativen Menschen.

In den letzten beiden Sommern waren wir zusammen im Haus am Strand, in Prado, einem Ort, wo meine Großmutter und meine Mutter, als sie jung waren, immer hingefahren sind, weil es hieß, er sei gut für die Knochen. Jetzt ist er in Mode gekommen. Es war sehr schön, mit ihnen zusammenzusein. In diesem Sommer waren wir zwanzig, nur Familienangehörige.

– Haben Sie eine religiöse Schule besucht?

– Ja, ich bin das, was man in Portugal einen Chorknaben nennt. Mein Großvater António war sehr religiös. Er hat mich im Alter von sieben Jahren mit nach Italien zur ersten Kommunion genommen. Er war ein Kavallerieoffizier, der die monarchistische Revolution mitgemacht hat. Er war im Gefängnis, wurde verbannt und mußte bei Null neu anfangen.

Seine Familie war eine unglaublich reiche Familie aus Brasilien, aus Amazonien. Eine Familie, die einen ungeheuren Reichtum besaß, und er mußte bei Null wieder anfangen, aber er hat es getan, ohne zu klagen. Als er starb, hatte er Geld, selbstverständlich. Ich aß gern bei ihm zu Hause, weil es da Suppe gab, zwei Gänge ... Zu Hause bei meinen Eltern gab es zum Abendessen nur eine Suppe, dieselbe Suppe wie zum Mittagessen.

Mein Großvater hat viele Dinge bei uns zu Hause bezahlt. Meine Mutter hatte Schwierigkeiten damit, ich glaube, es war nicht leicht für sie, von fremdem Geld zu leben, aber mein Vater hat nie viel verdient, und wir waren viele Brüder. Er wollte keine Privatklinik, er arbeitete nur im Krankenhaus, und das macht einen nicht reich.

Mein Großvater António war ein sehr gutaussehender Mann, der mit einer blauäugigen Deutschen verheiratet war. Er war ein Mann, der für Bücher nichts übrig hatte, weil das »etwas für Schwuchteln« war, und den es störte, daß ich schrieb. Er war katholisch, konservativ, Salazar-Anhänger, Reaktionär. Und er war der wunderbarste Mensch, den ich in meinem Leben kennengelernt habe.

Auf der anderen Seite des Papiers

Manchmal überkommt mich, wenn ich schreibe, ein sehr merkwürdiges Gefühl: Mir kommt es so vor, als sei ich auf einer Seite des Papiers und das Papier auf der anderen Seite.

Das Gefühl ist sehr eigenartig, denn es ist sehr real, und es stellt sich nur bei den ersten Fassungen meiner Romane ein.

Später verschmelze ich ganz allmählich, verschmelze ich mit dem Papier und dem Schreiben, und am Ende sind wir beide auf derselben Seite. Doch dieser Schritt von der Spaltung zur Fusion läuft so unbewußt, tief im Inneren, von einem selbst nicht erkannt, daß ich das Gefühl habe, daß ich vielleicht gar nicht auf dem Papier schreibe. Denn die Vorstellung arbeitet zugleich nur dann, wenn man selber arbeitet. Abstrakt gesehen. Ich weiß, daß das, was ich erzähle, merkwürdig und schwer zu verstehen ist, aber es ist der Versuch, ein sehr reales Gefühl zu erklären.

Die Gedanken kommen beim Schreiben. Die Wörter erfinden den Text. Das ist für mich so klar, daß ich daran keinen Zweifel habe. Es ist ein Prozeß, der vor allem bei den letzten Romanen in mir abgelaufen ist. Ich hatte während meines Medizinstudiums einen Professor, der immer sagte: »Den Kranken geht es trotz der Ärzte besser.« Und das passiert häufig auch mit dem Buch. Weil man keine konkreten Pläne hat, geht man anfangs in eine Richtung, und das Buch nimmt einen dann in die Richtung mit, für die es sich entschieden hat.

Wir haben gerade vom Akt des Schreibens als einem Zustand der Gnade gesprochen ... und ich empfinde dies immer mehr so. Ich empfinde eine große Demut, weil man von Literatur nur wenig weiß. Tatsächlich weiß man überhaupt nichts, die literarische Welt ist eine schrecklich komplizierte Welt.

Ich denke an Tschechow, an diese Theaterstücke, in denen scheinbar nichts passiert ... Dabei geschieht alles in ihnen. Ihm gelingt es, dies mit der allergrößten Einfachheit und einer außerordentlichen Sparsamkeit auszudrücken.

Dasselbe ist der Fall, wenn man Schubert, Mozart oder

Chopin hört. Es gibt Leute, die komponieren oder interpretieren äußerst schwer zu spielende Stücke, und dennoch berühren sie dich nicht. Du erkennst das Talent, aber sie rühren dich nicht an. Andererseits gibt es welche, die dich, wie diejenigen, die ich genannt habe, auch wenn sie nicht vollkommen sind, immer bewegen.

Bei Büchern ist es so, daß diejenigen, die scheinbar die einfachsten sind, am Ende die schwierigsten sind, der *Quichotte* zum Beispiel. Cervantes ist einer der Schriftsteller, die mich umwerfen, mich immer wieder sprachlos machen. Sterne mit seinem *Tristram Shandy*, diesem unglaublichen Roman, ist noch so ein Autor.

Als ich *Die Leidenschaften der Seele* schrieb, war ich sehr zufrieden, weil ich dachte, daß ich eine großartige und endgültige Entdeckung gemacht hätte: die Handlung durch den Dialog voranschreiten zu lassen. Und dann findet man heraus, daß jemand dies ein Jahrhundert vor einem bereits getan hat. Das löst zugleich ein Gefühl von Respekt und Demut aus.

Andererseits ist mir bewußt, daß es Augenblicke gibt, in denen ich mir gegenüber ungerecht bin.

Ich glaube, kein Talent zu haben, alles, was ich erreicht habe, unter großen Mühen, mit viel Arbeit erreicht zu haben. Zudem arbeite ich langsam. Ich denke, ich bin ohne diese natürliche Begabung zum Schreiben geboren, die Scott Fitzgerald beispielsweise hatte. Mir ist kein Buch geschenkt worden, ich habe sie alle unter großen Mühen geschrieben, ständig viel korrigiert. Allerdings erinnere ich mich an ein Manuskript von Cortázar, in dem es auf einer Seite keine einzige Zeile ohne Korrekturen gab.

Ich glaube wirklich, daß ich keine literarische Begabung habe. Was anderen mit Leichtigkeit gelingt, erreiche ich mit viel Arbeit, und das Ergebnis der Mühen ist unterschiedlich. Es gibt Tage, an denen ich fünf Zeilen schreibe, und andere, an denen ich eine Seite schaffe. Es gibt Kapitel, die haben mich vierzehn oder fünfzehn Tage gekostet, und Kapitel, für die ich nur vier oder fünf gebraucht habe. Ich schreibe jeden Tag, aber das Ergebnis ist niemals das gleiche.

2

**»Es war dumm von mir, mich, obwohl ich
sie mochte, von ihr zu trennen, um dann allein
und deprimiert zu leben.«**

Die Lehrjahre. Die Begegnung mit dem Tod. Ernesto
Melo Antunes. Das psychiatrische Krankenhaus.
»Elefantengedächtnis«. Zé und die Trennung. Die
Nelkenrevolution.

Sein Vater hat ihn für das Medizinstudium immatrikuliert,
und er hat zornig geweint, weil ihm ein Studium aufgezwungen wurde. Später jedoch hat er es nie bereut. Diszipliniert hat
er dieses Fach studiert, als handle es sich um ein Ingenieurstudium oder einen handwerklichen Beruf. Die Schulzeit, die
Vorlesungszeit waren Zeiten in denen er weiter schrieb, wenn
auch heimlich, indem er unter dem Buch versteckte kleine
Blätter vollkritzelte.

Er hat in der Sylvesternacht 1970 geweint, weil er wenige
Tage darauf in den Krieg aufbrechen mußte. Diese Erfahrung
hat ihn Schreckliches gelehrt, ihn aber auch einige der besten
Dinge im Leben entdecken lassen: die Freundschaft und das
Erlernen von Solidarität.

Viele Jahre später hat er bei der Beerdigung seines großen Freundes Ernesto Melo Antunes geweint, der im Krieg in
Angola sein Hauptmann und Ideologe der Nelkenrevolution
gewesen war und mit dem der Schriftsteller die Begeisterung
jener ersten revolutionären Augenblicke geteilt hat.

Er hat sein ganzes Leben lang die Trennung von Zé beklagt,
seiner ersten Frau, der Mutter von zweien seiner drei Töch-

ter, die, auch nachdem sie an Nierenkrebs gestorben ist, der große Bezugspunkt des Schriftstellers bleibt.

– Wenn Ihre Berufung zum Schriftsteller so klar war, warum haben Sie dann Medizin studiert?

– Ich habe das Medizinstudium mit sechzehn Jahren begonnen. Das war eine sehr demokratische Entscheidung. Mein Vater hat mich gefragt, was ich studieren wollte, was ich im Leben machen wollte, und ich habe ihm geantwortet, daß ich Schriftsteller werden wolle und sie mich daher an der Philosophischen Fakultät einschreiben müßten. Er sagte zu mir: »Sehr gut, einverstanden.« Und am nächsten Tag hat er mir mitgeteilt, daß ich fürs Medizinstudium eingeschrieben sei. Sehr demokratisch.

Ich war wütend auf ihn, doch später war ich mein ganzes Leben lang froh, eine naturwissenschaftliche Ausbildung zu haben. Meine Ausbildung hat mir als Schriftsteller sehr geholfen, denn nach einem Literaturstudium hätte ich ganz sicher wie Sartre oder Camus geschrieben oder wäre wahrscheinlich Literaturkritiker geworden.

Ich besuchte die Medizinische Fakultät, beschrieb aber immer weiter die kleinen Quartblätter, die ich unter das Buch legte. Ich habe so viele Jahre lang auf diese Weise geschrieben, daß ich es sogar heute noch tue, ich schreibe immer mit einem offenen Buch neben mir, stets bereit, die kleinen Quartblätter darunter zu schieben, als würde jemand hereinkommen und mich bei etwas Unanständigem erwischen. Als wäre Schreiben etwas Heimliches und wenig Seriöses.

Es war dies eine sehr geschützte Phase meines Lebens. In der Medizinischen Fakultät gab es eine starke Opposition gegen

António Lobo Antunes als junger Mann

António Lobo Antunes als junger Mann

die Diktatur, aber in jenen Jahren habe ich mich nicht politisch betätigt, Politik interessierte mich nicht. Ich verbrachte meine Zeit mit Schreiben, Lesen und Schachspielen. Ich spielte viel Schach.

Nach dem Abschluß meines Studiums bin ich nach London gegangen, weil mein Traum war, in dem Krankenhaus zu arbeiten, in dem Somerset Maugham gearbeitet hatte. Und ich schrieb immer weiter, aber ohne die Absicht, etwas zu veröffentlichen.

– Und warum haben Sie sich für die Psychiatrie entschieden?

– Das war nach dem Krieg. Nach meiner Rückkehr vom Praktikum in London wurde ich einberufen, um in den Krieg nach Angola zu gehen. Ich kehrte aus dem Krieg mit dem Wunsch zurück, Chirurg zu werden, aber bei der Spezialisierung in dieser Fachrichtung war die Konkurrenz sehr groß, und ich hätte die ganze Zeit arbeiten müssen, Zeit, die ich dem Schreiben abziehen mußte. Also dachte ich, ich müsse eine Spezialisierung wählen, die mir Zeit zum Schreiben ließ. Als Kriegsveteran konnte ich damals zwischen beidem wählen.

– Haben Sie als Arzt praktiziert, als Sie im Krieg waren?

– Ich war ein junger Mann, der frisch von der Uni kam, aber dort mußte man alles machen. Es war ein Krieg der armen Leute. Es gab keine Verkehrsmittel. Es gab nur einen Arzt pro Kampfkompanie. Es fehlte an allem.

Zum Glück träume ich nie vom Krieg, aber ich habe einen seltsamen Traum, der sich häufig wiederholt: daß sie mich wieder nach Afrika einberufen. Und ich protestiere: »Aber ich war doch schon da. Ich bin jetzt fünfzig Jahre alt. Das werde ich keine vier Tage aushalten ...«

Das ist ein schrecklicher Traum: daß der Krieg noch nicht zu Ende ist, daß sie mich wieder als Leutnant einberufen, daß, wenn ich mich weigere ... Immer der gleiche Traum. Dennoch taucht nie das Kriegsszenarium auf, es kommt nie; sie berufen mich nur ein. Im letzten Traum kam ein Bodyguard, der zu mir sagte: »Nun ja, ich bin auch hier; ich werde Sie begleiten ...« Ich träume nie vom Krieg; nur dies. Es ist ein Traum voll unendlicher Angst.

– Hat Sie der Krieg irgend etwas Positives gelehrt?

– Ich habe dort gelernt, daß es die anderen gibt. Im Krankenhaus in London habe ich begonnen zu bemerken, daß die anderen auch existieren, daß man selber nicht der Mittelpunkt der Welt ist. Aber im Krieg ist mir das wirklich bewußt geworden, dort habe ich begriffen, was Schmerz ist, ich habe ihn dort erlebt. Bis zu jenem Augenblick war ich etwas ahnungslos, ich war zwar der älteste der Brüder, aber ich hatte immer von jungen Menschen umgeben gelebt, sogar meine Onkel, die jüngeren Brüder meiner Mutter, waren noch etwas jünger als ich. Meine Großeltern waren gerade etwas über Vierzig, meine Eltern ... Alle waren jung, und für mich gab es den Tod nicht.

– Wo sind Sie dem Tod zum ersten Mal begegnet?

– Im Krankenhaus. Die Erfahrung dort war auch sehr hart, ich war von Kindern mit Leukämie umgeben, die schreiend um Morphium baten ... Aber im Krieg sind mir die Augen in vielerlei Hinsicht geöffnet worden.

Bis zu jenem Augenblick hatte ich in einer Luftblase gelebt, weil die Diktatur gut zu meiner Familie war. Wir waren eine privilegierte Familie, die von der Regierung respektiert wurde, und als ein Lobo Antunes konnte man sogar gegen die Regierung sein, selbstverständlich nur bis zu einem gewissen Grad, aber man konnte, was bei armen Leuten unmöglich war. Wir haben nicht unter der Unterdrückung gelitten, und vielleicht war ich deshalb apolitisch, aber im Krieg, da habe ich viele Dinge begriffen, weil … Nun, ich möchte nicht über den Krieg sprechen; ich rede nie vom Krieg, weil er zu entsetzlich war … Ich werde nicht vom Krieg reden.

Sehr wichtig war für mich, Melo Antunes kennengelernt zu haben. Das war eine entscheidende Begegnung in meinem Leben. Er war Hauptmann, aber er war gegen den Krieg, ganz und gar dagegen. Ich hatte mir nicht vorstellen können, daß ein Soldat so redete, mir kam das sehr merkwürdig vor. Mit ihm hat mich bis zu seinem Tod eine innige Freundschaft verbunden.

Ich habe zwei außergewöhnliche Freunde gehabt: Cardoso Pires, mit dem ich viel redete, und Ernesto Melo Antunes, mit dem ich überhaupt nicht redete. Mit Ernesto konnte ich einen ganzen Nachmittag lang schweigen, und wenn wir uns trennten, ging ich mit dem Gefühl weg, daß wir viel miteinander gesprochen hatten.

Melo Antunes war der mutigste Mann, den ich je im Kampf gesehen habe. Wenn die Bombardierungen begannen und wir uns in die Schützengräben flüchteten, ging er mit einer Taschenlampe von einem zum andern, um uns Mut zu machen. Er spielte mit dem Leben und setzte sich der Gefahr aus. Kurz vor seinem Tod habe ich zu ihm gesagt: »Sie sind der mutigste Mann, den ich unter Feuer gesehen habe«, wir haben uns nie geduzt, er hatte mich darum gebeten, aber ich konnte es nicht, weil er mein Hauptmann gewesen war. Und er schwieg sehr lange und sagte am Ende zu mir: »Ich wäre eben manchmal lieber gestorben.«

Es ist seltsam, denn während all der Jahre haben Ernesto und ich nie über den Krieg gesprochen. Wohl über Politik, sehr viel über die Revolution, aber nie, nie, nie über den Krieg. Niemals. Das war tabu. Erst als er sehr krank war und wußte, daß er sterben würde, haben wir angefangen, darüber zu sprechen.

Im vergangenen Jahr hat mich in Frankreich ein dänischer Journalist gefragt: »Sie sind doch im Krieg gewesen. Was ist das für ein Gefühl, wenn man tötet?« Und ich, der ich niemals vom Krieg träume, hatte in der Nacht Alpträume …

– Wie haben Sie nach der Rückkehr aus dem Krieg Ihr Leben wiederaufgenommen?

– Als wir 1973 zurückkamen, hat Ernesto in der Bewegung der Hauptleute mitgemacht und dort eine große Rolle gespielt. Ich habe sie voller Begeisterung und Leidenschaft begleitet, die später in Enttäuschung umschlug, doch diese Augenblicke waren sehr aufregend und voller Begeisterung.

Meine älteste Tochter ist 1971 geboren, und ich habe sie erst 1973 kennengelernt. In jenem Jahr wurde auch mein erster Roman veröffentlicht, und die Kritik war wegen meiner gesellschaftlichen Stellung voller Vorbehalte, beurteilte mich eher nach der Familie, der ich angehörte, als aufgrund des Buches. Die Kommunistische Partei hingegen hat mich sofort adoptiert, das war sehr merkwürdig.

Ich war den Kommunisten so dankbar, daß ich das erste und einzige Mal für sie kandidiert habe. Ich mag die Disziplin von Parteien nicht, und die der Kommunistischen Partei war schrecklich, dennoch erkenne ich an, daß sie die einzigen waren, die wirklich gegen die Diktatur gekämpft haben. Sie haben so sehr gelitten, Gefängnis, Folter, daß dies ihre Unfähigkeit zur Veränderung erklärt. Es hieße einzugestehen, daß ihr Leben unnütz gewesen ist. Carrillo hat viel verändert, hat sehr viel verändert ... Endlich.

Ich kam aus dem Krieg zurück und – ab ins Krankenhaus! Ich wählte die Fachrichtung Psychiatrie, die mir leichter erschien als Dermatologie, und als ich das erste Mal ins psychiatrische Krankenhaus kam, hatte ich das Gefühl, eine Mischung von Szenen aus einem Film von Fellini und dem Haus meines Großvaters zu sehen.

Das Psychiatrische Krankenhaus war eines dieser riesigen, finsteren, bedrohlichen Gebäude. Voller merkwürdiger Menschen, die dich anhielten, anfaßten ... Sie erinnerten mich wie eine Erscheinung an die alten, halbverrückten Onkel und Tanten aus Brasilien, die durch die Flure des Hauses der Familie schlichen. Ich hatte das Gefühl, wieder in meiner Kindheit zu sein: die uralten Tanten aus Brasilien, die merkwürdigen Schatten, die großen Salons ...

Dort habe ich nach dem Krieg angefangen zu arbeiten, ich war die ganze Zeit beschäftigt und dachte immer nur, wie ich es anstellen könnte zu schreiben. Damals bekam ein Assistenzarzt nur wenig Geld. Meine Frau, Maria José, stand kurz vor dem Abschluß des Jurastudiums, und ich mußte alles tun, um Geld zu verdienen: Ich machte Nachtwachen, Notdienst in kleinen Krankenhäusern der Umgebung. Vier Nächte pro Woche schlief ich nicht zu Hause.

Ich erinnere mich daran, daß mich damals ein Verrückter das Wichtigste gelehrt hat. Ich befand mich im Garten des

Krankenhauses. Er kam mit geheimnisvollem Gesichtsausdruck auf mich zu und sagte: »Wissen Sie was? Die Welt ist von hinten gemacht worden ...«

Ich habe über den Satz dieses Verrückten nachgedacht und kam zu dem Schluß: Genau das ist Schreiben. Wenn man anfängt, schreibt man vorwärts, bis man begreift, daß man rückwärts, von hinten nach vorn schreiben muß. Das war ein phantastischer Satz.

– Woher nahmen Sie die Zeit zum Schreiben?

– Vom Schlaf, ich schrieb nachts. So hatte ich es auch im Krieg gemacht. Ich schrieb, wenn ich konnte, jeden Tag, und wenn es nicht ging, nachts, bis drei oder vier Uhr morgens.

Ich kann überall schreiben. Ich habe es im Krieg, im Krankenhaus gemacht, ich schreibe in Hotels, wo auch immer. Ich habe die Leute nie verstanden, die Rituale haben, ich hatte nie welche. Um zu schreiben, brauche ich einen Stapel Quartblätter und einen Kugelschreiber.

– Und wann und weshalb haben Sie beschlossen, Ihre Bücher zu publizieren?

– Ich schrieb Romane und zerstörte sie dann wieder. Aber *Memória de Elefante* (»Elefantengedächtnis«) habe ich nicht zerstört. Der Titel stammt aus einem Satz, den meine Mutter immer über mich sagte, als ich noch ein Kind war. Ich beschloß, das Buch zu veröffentlichen, und es wurde von mehreren Verlagen in Portugal abgelehnt; schließlich erschien es in einem kleinen Verlag. Es war der Roman eines Unbekannten, in einem Verlag, der fast nicht existierte.

Ich bin mit meinen Töchtern, die damals noch klein waren, an den Strand gefahren, und als ich wieder zurückkam, war ich berühmt, hatte 200 000 Exemplare verkauft. Das war unglaublich. Ich erinnere mich daran, wie auf der Buchmesse eine Frau das Buch in die Hand nahm und es mit den Worten wieder weglegte: »Scheiße, da sind ja keine Bilder drin ...« Aber Tatsache ist, daß der Erfolg enorm war.

Drei Monate darauf erschien der zweite Roman – ich hatte ihn bereits geschrieben –, und ich verkaufte 600 000, das war ein merkwürdiges Phänomen, denn in den anderen Ländern ist es nicht so gelaufen, da ging es sehr viel langsamer.

– Haben Sie daraufhin beschlossen, den Arztberuf aufzugeben und sich nur noch der Literatur zu widmen?

– Das war 1985, als mir die wichtigsten Preise von Portugal verliehen wurden und ich genug Geld verdiente. Obwohl »das große Geld« erst vor vier oder fünf Jahren gekommen ist.

In Deutschland zahlen sie mir viel Geld für einen Roman, was mir sehr seltsam vorkommt, weil der Betrag anfangs 500 Dollar war. In Portugal verkaufte ich viel, aber im Ausland ging das langsam voran, obwohl die Kritiken sehr gut waren, sie sind immer sehr gut gewesen.

Jedenfalls glaube ich, daß ich kein Bestsellerautor sein kann, weil das, was ich schreibe, sehr schwierig ist. Meine Literatur ist nicht leicht verdaulich. Ich verstehe, daß García Márquez viel verkauft, da seine Art zu schreiben sehr würzig, sehr angenehm ist.

– Mit wem haben Sie den Triumph geteilt?

– Ich lebte mit einer Frau zusammen, meiner ersten Frau, mit der ich jeden Abend das, was ich geschrieben hatte, teilte, Maria José (unter Freunden Zé), der Mutter meiner Töchter. Meine Geschichte mit ihr ist eine Geschichte voller Begeisterung. Sie war siebzehn Jahre alt und ich fünfundzwanzig, wir waren Kinder. Ihr verdanke ich meine Beharrlichkeit beim Schreiben. Hätte es sie nicht gegeben, ihren unendlichen Glauben an mich, an dem sie bis zu ihrem Tod festhielt, hätte ich es vielleicht aufgegeben. Mit siebzehn war sie davon überzeugt, daß ich alle Preise der Welt erhalten würde.

Nach ihrem Tod haben meine Töchter entdeckt, daß sie alle Papiere, die mit mir zu tun hatten, aufbewahrt hatte, sogar die, die meine monatlichen Zahlungen begleiteten und auf die ich nur »Einen Kuß, António« schrieb.

Wir haben uns schon bald getrennt, 1976, und es war so dumm. Sie hat niemals wieder mit jemandem zusammengelebt, weil sie dachte, ich würde zurückkommen: Und ich bin zurückgekommen, aber nur um sie zu pflegen, da war sie schon todkrank. Den Roman, an dem ich gerade schreibe, habe ich an ihrem Bett angefangen, und sie war glücklich trotz der Krankheit und ihrer Magerkeit.

Ich weiß, daß dies sehr schwer zu verstehen ist, doch obwohl sie schrecklich waren, waren dies zugleich auch sehr glückliche Tage. Sie wog siebenundzwanzig Kilo und schmiedete dennoch weiter Pläne.

– Ihr erster Roman, »Elefantengedächtnis«, ist die Geschichte Ihrer Trennung.

– Ich habe ihn geschrieben, als wir noch zusammenlebten, aber anschließend habe ich mich von ihr getrennt. Ich habe sehr gelitten, dennoch wollte ich nicht zurück, ich weiß nicht, warum. Meine Töchter waren sehr klein, sie hat mich gebeten zurückzukommen, und ich, warum, weiß ich heute noch nicht, habe mich geweigert, zurückzukommen.

Sie hatte eine riesige Sammlung von Romanen, die ich nie zu Ende geschrieben habe, das habe ich entdeckt, als meine Töchter ihre Papiere durchgesehen haben. Sie war eine wunderschöne Frau, von unglaublicher Schönheit, und ich weiß nicht, warum ich mich getrennt habe. Es ist absurd, aber die Zeit hat auch eine Rolle gespielt: Es war kurz nach der Revolution, und die Leute machten das damals.

Es war dumm von mir, mich, obwohl ich sie mochte, von ihr zu trennen, um dann allein und deprimiert zu leben, und es hat sogar Auswirkungen auf mein Schreiben gehabt, ich konnte damals nicht schreiben. Ja, »Elefantengedächtnis« ist die Geschichte dieser Trennung, und es ist zugleich ein Buch, in dem man ein großes Leiden erahnt.

Meine schwedische Übersetzerin meinte einmal ironisch, ich hätte mich von ihr getrennt, weil ich Material brauchte, um zu arbeiten.

– Was finden Sie noch falsch an der Zeit nach der Nelkenrevolution?

– Nach der Revolution war es so, als hätten der Krieg und die politische Polizei nie existiert. Es war eine Art kollektive Amnesie, niemand war daran interessiert, sich der Leiden derer zu erinnern, die nach Angola gegangen waren, niemand wollte sich an die Unterdrückung erinnern, in der das Land so viele Jahre gelebt hatte. Vielleicht ähnlich wie in Deutschland nach dem Zweiten Weltkrieg oder in Spanien nach Franco.

Ich glaube, in Spanien hat sich der Übergang zur Demokratie auf intelligentere Weise vollzogen, obwohl nicht vergessen werden sollte, daß Spanien keine Kolonien hatte und die Situation daher nicht vergleichbar war, hier war es schwieriger.

Nach der Revolution sind zwei Millionen Menschen ohne Habe, ohne Reichtum, ohne Arbeit zurückgekommen, Menschen, die nichts hatten, die zudem von dieser Erfahrung zerstört waren. Ernesto war damals Außenminister, und ich weiß, daß er mit dem schlechten Gewissen gestorben ist, es nicht gut gemacht zu haben, und sich immer gefragt hat, wie er es hätte besser machen können.

Ich glaube jedoch, daß es nicht möglich war, es anders zu machen. Er hat sich 1975 gegen die Kommunisten erhoben, doch später akzeptierte er sie, denn er war der Meinung, daß die Kommunistische Partei notwendig war, wenn wir eine Demokratie wollten. Die Rechte hat ihm diese Haltung nie verziehen, aber wie sollte man es sonst machen? Alles war so komplex und schwierig.

– Wo schlug damals Ihr Herz politisch, wo schlägt es jetzt?

– Mein Herz ist hier, an seinem Platz. Die Enttäuschung ist sehr, sehr groß gewesen, wir hatten so viele hehre Ideale, aber in den Parteien hat es keine Demokratie gegeben, die Kommunikation verlief immer vertikal, war immer autoritär, und ich konnte mich damit nicht abfinden. Zudem sagten sie mir, daß ich als Schriftsteller soziale Kunst oder so etwas zu machen habe. Diese Art Disziplin ist mit mir einfach nicht vereinbar.

– Wen wählen Sie?

– Wen kann ich denn wählen? In diesem Sinne fühle ich mich verwaist. Wen soll ich wählen? Diese Sozialistische Partei? Sie interessiert mich nicht. Die Rechte? Selbstverständlich nicht. Die Kommunistische Partei? Das kann ich nicht. Wen kann ich also wählen? Nun, das ist doch klar, ich wähle nicht.

Die Entwicklung der Ereignisse nach der Revolution vom 25. April war für mich eine große Enttäuschung, doch für Ernesto und die anderen Hauptleute war es sehr bitter. Sie hatten so sehr gekämpft, um Ideale und Prinzipien zu verteidigen, die letztlich nicht erfüllt wurden. Die Revolution war zu etwas geworden, das sie nicht gewollt und für das sie nicht gekämpft hatten. Sie waren junge, nicht besonders gebildete Soldaten gewesen, Ernesto war der einzige mit politischer Bildung. Sie wußten sicher nicht, was sie wollten, aber ihnen war dennoch klar, was sie nicht wollten, und sie fühlten sich getäuscht und betrogen.

Als Ernesto Melo Antunes starb, habe ich bei seiner Beerdigung die anrührendsten, ergreifendsten Situationen meines Lebens erlebt: Da waren die Jungs, die die Revolution gemacht hatten, diese tapferen Hauptleute und Gefährten von Ernesto, Jungs, die bereits sechzig waren, und sie weinten wie Kinder. Harte Männer, die ihre große Tapferkeit bewiesen hatten, aber sie weinten untröstlich, weil sie nicht nur einen Freund und einen großen Menschen, sondern vor allem einen Kameraden verloren hatten.

Es war ergreifend, sie so untröstlich zu erleben. Der Tod von Ernesto wurde beweint, aber auch viele andere Dinge, die nicht hatten sein können.

– Haben Sie auch geweint?

– Ich war dort, nah am Sarg bei seinen Töchtern. Ich weine nicht viel, aber ich weine.

Beim Tod meiner Freunde habe ich selbstverständlich geweint. Das Problem ist nur, daß man manchmal gern weinen möchte, es aber nicht kann. Ich bin sicher, daß ich mich, wenn ich weinen würde, besser fühlen würde, aber oft kann ich nicht weinen. Viele Jahre lang habe ich mich, wenn ich weinen wollte, im Badezimmer eingeschlossen, damit niemand es sah.

Ich erinnere mich besonders daran, wie sehr ich in der Sylvesternacht des Jahres 1970 geweint habe. Es war eine schreckliche Nacht für mich, denn am 6. Januar sollte ich in den Krieg ziehen, und in jener Nacht, ja, da habe ich die ganze Nacht lang geweint.

Lehrjahre der Freiheit

Mir kommt es so vor, als sei meine Geschichte mit Zé eine Geschichte über die Liebe und die Unmöglichkeit der Liebe. Ich war ein verwirrter Junge, der aus dem Krieg zurückkommt und die Orientierung verloren hat und nicht weiß, was er tun soll …

Ich bin 1973 aus dem Krieg zurückgekommen, und im Jahr darauf war die Nelkenrevolution, am 25. April. Damals wollten alle frei sein, und niemand wußte, was Freiheit war, niemand hatte sie je besessen.

Freiheit wurde über die Scheidung, die Trennung und all das erreicht. Nach Unterdrückung und Unterwerfung war von einem Tag auf den anderen alles erlaubt. Die politische Unterdrückung hatte Auswirkungen auf die einfachsten Haltungen: Vorher durftest du ein Mädchen auf der Straße nicht küssen, so unschuldig das sein mochte, es wurde immer als

Übertretung angesehen, und niemand wagte, auch nur einen Finger zu rühren, geschweige denn etwas zu sagen.

Und plötzlich ist die politische Polizei nicht mehr da, gibt es keine Zensur mehr, wird das Verhalten liberaler ... Nach Jahren absoluter Kontrolle hatten wir jetzt eine sowjetische Botschaft, mit Hunderten Kulturattachés, viele davon Kubaner, die amerikanische Botschaft, Sartre erklärte in der Universität die Revolution, alle, die im Mai 1968 die Hauptrolle gespielt hatten, waren in Portugal, es war unglaublich, was hier los war, eine Revolution in jeder Hinsicht.

Und das alles jedoch vor dem Hintergrund eines möglichen Bürgerkrieges, einer riesigen Unsicherheit in Teilen der Bevölkerung, die ebenso begeistert wie halb tot vor Angst war und sich irgendwie nach der Diktatur sehnte.

Die Leute wußten nicht, was sie mit der Freiheit machen sollten, weil sie so unvermittelt da war, von einem Tag auf den anderen, und das assimiliert man nicht so einfach.

Ich hatte als enger Freund von Ernesto Melo Antunes, dem Ideologen der Revolution, das Glück, ein enger Gefährte der ganzen Veränderung zu sein. Ich habe viel von ihm gelernt, ich habe gelernt, solidarisch zu sein, an die anderen zu denken; Ernesto hatte ein politisches Bewußtsein, und zudem war er ein sehr gebildeter Mann, und ich saugte all sein Wissen in mich auf.

Es waren Augenblicke der Begeisterung, in denen voller Leidenschaft gehandelt wurde, und viele Entscheidungen, sicherlich auch die meiner Trennung, waren Frucht dieser Leidenschaft, der Begeisterung und der Unwissenheit. Man mußte frei sein, aber im Streben danach haben viele von uns gehandelt, ohne viel nachzudenken, aus Nachahmung und weil etwas in Mode war.

3

»Die Personen meiner Bücher verfolgen mich,
es ist so, als lebte ich von Geistern umgeben.«

Literatur und Leben. Die Hölle des Schreibens.
Die Kunst des Romans. *Portugals strahlende Größe.*
Noch einmal der Krieg in Angola.

Obwohl in den Büchern von António Lobo Antunes nicht die
Geschichten wichtig sind, die er erzählt, sondern die Gefühle,
der Seelenzustand des Lesers, die Katalysatoren der Schönheit und die Dichte seiner Prosa, findet sich darin immer ein
autobiographisches Substrat.

»Elefantengedächtnis« ist die Geschichte der Trennung von
seiner ersten Frau; *Handbuch der Inquisitoren* ein sarkasti-
sches Eintauchen in die Diktatur Oliveira Salazars und ein
verzweifelter Blick auf die Nelkenrevolution; *Portugals strahlende Größe* weist schon mit seinem ironischen Titel auf die
vermeintliche koloniale Glorie hin und beschreibt eine Welt
des moralischen Zerfalls und Untergangs …

Das gesamte Werk des portugiesischen Autors ist auf Erinnerung und persönlichen Erlebnissen aufgebaut. So sehr,
daß der Autor, wenn man ihn nach einem Buch fragt, in seiner Antwort auf seine eigene Biographie verweist, und wenn
man ihn nach seinem Leben fragt, die enormen Schwierigkeiten beklagt, die er beim Verfassen seiner Prosa überwinden
muß.

Dieser Mechanismus muß unbewußt sein, denn Lobo Antunes ist in diesen Interviews kaum einer Frage ausgewichen.
Häufig verfiel er in eine Art Trance oder zog sich in sich selbst

zurück, und was er sagte, kam, wenn auch nicht mühelos, aus seinem Innersten. Nur über ein Thema weigerte er sich zu sprechen: über den Krieg, weil, wie er immer wieder sagte, dieses Erlebnis »zu entsetzlich« war. Und dennoch war der Krieg in fast allen Gesprächen präsent.

Der dramatische Krieg in Angola, an dem der Autor fast drei Jahre lang teilgenommen hat, war natürlich – das gibt er selber zu – das wichtigste Ereignis im Leben von António Lobo Antunes. Der Krieg hat seine Biographie geprägt, seine Ethik und seine Ästhetik als Schriftsteller.

Von ihm ist, so reflektiert er es selbst, eine neue Konzeption der Zeit geblieben, die sein ganzes Werk durchdringt: diese ideale Linie, auf der es weder Vergangenheit noch Zukunft gibt, »nur die immense Gegenwart, die alles umfaßt«; sie ist der Schlüsselgedanke zur Prosa des Autors.

– Es scheint so, als sei das Schreiben für Sie eine Art Katharsis. Befreien Sie sich beim Schreiben von Ihren Obsessionen?

– Bei meinen ersten Büchern war das zweifellos so, doch das Interesse am Stil, an der Vereinfachung der Form und der Wörter ist allmählich gewachsen. Jedes gelungene Wort ist wie ein Stein, der aus einem Brunnen geholt werden muß.

Je größer die literarische Erfahrung und Reife sind, desto deutlicher sieht man, wieviel Wegstrecke noch vor einem liegt. Man ist niemals sicher, die Zweifel sind immer schrecklich, sie werden immer größer, weil man die Gewißheit hat, daß die Bücher besser sein könnten, hätte man nur mehr daran gearbeitet.

Mein Arbeitsrhythmus ist höllisch, ich arbeite zwölf Stunden pro Tag, aber als ich beispielsweise *Anweisungen an die*

Krokodile korrigiert habe, den Roman, den ich damals für meinen besten hielt, bei dem ich glaubte, mit den Möglichkeiten der polyphonen Konstruktion so weit gegangen zu sein, wie es nur geht, war ich mir während des Korrigierens sicher, daß ich ihn noch hätte verbessern können, daß mir nur Arbeitsstunden gefehlt haben, um ihn zu vervollkommnen.

Bei jedem Roman wird mir bewußt, wieviel Wegstrecke ich noch zurücklegen muß, um den Roman schreiben zu können, der mir vorschwebt. Ich bin niemals sicher, ich bin niemals zufrieden. Das einzige, dessen ich mir sicher bin, ist, daß ich immer weitergehen, es immer besser machen kann. Und andererseits stellt einen jedes neue Buch in technischer Hinsicht vor neue Herausforderungen. Ich weiß jetzt noch nicht, welchen Titel ich dem Roman geben soll, den ich gerade schreibe, doch die Hauptfigur, ein sehr junges Mädchen, das noch nie Sex hatte, das den Tod nie kennengelernt hat, nichts vom Leben weiß … Wie soll ich in dieses Mädchen alle Gefühle legen? Wie soll ich das alles in den Kopf eines jungen Mädchens projizieren und es glaubhaft und real machen?

Es gibt immer neue Herausforderungen, immer neue Probleme zu lösen. Mit jedem neuen Buch treten die Schwächen und die Probleme des Schriftstellers zutage.

– Wird der neue Roman durch seine Hauptfigur fröhlicher oder weniger zerquält als die vorangegangenen?

– Was Sie da sagen, verblüfft mich, denn ich finde meine Bücher nicht traurig. Ich könnte nicht so lange mit einem Roman zusammenleben, wenn er sehr traurig oder deprimierend wäre. Cardoso Pires sagte auch mal zu mir, er könne nicht verstehen, weshalb immer gesagt werde, meine Romane seien traurig, denn für ihn seien sie voller Fröhlichkeit und Humor, und ich finde das auch, ich weiß nicht, woher dieser Eindruck kommt.

– In die Welt Ihrer Prosa paßt natürlich alles, Fröhlichkeit, Humor, Begeisterung, Poesie ... Aber die Allgegenwärtigkeit des Todes, die Unerbittlichkeit des Lebens und der Zeit, die faschistische Barbarei, die Sie beschreiben, all das erlaubt nicht, Ihre Bücher als heiter zu bezeichnen.

– Dazu fällt mir der Schriftsteller Thomas Wolfe ein: Als er seinen ersten Roman herausbrachte, der autobiographisch war, wurde er gefragt, wieso er seine Eltern in so brutaler Weise habe darstellen können. Er war verwirrt, denn er meinte darauf, für ihn seien sie große Persönlichkeiten, und genau das habe er weitergeben wollen, und er könne gar nicht verstehen, weshalb die anderen es anders empfunden hätten. Und seine Verwirrung war echt.

Mir geht es genauso; wenn ich arbeite, mache ich mir keine Gedanken über Probleme, die nicht direkt mit dem Schreiben zu tun haben, wie eine Frage gelöst, wie die Sprache vertieft werden kann. Man möchte die Kunst des Romans auf die Art und Weise verändern, die man für die beste hält, das ist die größte Sorge.

Wenn ich schreibe, muß ich Valium nehmen, sonst schlafe ich nicht. Dennoch läßt mich das Buch nicht los, ich wache auf, die Worte gehen mir im Kopf herum, die Personen verfolgen mich und erlangen eine so merkwürdige Realität, daß es ist, als lebte ich mit ihnen zusammen, als lebte ich von Geistern umgeben, die in meinem Alltag Gestalt annehmen und zu ihm zu gehören scheinen.

Ich arbeite jeden Tag, ich habe keinen Zeitvertreib, keine Zerstreuungen. Ich trinke nicht, gehe nicht in Bars, gehe weder zu Konzerten noch ins Theater, gehe nachts nicht aus. Ich bin so in meine Arbeit versunken, daß ich nur daran denke, wie ich sie gut machen kann, und nicht daran, ob der Roman traurig ist oder fröhlich.

Ich möchte nur, daß die Art, wie ich schreibe, effektiv im Sinne Tolstois ist, der gesagt hat, derjenige sei ein guter Schriftsteller, der die Unerbittlichkeit seiner Erzählung nicht der Versuchung einer Pirouette, einer Metapher oder einem Adjektiv opfert.

In meinen Büchern werden Sie nur direkte, keine indirekten Metaphern finden. Literatur lehrt man nicht, sondern man lernt sie, und es gibt kleine, sehr einfache, hilfreiche Tricks.

– Können Sie ein paar Ihrer literarischen »Tricks« verraten?

– Sie sind kein Geheimnis, aber sie sind sehr wirksam. Zum Beispiel sollte man immer einen unfertigen Satz für den nächsten Tag lassen. Man sollte ihn nicht zu Ende schreiben, weil der Beginn am nächsten Tag einfacher ist, wenn man ihn zu Ende schreiben kann, kleine Tricks, die du ganz allein herausfindest, genauso wie die erste Version eines Romans alle Lösungen des Buches enthält, obwohl es später immer wieder überarbeitet werden muß. Alles ist eine Frage der Arbeit, der Zeit, des Einsatzes, die technischen Probleme zu lösen.

Niemand außer einem Spezialisten diskutiert mit einem Physiker oder einem Mathematiker darüber, ob seine Arbeit gut oder schlecht ist, dennoch glaubt alle Welt zu wissen, ob ein Buch gut oder schlecht ist. Doch die Literatur ist genauso kompliziert wie das komplizierteste technische oder naturwissenschaftliche Problem. Sehr kompliziert. Und je mehr du arbeitest, desto klarer wird dir, daß du nur sehr wenig weißt.

So reden beispielsweise alle über Faulkners Technik, die gut sichtbar ist, aber niemand spricht über die von Hemingway, die sehr subtil ist. Liest man seine Dialoge, glaubt man, er schriebe auf sehr einfache, direkte Weise, genauso wie man redet. Schaut man sie sich aber genauer an und liest sie laut, wird einem klar, daß niemand so redet, daß es sich um sehr ausgefeilte Texte handelt und sie daher perfekt funktionieren.

– Wie sehen Sie Ihre vorangegangenen Bücher, mögen Sie sie, oder finden Sie, daß sie durch die späteren überholt werden?

– Manchmal lese ich einige Abschnitte erneut und bin dann sehr überrascht, aber meist stolz. Ich denke, daß ich in meinen darauffolgenden Büchern Fortschritte gemacht habe, daß ich den Stil geläutert habe und dem Roman, den ich schreiben möchte, näher komme, doch auch wenn ich in diesen ersten Romanen sehr viele Fehler entdecke, wäre ich nicht fähig, sie zu korrigieren, denn die Vorstellung, die ich heute von Literatur habe, ist eine gänzlich andere als bei meinen ersten Büchern. Und ich bin ja auch im Geiste nicht mehr der zwanzigjährige junge Mann.

– Wessen Meinung vertrauen Sie, wem geben Sie Ihre Manuskripte zu lesen?

– Ich schicke sie zwei sehr kritischen Freunden, einer davon ist sehr grausam und hat meine Bücher immer mehr oder

weniger für gut geheißen, bis er *Anweisungen an die Krokodile* gelesen und den Roman als »Meisterwerk« bezeichnet hat.

– Brauchen Sie die Meinung anderer?

– Nur die von diesen beiden. Einer ist gestorben, mir bleibt
nur der härtere, mein Agent Tom Colchie. Als ich ihn kennenlernte, war er Agent von Jorge Amado, von Cabrera Infante,
Ernesto Sábato, Guimarães Rosa ... er war sehr bekannt und
besaß großes Prestige.

Als ich einen Brief von ihm erhielt, in dem er mir schrieb,
er wolle mein Agent sein, habe ich ihm nicht geantwortet,
weil ich es für einen Scherz hielt. Er hat mir einen zweiten
Brief geschrieben, und ich habe eingewilligt, weil es mir, ab-
gesehen von seinem Ruf und seiner Effektivität als Agent,
schick vorkam, einen Agenten in New York zu haben.

Er hat es nicht leicht mit mir gehabt. Als mein erster Roman in Portugal erschienen war, kam der Erfolg umgehend,
aber es hat lange gedauert, bis ich im restlichen Europa akzeptiert wurde. Dennoch hat Tom immer an mich geglaubt.
Er ist sehr kritisch, verlangt viel und ist sehr hart, aber er hat
immer an mich als Schriftsteller geglaubt, und ich glaube
heute, daß er die Früchte seiner Arbeit erntet.

Ich bin nicht unsicher, denn ich weiß, daß niemand so
schreibt wie ich, ich könnte eitel wirken, aber ich sage dies
so, weil ich es so fühle, ich bin ehrlich. Nur, das erfüllt mich
nicht, weil ich sehr viel arbeiten muß, um es zu erreichen.
Jede einzelne Seite ist ein Sieg, ich habe immer entsetzliche
Angst, nicht gut zu arbeiten, vor allem *(sagt er ironisch)* wo
ich in Europa und Amerika ein Star bin, wenn ich ein schlechtes Buch schreibe, was soll ich dann tun?

– Und heute, worin liegt heute für Sie die Herausforderung?

– Heute beschäftigt mich die ethische Haltung des Schriftstellers. Vorbild ist für mich Unamuno, zum einen wegen
seiner ethischen Einstellung und weil es sehr selten ist, jemanden zu treffen, der zugleich Künstler und Intellektueller
ist. Ein weiteres Vorbild wäre Goethe.

Andererseits bewundere ich die Poesie. Im Alter von fünfzehn schrieb ich Gedichte. Und manchmal sage ich mir, warum fünfhundert Seiten schreiben, wenn jemand ein genauso
anrührendes Ergebnis mit einem Satz erreicht. Das Problem
ist, wie man die Gefühle strukturiert, ein Gedicht ist wie ein
Orgasmus, ein Leser kann schlechterdings über vierhundert
Seiten einen Orgasmus haben, weil der Orgasmus von einem
gewissen Zeitpunkt an schmerzhaft wird und die Lust ver-
lorengeht.

In einem Roman muß man den Leser atmen lassen, und
der Schriftsteller ist derjenige, der ihm diesen Sauerstoff geben muß. Ein portugiesischer Dichter sagte einmal: »Spontan
sein verlangt viel Arbeit.« Und das stimmt, diese Natürlichkeit macht am meisten Mühe, doch der Leser sollte diese
Mühe nicht merken, er darf überhaupt nicht erfahren, welche
Mühen es den Schriftsteller gekostet hat, dieses Ergebnis zu
erreichen.

Ich liebe die Poesie, nur will ich den Büchern gegenüber
nicht ungerecht sein, einen Roman entstehen zu sehen macht
die eigene Arbeit zu einem faszinierenden Abenteuer.

– Und, um noch einmal darauf zurückzukommen: Wie lösen
Sie sich von den Geistern, die die Personen Ihrer Bücher sind
und die mit Ihnen leben, solange Sie schreiben?

– Es schmerzt mich, sie zu verlieren, aber sie werden von den nächsten ersetzt. Wenn ich ein neues Buch anfange, dann treten die neuen Personen an ihre Stelle. Bei *Portugals strahlende Größe* ist mir etwas Merkwürdiges passiert: Ich habe mich zum ersten Mal in eine meiner Personen verliebt, in Clarisse, die Tochter, und wollte das Buch ihretwegen nicht abschließen; es ist mir zum ersten Mal passiert, aber ich habe das Mädchen zu gern gehabt. Es ist merkwürdig, wie ein Autor seine Personen erlebt und wie andere sie deuten: Als ich das Buch vorstellte, erwähnte ein Journalist Clarisse mir gegenüber und nannte sie eine Prostituierte, und ich war natürlich empört.

Es muß in diesem Buch etwas Besonderes und Anrührendes geben, denn meine schwedische Übersetzerin, die eine meiner großen Freundinnen ist, hat mir gesagt, daß Leute sie angerufen hätten und wegen des Buches geweint hätten … Daß so etwas passiert, daß Leute so sehr von einem meiner Bücher angerührt sind, das kommt mir einerseits seltsam vor, andererseits beeindruckt es mich.

Dennoch gibt es in diesem Buch Dinge, die ich verbessern könnte. Zum Beispiel hätte ich den Part des epileptischen Sohnes noch mehr korrigieren müssen und mit dieser Person vorsichtiger umgehen müssen.

Ich glaube, meine Romane wachsen allmählich, sie sind anfangs wirr, und dann zeichnet sich alles deutlicher ab und findet seinen Platz, auch für mich, der mit sehr detaillierten Plänen arbeitet. In meinen ersten Büchern habe ich, um mich zu schützen, mit einem Plan gearbeitet, in dem jedes Kapitel vorbestimmt war. Heute nicht, aber damals hatte ich noch nicht begriffen, daß ein guter Roman wie ein lebendiger Organismus ist, der seine eigenen Gesetze hat.

– Wann ist ein Buch fertig?

– Ich glaube, wenn der Roman keine weiteren Korrekturen erlaubt. Man versucht es, und es geht nicht, man kann einfach nicht mehr eingreifen. Das ist so wie das Ende einer Affäre mit einer Frau.

– Gibt es eines Ihrer Bücher, das Sie besser als die anderen finden?

– Ich glaube, ich gehe mit jedem Buch einen Schritt weiter, aber das Buch, mit dem ich am zufriedensten war und bei dem ich, als ich es abgeschlossen hatte, nicht daran zweifelte, daß es das beste war, war *Anweisungen an die Krokodile*, der Roman, dessen Hauptfiguren vier Frauen sind. Ich habe keinen Zweifel daran, daß es das beste ist, weil ich mir dessen, was ich machte, so sicher war, daß es Wörter gab, die ich gar nicht mehr schrieb, ich glaube, daß sie sich aus dem Text ergeben.

Es war ein schreckliches Buch, denn als ich es beendet hatte, begann alles, was darin stand und Produkt meiner Phantasie war, tatsächlich zu passieren. Da gibt es einen Mann, der einen Schlaganfall erleidet, und Cardoso Pires ist genau das widerfahren; eine Frau stirbt an Nierenkrebs, und die Mutter meiner Töchter ist genau daran gestorben, das war sehr sonderbar.

Es war für mich sehr interessant, aus den Frauen heraus zu sprechen, zu begreifen zu versuchen, was eine Frau denkt, was ein Mädchen fühlt … Aber mir ist lieber, andere machen sich eine Meinung zu meinen Büchern, als daß ich selber über sie spreche. Es fällt mir sehr schwer, sie zusammenzufassen.

Das größte Problem, mit dem ich mich in diesem Roman auseinandersetzen mußte, war wirklich, ob Frauen so sind oder nicht, ob es mir gelungen war, ihre Gespräche wiederzugeben, ihre Sorgen, ihre Gefühle. Als ich es abgeschlossen hatte, war ich zum ersten Mal mit dem Ergebnis sehr zufrieden, mir gefiel der Roman.

Anschließend habe ich sieben Monate lang nichts getan, weil ich kein anderes Buch anfangen konnte. Ich glaube, es gibt keine vor dem dreißigsten Lebensjahr geschriebenen großen Romane, ebensowenig nach dem fünfundsechzigsten Lebensjahr, daher bleiben mir noch sechs Jahre, um zu schreiben, denke ich. Nennen Sie mir einen Autor, der, nachdem er siebzig war, noch gut geschrieben hat.

– Victor Hugo beispielsweise.

– Ja, natürlich, er hat mit siebzig *Die Weltlegende* geschrieben, doch das ist eine Ausnahme, so etwas gibt es nicht mehr. Der arme Saramago … Torrente Ballester … so etwas gibt es nicht. Zudem sind die meisten Schriftsteller vorher gestorben. Ich denke, die Vorstellungskraft beginnt zu atrophieren und auch der Denkprozeß. Ich glaube, daß ich noch zwei oder drei Romane schreiben kann, mehr nicht. Im besten Falle ergeht es mir wie Thomas Hardy, einem Schriftsteller, den ich sehr mag, der mit dem Romanschreiben aufgehört und angefangen hat, Gedichte zu schreiben, und dies bis zu seinem Tod mit achtzig Jahren. Er hat nie den Nobelpreis erhalten, ebensowenig wie Conrad.

– Hat es Sie persönlich berührt, den Nobelpreis nicht erhalten zu haben?

– Jetzt ist es mir egal, aber ich wollte ihn wegen meiner ersten Frau haben, der Mutter meiner Töchter. Sie lag im Sterben, ich habe all diese Monate mit ihr zusammengelebt, den Roman, an dem ich jetzt schreibe, habe ich an ihrem Bett angefangen, und sie war glücklich, sie hatte so viele Hoffnungen, einen so starken Glauben an mich, für sie war es eine große Enttäuschung. Es war das einzige Mal, daß ich sie habe weinen sehen.

– Und hatten Sie in dieser Situation die Gelassenheit und Fähigkeit zu schreiben?

– In Afrika, mitten im Krieg, habe ich jeden Tag geschrieben.

– Ich dachte, Sie hätten im Krieg Tagebuch geführt.

– Nicht ganz. Ich habe jeden Tag geschrieben, aber es waren Dinge, die nichts mit dem Krieg zu tun hatten, weil es schon genug war, ihn erleben zu müssen. Während des ersten Jahres war das, wonach ich mich sehnte, nicht einmal eine Frau, ich wollte nur wieder Gläser haben, aus denen man trank, Gardinen vor den Fenstern ... diese Dinge, auf die man nie achtet und denen man keine Bedeutung beimißt, die einem aber später irgendwann merkwürdigerweise fehlen.

Wir lebten dort in Baracken aus Segeltuch und Holz, und Ernesto Melo Antunes zwang uns, mitten im Krieg zum Abendessen der Offiziere in Jacke und Krawatte anzutreten; das war etwas surreal, wir in dieser Umgebung mit unseren weißen Jacketts mit den Goldknöpfen ... Er, der antimilitärisch eingestellt war, hatte dennoch eine eiserne Disziplin, und als ich ihn fragte, warum er so hohe Anforderungen stellte, antwortete er mir, daß es dank der Disziplin weniger Tote geben würde. Und das stimmte, unsere Kompanie war die diszipliniertesté und hatte die wenigsten Toten und Verwundeten; damals begriff ich, daß Disziplin eine sehr effektive Form des Schutzes ist.

Ich war sehr viel anarchischer, bevor ich zum Militär kam. Nachdem ich dort war, habe ich begriffen, daß Disziplin nicht nur für dein Leben beim Militär, sondern auch für dein Privatleben gut ist, sie schützt dich nicht nur vor dem Exzeß, sondern auch vor der Nachlässigkeit.

Alle sagen dies oder jenes über Militärs, aber ich kann nichts Schlechtes über die Offiziere sagen: Sie waren mir und den anderen gegenüber immer äußerst korrekt; ich kann nach beinahe vier Jahren, die ich im Krieg war, nichts gegen sie sagen. Zudem waren meine beiden Großväter Militärs, der Großvater und der Vater meiner Mutter waren Generäle.

Ich verstand die Gründe für den Krieg nicht, aber die Vorbereitung war sehr hart, das verstand ich sehr wohl, man brauchte sehr viel körperliche Widerstandskraft.

– Mußten Sie in den Krieg?

– Ja, alle mußten in den Krieg. Selbst die Mitglieder der Kommunistischen Partei waren keine Deserteure. Desertiert sind nur die Intellektuellen, die auf den Plätzen von Paris Revolutionen machten. Und es ist schon sehr eigenartig, weil sie in die linksextremen Parteien zurückkehrten und heute alle rechts sind.

Diejenigen, die desertierten, wußten, wohin sie gehen konnten, wenn sie einen politischen Grund hatten. Man hatte das Gefühl, daß die Diktatur ewig dauern würde, daß Salazar ewig leben würde, und das Problem war, daß man, war man einmal gegangen, nie wieder würde zurückkommen können. Ich selber wollte nicht in den Krieg, aber ich habe nie an die Möglichkeit gedacht zu desertieren.

– Wie sah Ihr Alltag dort aus? Hatten Sie Zeit für sich selber?

– Wenn man nicht gerade dabei war, zu töten, hatte man die ganze Zeit für sich. Wir zogen fünf Tage in den Kampf und kamen dann vollkommen erschöpft zurück, mußten ein paar Tage ausruhen, um wieder zu Kräften zu kommen. Man muß bedenken, daß es sich um sehr junge Männer handelte. Die Trupps, die in den Busch gezogen waren, kamen mit vollkommen erschöpftem Gesicht zurück, denn körperlich war das extrem hart, und dann ruhte man sich fünf Tage lang aus, um wieder losziehen zu können. Jede Nacht gab es Angriffe, aber der Rest des Tages gehörte einem allein.

Ich las viel, und der Hauptmann, Ernesto, las auch. Wir aßen immer um fünf Uhr zu Abend, weil es kein Geld für Strom gab. Ich las, las unendlich viel. Meine Frau schickte mir alle Bücher, die damals herauskamen: *Paradiso* von Lezama Lima, ich erinnere mich an die unendliche Freude, als ich es bekam; die Freude, die Cortázar bereitete, Cabrera Infante, Ernesto Sábato … Die gesamte lateinamerikanische Literatur habe ich dort kennengelernt. Damals habe ich angefangen, Cortázar, Lezama Lima, Cabrera Infante, Sábato, Vargas Llosa, García Márquez, Bioy Casares zu lesen, den ich lieber mag als Borges … Denn die Zensur war dumm: Die Briefe lasen sie, aber die Bücher ließen sie durch. Erst in jenem Jahr habe ich Rulfos *Pedro Páramo*, das ich auch damals gelesen habe, dank eines ausgezeichneten Vorworts verstanden. Ich hatte nicht begriffen, daß sie alle tot waren, und deshalb den Roman nicht verstanden. Nachdem ich das Vorwort gelesen hatte, war das Buch für mich etwas ganz anderes. Es ist sehr schwer zu verstehen. Seine Erzählungen *Der Llano in Flammen* finde ich nicht besonders gut, aber der Roman ist gut, sehr gut.

Meine Frau – das habe ich jetzt herausgefunden – hat alle Briefe aus dem Krieg in Angola, die ich ihr täglich schrieb, aufgehoben. Ich denke, sie werden nach meinem Tod einen großen Erfolg haben, ich habe sie nach dem Tod von Zé gelesen, und darin erzähle ich viele Dinge.

– Ich verstehe nicht, wie man in dieser Situation lesen oder irgendeiner normalen Aktivität nachgehen kann …

– Es ging darum zu überleben. Man mußte überleben! Ich erinnere mich daran, daß wir drei oder vier Kalender hatten und für jeden vergangenen Tag ein Kreuz machten. Theoretisch mußte man vier Monate im Krieg bleiben, aber es war immer länger. Es war grauenhaft, denn man eliminierte diese Tage und verkürzt damit sein Leben. Die Generation meiner Töchter geht in die Diskothek, wir zogen in den Krieg. Der Krieg zwingt dich, etwas reifer zu werden.

– Was hat Ihr Vater gesagt, als man Sie in den Krieg geschickt hat, hat er Ihnen einen Rat gegeben?

– Vor mir war mein Bruder Pedro gegangen, der jünger ist, und er hat ihm nichts gesagt. Mein Vater sprach nicht darüber. Mit meinem Großvater wäre es etwas anderes gewesen, er hätte etwas getan. Nicht so mein Vater. Es wäre möglich gewesen, Privilegien zu nutzen, die wichtigen Leuten gewährt

Im Angolakrieg

Im Angolakrieg

Im Angolakrieg

wurden. Die Söhne der wichtigen Leute gingen nicht in den Krieg, aber das hat zu sehr viel Uneinigkeit geführt, was ich verstehe.

Jedenfalls war der Krieg wichtig für mich, wichtig für mich als Mensch, die Erfahrung beim Militär war wichtig, ich bin meinem Vater deswegen nicht böse. Für mich war der Krieg ein sehr großes Leid, aber er hat mir sehr geholfen.

– Worin hat Ihnen der Krieg geholfen?

– Bei der Disziplin. Disziplin zu haben hat mir sehr geholfen. Er hat mir auch Kameradschaft beigebracht, es gab zwischen uns einen großen Zusammenhalt. Vielleicht war es eine falsche Freundschaft, eine Kameradschaft, die notwendig war, um nicht zu sterben, Tatsache aber ist, daß ich gelernt habe, daß nicht ich der Mittelpunkt der Welt bin und daß die anderen wirklich existieren.

Das Wesentliche an der Kriegserfahrung ist, daß sie einem hilft, die Dinge zu relativieren, und man lernt, ihnen ihren wahren Wert zuzumessen.

– Würden Sie diese Erfahrung nicht auslöschen, wenn Sie könnten?

– Ich weiß nicht, das ist schwer zu sagen. Man leidet sehr, aber man vergißt, und das einzige, was bleibt, sind die guten Dinge. Was sehr schlimm ist, das vergißt du, davon spreche ich in meinen ersten Büchern. Mir hat die Kriegserfahrung geholfen zu wachsen, dieser ganze große Irrtum war für mich wichtig. Ich weiß, das hört sich seltsam an, aber ich empfinde es so.

Ich habe einen Film gesehen, den ein Portugiese über den

Krieg in Angola gemacht hat und in dem die Soldaten und die Offiziere den Zusammenhang von Kolonialismus und Krieg und alle politischen Fragen diskutierten … Aber das ist im Film so, im echten Krieg redet man nicht darüber, man ist nur damit beschäftigt zu überleben. Man stellt keine Fragen, wir haben nie über die Gründe für den Krieg geredet.

Ich erinnere mich daran, wie wir von Kampfhandlungen zurückkamen und nichts tun wollten, auch nicht reden oder uns Fragen stellen, nur das Nächstliegende tun wollten. Einmal, als ein Soldat ein Bein verloren hatte, sagte Melo Antunes, daran erinnere ich mich ganz genau, nur: »Verbinden wir Ferreiras Bein.«

– Hat Ihre Sensibilität unter dieser Situation gelitten?

– Es war alles sehr konfus. Ich bin nur einmal auf Urlaub nach Lissabon zurückgekehrt, und niemand sprach vom Krieg, als würde er überhaupt nicht stattfinden. Andererseits haben mir alle, als ich endgültig zurückgekommen bin, gesagt, ich hätte mich gar nicht verändert, und ich wurde wütend, weil ich mich sehr wohl verändert hatte, mich sehr verändert hatte. Wie sollte es auch anders sein? Ich hatte Fußballspiele gesehen, bei denen der Ball ein menschlicher Kopf war … Und der wurde ganz selbstverständlich ausgewechselt: »Dieser Ball geht nicht mehr, einen anderen Kopf …«

Anfangs befand man sich in einem unbekannten Land; die Sterne, die Landschaft, alles war anders, und man fragte sich: »Was mache ich hier eigentlich?« Dann kam der erste Tod und mit dieser Realität die Härte des Krieges.

Meine ersten Toten hatte ich mit sechzehn Jahren im Krankenhaus gesehen, aber das waren Kühlschranktote, die an einer Krankheit, an Unfällen oder so etwas gestorben waren, und das sind andere Tote.

Im Krieg waren die, die starben, sehr junge Männer, die Soldaten waren zwanzig Jahre alt, und ich war Oberleutnant und war vierundzwanzig, und das waren ganz andere Tote. Wir hatten ein makabres Spiel, das darin bestand, daß wir nachmittags zu den Särgen gingen ... Ich erinnere mich an den kleinen Schuppen, in dem die Särge aufgestapelt waren, und wie ich mich fragte: »Welcher wird meiner sein.« Und wir sagten das lachend. Dennoch, wenn die Nacht kam, wurden wir nervös ... Dann spielten wir Schach, während wir die Maschinengewehre hörten.

Es gibt viele Erinnerungen, viele Erlebnisse, aber ich kann nicht von allen sprechen, bei einigen fällt es mir schwer, von ihnen zu sprechen. Aber neben den grauenhaften Situationen bleiben Augenblicke großer Schönheit zurück: Diese Landschaften waren unglaublich, einzigartig, so schön, daß ich sehr gern noch einmal dahin zurückfahren möchte.

Die Angst vor dem Tod

Natürlich hatte ich Angst zu sterben, sehr große Angst, aber das hat nichts mit Tapferkeit zu tun. Ich habe Kriegsorden bekommen. Das Problem ist, meiner Meinung nach, Angst davor zu haben, keine Angst zu haben. Ich erinnere mich daran, wie wir zum Minensuchen gingen: Einer mußte vorangehen, um sie zu finden, der Minensprenger, aber ich habe niemals gehört, daß sich jemand mit Krankheit herausredete ... Ich erinnere mich an die Jungs, die dran waren (es wurde ausgelost), sie kamen zu mir: »Ich wollte mich von Ihnen verabschieden, Herr Oberleutnant, denn ich werde sterben, morgen gehe ich …« Aber ich habe nie erlebt, daß sich jemand geweigert hätte zu gehen, niemand, das war phantastisch. Sie kamen als Kinder an und wurden zu Männern. Aber zugleich wurde man nach ein paar Monaten ein bißchen verrückt. Am Ende mußte man ihnen die Waffen abnehmen, weil sie sich sonst gegenseitig umgebracht hätten.

Nach dem ersten Jahr, das sehr, sehr heftig war, sind wir an einen ruhigeren Ort gekommen, und da begannen, das war eigenartig, die Selbstmorde. Während wir im Kampfgeschehen waren und Gefahr liefen zu sterben, brachte sich niemand um, und kam man in eine ruhigere Lage, hatte man den Wunsch, sich etwas anzutun. Ich erinnere mich an einen schwarzen Soldaten, der sagte: »Guten Abend, die Herren«, und sich, peng, erschoß. Das erzähle ich in einem meiner Bücher, und auch in anderen gibt es Episoden aus dem Krieg, die ich sehr wohl in meinen Büchern erzähle.

Das Überraschende ist, daß viele dieser grauenhaften Dinge, die meisten, vergessen werden. Einige Soldaten von damals erkennen mich jetzt in der Zeitung, im Fernsehen und reden über die Kriegserfahrung mit mir, als wäre es die beste Zeit in ihrem Leben gewesen. Ich verstehe das nicht, denn das waren nicht nur die Angst und die ständige Bedrohung durch den Tod, das war das Stärkste, es gab aber auch andere Probleme wie die Scheidungen, die Kinder, die man nicht kennenlernte, viele Probleme.

Gleichzeitig war das Militär gut, weil man sich nicht darum kümmern mußte, Geld zu verdienen. Man bekam nicht viel, aber man wurde bezahlt, hatte Geld zum Leben, sicher, es gab nichts, wofür man es ausgeben konnte, aber man konnte es ansammeln und nach Portugal schicken.

Später kam man dann aus dem Krieg, und alle benahmen sich so, als wäre nichts geschehen; man kam in eine Stadt zurück, in der es so schien, als wäre nichts passiert, in der das Leben genauso weiterlief wie vor der Abreise. Aber für einen selbst war nichts wie vorher. Diese Erfahrung prägt einen lebenslang.

4

»Leben ist wie Schreiben ohne Korrekturen.«

Die Begegnung mit Zé. Die Freundschaft. Die
Rückkehr. Cardoso Pires. Der Verlust des Gehörs.
Das Leben in Afrika. Der Traum vom Schreiben.
Die Klassen innerhalb der Gesellschaft.

In den Gesprächen mit Lobo Antunes spielt die Erinnerung
an den Krieg zwar eine wichtige Rolle, noch bedeutsamer
aber ist die Erinnerung an seine erste Frau. Immer wieder beklagt er, daß er sich von ihr getrennt hat, betont ihre Schönheit, ihre Intelligenz, ihren Mut, ihre Toleranz ... Und daß sie
zweifellos seine einzige, wahre Liebe war: »Die Frau, für die
ich die einzige, wahre Leidenschaft empfunden habe.«

Die Wohnung, in der die meisten dieser Gespräche statt-
fanden, ist die, in der sie beide nach seiner Rückkehr aus dem
Krieg gewohnt haben. Die Wohnung, in der sie nach der Trennung mit ihren beiden Töchtern weitergelebt hat und in die
António zurückgekommen ist, um bis zu ihrem Tod mit ihr
zu leben.

Diese Wohnung ist voller Erinnerungen. Der Wohnraum
ist von einem Bücherregal beherrscht, das heute eine deutliche Hommage an Maria José ist, so viele Fotos und kleine
Erinnerungen stehen darauf, doch merkwürdigerweise ist es
zugleich die Hommage, die sie ihm ihr ganzes Leben lang ge-
zollt hat. Dort stehen alle Bücher, die sie António geschickt
hat, als er im Krieg war. Es sind vergilbte Bücher, lateinamerikanische Erstausgaben der Schriftsteller des damaligen Booms,
in denen die Briefe stecken, die Lobo Antunes während seines

Aufenthalts in Angola von ihr bekommen hatte, und die mit-
geschickten Fotos der damals noch ganz kleinen Mädchen.
Dort hat sie António nach seiner Rückkehr aus Angola hin-
gestellt, dort blieben sie nach der Trennung, und dort sind sie
immer noch, fast dreißig Jahre später, wie Zeugen und Wäch-
ter dieser unendlichen Stille.

– Wo haben Sie Ihre erste Frau kennengelernt?

– Am Strand. Sie war siebzehn Jahre alt und sehr schön. Sie
war eine für ihre Zeit sehr fortschrittliche Frau: Sie war in der
politischen Opposition gegen die Diktatur aktiv, ich nicht,
mich interessierte Politik nicht; sie wollte nicht in der Kirche
heiraten, ich war es, der sich kirchlich trauen lassen wollte.
Wir haben, kurz bevor ich in den Krieg gezogen bin, geheiratet. Die Hochzeit hat im August in der Kirche stattge-
funden, ganz traditionell, mit Hochzeitskleid und Gästen. Ich
war schon beim Militär, war Unteroffizier, und da wir im Jahr
1969/70 kein Geld hatten, haben wir eine Wohnung gemie-
tet. Ich bin im Januar in den Krieg gezogen, und ich wollte ein
Kind haben, weil ich dachte, ich würde sterben.

– Dann haben Sie tatsächlich nur sehr kurze Zeit zusammengelebt.

– Nein, denn meine Frau ist nach der Geburt des Mädchens
zu mir nach Afrika gekommen. Der Kommandeur wollte das
nicht, aber ich habe darauf bestanden und erreicht, daß sie in
der Stadt bleiben konnte. So oder so war es eine schreckliche
Zeit, denn sie hat Malaria bekommen und ist fast gestorben.
Zudem war das Mädchen da, sie war noch sehr klein, sie hat

Am Hochzeitstag mit Maria José, seiner ersten Frau

in Afrika laufen gelernt. Sie war ein Jahr dort, da sie aber offiziell nicht dort sein durfte, war für sie alles sehr kompliziert.

Für die Leute in unserer Umgebung war es merkwürdig, denn sie hatten noch nie eine weiße Frau gesehen, auch kein blondes Kind mit hellen Augen. Andererseits war es phantastisch, weil das Mädchen für alle Soldaten eine Art Tochter war. Sie kamen zu uns nach Hause, um darum zu bitten, das Kind ausführen zu dürfen. Meine Frau war sehr hübsch, sie kleidete sich gut, trug Kleider, keine Hosen, aber ich habe bei den Soldaten nie irgendwelche Blicke erlebt, die nicht einen enormen Respekt ihr und dem Kind gegenüber ausgedrückt hätten. Das Problem war, daß sie manchmal halb tot vor Angst war, weil ich wegmußte und häufig tagelang verschwunden war.

Es gab eine Choleraepidemie, und ich hatte das Gefühl, vor Erschöpfung zu sterben. Ich zog mit einem Funkgerät und vier Leibwächtern los und habe die Leute geimpft. Während dieser Expeditionen bin ich riesigen Horden von Mandrillen begegnet, Horden von dreihundert und vierhundert Mandrillen. Das waren Situationen, die äußerst aufreibend waren, aber durch Augenblicke großer Schönheit wettgemacht wurden.

Meine Frau schätzte das alles sehr, sie hatte einen Teil ihrer Kindheit mit ihrem Vater auf der Insel São Tomé verbracht und liebte Afrika. Wir haben diese Zeit zusammen verbracht, und es war eine sehr gute Zeit. Als sie zurückging, war die kleine Tochter, die ein hübsches Baby war, aber nur sehr wenig gegessen hatte, schrecklich dünn. Aber zugleich war es, so seltsam das klingen mag, eine glückliche Zeit. Für mich war sie die einzige Frau, dort haben wir Joana gemacht, unsere zweite Tochter, die am 4. Dezember geboren wurde.

– Sind Sie zusammen aus Afrika zurückgekehrt?

– Nein. Sie war ja nicht offiziell dort, sie hatte eine Cousine in Luanda und hat mit der Kleinen bei ihr gelebt. Es gab viele Probleme, denn sie litt zudem unter einer schweren Hepatitis. Wir lebten sehr isoliert, und ich mußte einen Jeep auftreiben, um sie und das Kind nach Luanda zu bringen, und die Fahrt war grauenhaft: Sie hatte Fieber und übergab sich, und der Jeep hatte nachts eine Panne; dort sind die Nächte sehr kalt, und wir blieben unter unsäglichen Bedingungen mitten auf der Straße stehen.

Doch dann kam eine Kolonne vorbei, die auf dem Rückweg war, und ich bat sie, sie mitzunehmen. Tagelang wußte ich nichts von beiden, und das war sehr, sehr schwierig. Später kommt alles in Ordnung, und man vergißt alles. Dennoch denke ich, daß man diese Erlebnisse nicht zu dramatisch sehen sollte, denn sie gehören zum Leben.

– Haben Sie sich gleich, nachdem Sie aus dem Krieg zurückgekehrt sind, getrennt? Und was war der Grund?

– Der Grund war vollkommen blödsinnig. Ehrlich gesagt, weiß ich nicht, warum. Es gab keine anderen Frauen oder so. Ich habe mich ganz sicher von ihr getrennt, weil das in Mode war, alle machten das. Nach der Revolution haben sich viele getrennt, bestimmt weil sie, wie ich Ihnen schon gesagt habe, nicht richtig mit der Freiheit umgehen konnten.

Ich habe sehr gelitten, war unglücklich, und in solchen Situationen fängt man an, selbstzerstörerisch zu sein, dumm und irrational zu handeln.

Ich war derjenige, der die Trennung wollte, und als wir bereits getrennt waren, hat sie zu mir gesagt: »Ich kann mir nicht vorstellen, daß eine andere Frau mit dir zusammenleben kann, mit dir die Literatur, die Bücher, all die Dinge teilen kann, für die ich so sehr gekämpft habe.« Sie war die einzige, die an mich glaubte, ich hatte überhaupt kein Vertrauen in meine Zukunft als Schriftsteller, doch sie war überzeugt davon, daß ich es schaffen würde.

Es war ein sehr großer Schmerz. Wir lebten getrennt, sahen uns aber natürlich weiterhin. Sie war zweifellos die wichtigste Frau in meinem Leben. Als ich zurückkam, als sie nur noch wenige Monate zu leben hatte und dies wußte, war es deshalb so, als würde ich all das wiedererlangen, was wir auf so dumme Art unterbrochen hatten, und ich sage es noch einmal, obwohl es paradox erscheinen mag, wir waren in diesen Monaten sehr glücklich.

Sie war sehr intelligent und humorvoll, so daß sie Situationen – sie wog kaum mehr als dreißig Kilo –, die hätten schwierig sein können, sehr gut durchstand.

Ich glaube, ich hatte sehr viel Glück, das Leben war sehr großzügig zu mir. Sehen Sie nur die Freunde, die es mir gegeben hat.

– Aber es hat sie Ihnen auch genommen.

– Auch wenn sie gestorben sind, bleiben sie bei dir. Ich hatte vier, heute habe ich zwei. Ich hatte Zé (Cardoso Pires), Ernesto (Melo Antunes), die beiden sind gestorben. Mir sind noch Daniel (Sampaio) und Nelson (de Matos) geblieben.

Cardoso Pires hat jedesmal, wenn er einen Preis gewonnen hatte, Nelson angerufen und ihm gesagt: »Wir haben gewonnen.« Zé redete so. Als er seinen ersten Preis gewann, rief er mich an, um mir zu sagen: »Hör mal, ich wollte dich beglückwünschen, weil ich den Preis gewonnen habe.« Das ist witzig, nicht? Immer, wenn ihm etwas Gutes passierte, rief er an. Wir telefonierten täglich miteinander; er war der einzige Mensch, mit dem ich über alles sprach, nicht nur über Literatur – was das betraf, hatten wir unterschiedliche Vorlieben –, wir redeten vor allem über das Leben, über alles. Er war ein sehr lebenslustiger Mann, aber zugleich auch außergewöhnlich zartfühlend, voll sorgender Freundschaft.

Wir haben jeden Morgen miteinander gesprochen, und manchmal rief er mich zehn Minuten später wieder an und fragte mich: »Mir kam es so vor, als ob du verärgert warst ... nicht gut drauf warst ...« Er war äußerst aufmerksam.

Ernesto war auch so. Einmal, als ich krank war, nichts Schlimmes, rief er mich jeden Tag an, um zu erfahren, wie es mir ging, obwohl er selber gerade an Lungenkrebs starb ...

Deshalb kann ich Freundschaft und Liebe einfach nicht voneinander trennen. Für mich gibt es diese Trennung nicht. Im Laufe der Zeit habe ich die Leidenschaft der Freundschaft begriffen. Deshalb sagte ich, daß ich sehr viel Glück hatte, sehr viel Glück. Denken Sie einmal, was für Freunde ich hatte.

– Wann haben Sie Cardoso Pires kennengelernt?

– Anfang der achtziger Jahre. Nelson hatte immer zu mir gesagt, ich würde ihn sehr mögen, wenn ich ihn kennenlernen würde, und genauso war es. Freundschaft war für mich immer wie Liebe, ein *coup de foudre*, ein Blitzschlag.

Als ich aus dem Krieg zurückkam und anfing, im psychiatrischen Krankenhaus zu arbeiten, kam ich ins Zimmer der Krankenschwestern und -pfleger, und da war ein Junge mit grünen Augen. Es war Daniel Sampaio; wir sahen uns an und wurden Freunde, bis heute. Seit dreißig Jahren verbindet uns eine große Freundschaft. Daniel war politisch sehr aktiv, wie alle meine Freunde, damals war er in der Kommunistischen Partei.

Ich habe sehr großes Glück gehabt. Das Leben war sehr großzügig zu mir. Ich bin achtundfünfzig Jahre alt geworden und kann mich über nichts beklagen. Ich habe mit meinen Töchtern Glück gehabt, mit meinen Büchern, mit meinen Freunden; es war ein sehr gutes Leben. Meine Trennung ist das Dümmste, was ich in meinem Leben getan habe. Ich bereue sie sehr; aber Leben ist wie Schreiben ohne Korrekturen.

– Hat es andere Frauen in Ihrem Leben gegeben?

– Ja, die hat es gegeben, und es waren großartige Frauen, aber das war nicht dasselbe wie mit Zé, mit der ich in gewisser Weise gewachsen bin, wir haben die Anfangsschwierigkeiten gemeinsam bewältigt … Die Beziehungen, die man als Erwachsener eingeht, haben nichts mit den ersten gemein, als man jung war. Wenn man erwachsen ist, gibt es andere Egoismen.

Zé war zugleich eine sehr nachsichtige Frau; sie machte keine Eifersuchtsszenen. Ich war nachts häufig weg und kam morgens um acht nach Hause, um mich umzuziehen und ins Krankenhaus zu gehen; in dem Alter stand man das physisch durch. Und sie begrüßte mich mit den Worten: »Du riechst stark …«, und ich sagte, es sei wohl der Krankenhausgeruch … Andererseits weckte ein einfacher Kuß, den ich einer anderen Frau gab, in mir ein großes Schuldgefühl. Ich habe alles sehr spät entdeckt; die Sexualität und all das. Das war damals so. Heute sehe ich die Fotos und finde, daß ich ein hübscher Junge war. Die Mädchen haben mich damals ständig angesehen; ich bekam Briefe, in den Restaurants schickten sie mir Billetts … Ich hatte aber ein schlechtes Verhältnis zu mir selber und zu meinem Körper, heute ist mir allerdings klar, daß ich ein hübscher Junge war.

Noch etwas schützte mich, und das war der Traum zu schreiben und die Möglichkeit, ihn zu verwirklichen. Wir haben die Ferien immer am Meer verbracht, und sie ging immer mit einem Buch an den Strand, während ich im Hotel blieb und schrieb. Ich zeigte es übrigens niemandem, weil es nicht gut war.

Für mich stand das Schreiben an erster Stelle, und auch das machte die Beziehung zu ihr sehr kompliziert. Ich glaube, Frauen sind eifersüchtiger auf die Arbeit als auf andere Frauen. Aber ich kann das verstehen. Ich würde nicht gern mit einer Frau zusammenleben, die schreibt, denn wenn sie so wäre wie ich, dann wäre sie vollkommen auf ihre Arbeit fixiert, und daneben würde es nichts geben. Manchmal sitze ich stundenlang da und starre ins Leere, weil alles in meinem Kopf entsteht.

Meine Tochter Joana sagt immer: »Wenn du schreibst, bist du unerträglich, weil du nur schreibst; aber wenn du nicht schreibst, bist du noch unerträglicher, weil du die ganze Zeit sagst, du würdest nie wieder schreiben können … und nur Fußball im Fernsehen anguckst oder vor dich hin schweigst.« Ich rede immer sehr wenig, sehr, sehr wenig, und nur mit wenigen Menschen.

– Ich verstehe nicht, wieso Sie in einen Zustand der Lähmung verfallen, wenn Sie einen Roman beendet haben. Ihre Literatur ist ein Kontinuum, im Grunde ist es doch so, als schrieben Sie immer dasselbe Buch, oder?

– Das stimmt schon, aber es stimmt auch, daß ein Buch niemals abgeschlossen ist, sondern es ist definitiv unvollendet. Wenn man ein neues Buch anfängt, dann möchte man das vorangegangene korrigieren, weil man von seinen Fehlern immer abhängiger ist. Man ist immer zerrissen, denn ein Teil in dir sagt, daß deine Arbeit nicht gut ist, und der andere hingegen sagt dir, daß niemand so schreibt wie du. Und für mich war es immer so, am Ende stelle ich immer meine Arbeit in Frage. Aber es ist normal, daß ich so besessen bin, denn Schreiben war für mich immer das Wichtigste in meinem Leben und ist es immer noch. Meine Frau sagte, ich wäre fähig, alles fürs Schreiben aufzugeben, und sie hatte recht.

– Welche Befriedigung hat Ihnen das Schreiben gegeben?

– Schreiben ist eine sehr schwierige Aufgabe, es ist auch eine Haltung gegenüber dem Tod, man schreibt gegen den Tod an. Es gibt in mir etwas sehr Selbstzerstörerisches, das ist ganz deutlich, und der Gedanke an den Selbstmord verfolgt mich seit jeher. Ein Gedanke, von dem ich nicht weiß, warum er da ist, weil ich niemals Depressionen hatte. Ich habe Situationen voller Verzweiflung durchlebt, bin jedoch nie in Depressionen oder Traurigkeiten verfallen. Ich weiß nicht. Es ist ein Gedanke, der mich seit jeher begleitet. So etwas wie der Wunsch, nicht zu sein.

Man schreibt gegen den Tod an, obwohl das Beenden eines Buches auch so etwas wie ein Tod ist. Man verbringt so viel Zeit damit, ein Buch zu schreiben, daß es am Ende schwerfällt, sich von ihm, seinen Personen, seiner Atmosphäre zu trennen. Es ist hart, wenn es zu Ende ist.

Und es ist dann sehr gut, ein anderes Buch zu beginnen,

obwohl man von Angst gequält wird und leidet, weil man weiß, daß die ersten Fassungen sehr schlecht sind. Wenn man ein neues Buch anfängt, ist man wie ein Haus, in dem es spukt. Das ist immer so.

Ich glaube, daß dies, das Schreiben, das einzige ist, was ich geben kann, das Beste in mir. Der Erfolg und diese ganze gesellschaftliche Darstellung, das ist etwas ganz anderes. Einerseits ist es angenehm, weil die Leute immer so freundlich sind und sich mit Lob und Einladungen überschlagen. Andererseits tauchen Hunderte von engen Freunden auf, mit denen ich noch nie geredet habe, und Dutzende von Frauen, die mit mir geschlafen haben wollen, die ich aber noch nie gesehen habe ... Und es stimmt natürlich, daß Männer und Frauen einem den Hof machen ... Aber ich versuche, mich dieser mondänen Seite zu entziehen. Ich nehme Einladungen nur an, wenn ich meine Bücher vorstellen muß und mir nichts anderes übrigbleibt.

– Was tun Sie, um sich zu amüsieren?

– Ich habe sehr viel Spaß am Leben. Ich langweile mich nie, wenn ich allein bin. Ich habe viel Zeit mit Cardoso Pires verbracht, weniger mit Nelson, wir essen einmal in der Woche miteinander und reden, aber das nur, wenn ich nicht schreibe, denn sonst denke ich, anstatt dem Gespräch zu folgen, immer daran, daß ich eigentlich schreiben müßte. Es gibt Dinge, die sind mir versagt: Theater, Musik ... Wenn ich diesen Apparat herausnehme, höre ich überhaupt nichts. Es ist für mich sehr schwierig gewesen, die Schwerhörigkeit zu akzeptieren und mich an sie zu gewöhnen.

– Leiden Sie schon lange darunter?

– Seit etwa acht Jahren, und vor fünf Jahren ist es richtig schlimm geworden. Als ich vor vier Jahren zum Arzt gegangen bin, hieß es, ich müsse operiert werden. Ich habe die Schwerhörigkeit von meiner Mutter geerbt. Sie hat ganz langsam begonnen, und anfangs fühlte ich mich sehr behindert, aber schließlich gewöhnt man sich daran, wie an alles, es gibt Menschen, die haben sehr viel schlimmere körperliche Behinderungen und leben damit.

Meine Mutter leidet unter Schwerhörigkeit, seit sie achtzehn oder neunzehn war, und sie hat sie von meinem Großvater geerbt. Vor kurzem hat mir meine Mutter gestanden, daß ihr der Arzt empfohlen hatte, keine Kinder zu bekommen, weil sie die Schwerhörigkeit weitergeben könnte. Sie hört überhaupt nichts, nur mit dem Hörgerät, und sagt immer, sie würde lieber blind sein, weil niemand über Blinde lacht, während alle Welt über Schwerhörige Witze macht.

– Mimi, eine der Figuren aus *Anweisungen an die Krokodile* sagt immer wieder, Schwerhörige seien anders. Ist das so?

– Ja, ich habe, um Mimi und ihre Beziehung zu den anderen zu beschreiben, viel von meiner Mutter gestohlen. Tatsächlich macht dich die Schwerhörigkeit anders, du empfindest dich angesichts der normalen Menschen minderwertig. Du fühlst dich nur mit deinen Familienangehörigen wohl. Schwerhörig sein macht dich sehr einsam. Ich erinnere mich an meinen Großvater, der jung gestorben ist, allein lebte, wenig lachte, er war sehr einsam.

Andererseits sind die Menschen sehr nett, wenn sie dich

ansprechen, reden sie sehr laut mir dir ... aber wenn ich merke, daß sie leiser werden, fühle ich mich wie ein armer Kranker. Inzwischen weniger, weil ich mich daran gewöhnt habe.

– Was halten Ihre Eltern von Ihrem Beruf als Schriftsteller? Lesen sie Ihre Bücher?

– Meine Eltern haben mir nie Steine in den Weg gelegt. Von meiner Mutter weiß ich, daß sie sich in vielerlei Hinsicht Sorgen machte, aber sie hat nie etwas zu mir gesagt. Nur hin und wieder fragte sie: »Hast du keine Krawatte?« Ich mag gern gutgekleidete Menschen und schöne Dinge ... Aber beide machten sich vor allem Sorgen um meine Zukunft. Als ich neunundzwanzig, dreißig war, war ich ein sehr erfolgreicher Arzt, hatte eine Praxis voller Patienten und verdiente viel Geld. Aber jetzt verstehe ich ihre Sorgen wegen meiner Berufung zum Schriftsteller besser.

Wenn eines meiner Kinder zu mir käme und mir erklären würde, es wolle seinen Lebensunterhalt als Schriftsteller verdienen, würde es mir genauso gehen, ich würde mir große Sorgen machen. Wie will es davon leben? Daß es Schriftsteller gibt, ist großartig, aber bitte nicht in der eigenen Familie.

Ich verstehe auch, daß es meinen Verwandten schwerfällt, meine Bücher zu lesen. Für meine Töchter ist es schwierig, zudem sind die Bücher, wenn du den Autor kennst, anders. Wenn man den Autor nicht mag, sind die Bücher schlechter, weil man ihn in seinem Alltag sieht, und manchmal ist es schwierig, den Menschen von seinem Werk zu trennen, und man verwechselt die Gründe, weshalb man das Buch nicht mag. Es ist fast immer besser, den Autor nicht persönlich zu kennen.

Beim Salon du livre in Paris habe ich mir die Schriftsteller angeschaut, die Bücher signierten, und ich fühlte mich wie ein Kind, das dachte: Das sind Schriftsteller … Voller Bewunderung. Bei der Feria de Madrid war es auch so, ich sah sie in den Kojen und rief voller Bewunderung aus: »Das sind Schriftsteller!« Mich begeistern Schriftsteller, weil sie Bücher machen, auch wenn man später mit ihnen redet und enttäuscht ist, weil man von ihnen den genialen Satz erwartet oder daß sie anders als der Rest der Welt sind. Einmal traf ein Mann Sarah Bernhardt auf einer Straße in Paris und fragte sie: »Sind Sie Sarah Bernhardt?« Und sie antwortete: »Heute abend werde ich es sein.« Wer war Balzac? Nicht einmal Balzac war Balzac. Besser, man liest die Bücher und kennt ihre Autoren nicht. Heute habe ich sieben Briefe von Frauen bekommen, von denen ich nicht weiß, wer sie sind. Deine Freunde sind diejenigen, die du vor den Büchern hattest.

– Hat der Erfolg Ihr Leben verändert?

– Nein, nicht das Leben, aber der Erfolg war, als er kam, ehrlich gesagt, wichtig, weil ich vorher keinen hatte. Jetzt, wo ich ihn habe, messe ich ihm seine wahre Bedeutung zu. Ich denke da an den Millionär Howard Hughes; als er starb, fragte ein Journalist seinen Anwalt: »Wieviel hat er hinterlassen?« Und der Anwalt antwortete: »Er hat alles hinterlassen.« Und so ist es, man läßt alles zurück, und wozu ist dann der Erfolg noch gut? Schreiben ist das Wichtigste, obwohl ich das sicher nur sagen kann, weil ich Erfolg habe.

Selbstverständlich lese ich gern die Kritiken, und vor allem die Wertschätzung der Leser und der Menschen, die ich achte. Dennoch finde ich manchmal, daß sie mit all diesen Hyperbeln und Vergleichen mit den großen Schriftstellern übertreiben.

– Stört es Sie, wenn man Sie auf der Straße erkennt?

– Nein, manchmal kommt es mir irreal oder sehr fern vor, aber es stört mich nicht. Normalerweise werde ich überall sehr freundlich empfangen, und jetzt ist es, wo immer ich hinkomme, so, als wäre ich Julio Iglesias.

Vor ein paar Monaten war ich in Porto, einer Stadt, die ich sehr mag, und ein Mann aus dem Publikum stand auf und begann, den Anwesenden von den Heldentaten zu berichten, die ich im Krieg vollbracht hätte. Es war ein Soldat, der mit mir zusammen dort war: »... Denn der Oberleutnant setzte sich mit vier Leibwächtern in den Jeep und fuhr von Dorf zu Dorf, um dort während der Choleraepidemie die Leute zu impfen.« Ich erinnerte mich nicht an ihn, und das, was er erzählte, habe ich ganz anders empfunden.

– Ich glaube, Ihre Erinnerungen an Afrika sind in Ihnen am lebendigsten.

– Das liegt daran, daß Afrika sehr schön ist. Wenn man bedenkt, daß die Portugiesen eine Zivilisation zerstört haben, die mit der der Mayas vergleichbar ist! Dort gab es keinen Stein, alles war aus Holz gemacht. Alles war kostbar.

In meinem Roman *Der Judaskuß* erzähle ich viel von meinen Erlebnissen in Afrika. Ich erzähle da von dem baskischen Missionar, der sich mit den Worten vorstellte: »Ich bin Baske und enger Freund des Mistkerls Francisco Franco«, und habe den Satz genauso niedergeschrieben, wie er ihn gesagt hat. Er sammelte Sprichwörter und mündliche Gedichte, die von außergewöhnlicher Schönheit waren, und schrieb sie auf, und die Politik hat ihn umgebracht. Er gehörte einem Missionsorden an, und mich hat er beeindruckt, weil er der erste Priester war, den ich »Mistkerl« habe sagen hören. Der Mann war nur dort, weil er die Menschen zum Christentum bekehren wollte.

– Haben Sie etwas über die afrikanische Kultur gelernt?

– Für mich, für meine Romane war das Zeitgefühl wichtig, das ich dort gelernt habe. In Afrika gibt es weder Vergangenheit noch Zukunft, nur die immense Gegenwart, die alles umfaßt. Wenn jemand starb, wurde gewartet, bis die ganze Familie zur Beerdigung gekommen war, einige lebten zweihundert Kilometer entfernt und legten diese Strecke natürlich zu Fuß zurück, und währenddessen ließen sie den Toten sitzend warten. Manchmal mußten sie bis zu einer Woche lang warten, und sie taten es mit unendlicher Geduld.

Wenn die Frauen ein Kind zur Welt brachten, stießen sie niemals auch nur einen einzigen Schrei aus und veränderten auch ihren Gesichtsausdruck überhaupt nicht, ihre Haltung körperlichen Schmerzen gegenüber war vollkommen anders als unsere. Sie konnten nicht weinen, sie küßten einander auch nicht. Und es gab auch wirklich merkwürdige, erstaunliche Dinge: Sie heilten eine Hepatitis in vierundzwanzig Stunden mit Kräutern, deren Namen ich nie herausgefunden habe, und sie haben mir auch nie erklärt, wie sie es machten. Fest steht, daß die Gelbsucht innerhalb von vierundzwanzig Stunden verschwand. Eine entzündete Wunde: Sie legten irgendwelche Pflaster darauf, und ich dachte, die Leute würden an Sepsis sterben, aber Pustekuchen, sie waren in wenigen Tagen geheilt. Die ersten Medikamente waren aus Pflanzen, und alles wurde mit natürlichen Produkten gemacht; auch dort, aber es ist mir nie gelungen, sie dazu zu bringen, mir ihre medizinischen Geheimnisse zu verraten, obwohl ich sie ständig danach gefragt habe.

Ich habe mir ein Wörterbuch gemacht, um die Eingeborenen zu verstehen. Da sie aus verschiedenen Völkern stammten, gab es viele Sprachen, und es war sehr schwierig, sich mit ihnen zu verständigen, das Wörterbuch war daher sehr nützlich, aber die politische Polizei hat es mir weggenommen.

Sie hatten eine immense kulturelle Tradition, doch sie war nicht schriftlich festgehalten, es war eine mündliche Tradition, und dieser baskische Priester hatte eine riesige Sammlung aus Gedichten und Sprichwörtern zusammengestellt, die im Grunde unseren entsprachen, nur andere Metaphern und Bilder besaßen, doch letztlich waren es dieselben. Ich setzte mich gern mit den Stammeshäuptlingen zusammen. Das waren achtzigjährige Männer, die zwanzig, dreißig Frauen hatten. Als ich sie einmal überrascht fragte, wieso sie so viele Frauen hätten, antworteten sie: »Weil die Frau der Traktor des Schwarzen ist.«

Die Frauen arbeiteten auf dem Feld, und die Männer widmeten sich edlen Tätigkeiten: dem Krieg, dem Fischfang, der Jagd ... Obwohl sie sich während des Krieges nur dem Marihuanarauchen widmeten, alle rauchten dort Marihuana.

All das spielte sich in einem Szenarium von unglaublicher Schönheit ab, und gleichzeitig war da die Angst: Wirkliche Angst hatten wir vor der politischen Polizei. Jedesmal, wenn wir Gefangene gemacht hatten, mußten wir sie rufen, und dann kamen sie im Hubschrauber. Ich erinnere mich an eine Situation, in der es sich um eine schwangere Frau handelte, und der Typ von der politischen Polizei hat ihr zur Begrüßung in den Bauch getreten. Ernesto Melo Antunes hat ihn mit seiner Pistole verjagt. Wenige Tage später kam der Versetzungsbefehl für Melo Antunes, der Hauptmann war und befördert werden sollte. Er wurde versetzt, weil er gewagt hatte, sich einem Mann der politischen Polizei entgegenzustellen. Ich habe ein paar dieser Dinge in *Der Judaskuß* erzählt, und als das Buch in Portugal veröffentlicht wurde, hatte ich deswegen Probleme.

Die politische Polizei war grauenhaft, man wurde aufgefordert, bei Folterungen zuzusehen, sie machten barbarische Dinge, und gleichzeitig enthielten sie uns Informationen vor, sie gaben uns überhaupt keine Informationen weiter. Doch neben diesem Gefühl, daß alles entsetzlich grausam war, denke ich, daß es auch Fröhlichkeit gab, ich weiß nicht, das ist ein sehr eigenartiges Gefühl. Ich erinnere mich an die Männer aus Katanga, die Ketten aus menschlichen Ohren trugen.

Die Offiziere aus Katanga aßen mit uns, und eines Morgens erwischte ich einen von ihren Oberleutnants dabei, wie er meine Zahnbürste benutzte. Ich sagte ihm, daß es meine sei, und er entschuldigte sich damit, daß er gedacht habe, sie sei für alle da. Es gab auch Südafrikaner, weiße, die es offiziell nicht gab, ebensowenig wie die Männer aus Katanga …

Wie auch das Napalm. Offiziell gab es auch kein Napalm. Sogar heute wird noch immer darüber gestritten, ob es im Krieg in Angola Napalm gab oder nicht, aber ich habe täglich gesehen, wie die Flugzeuge es abwarfen. Einmal kam ein europäischer Journalist in das Camp, um wegen des hitzigen Streits über das Napalm Nachforschungen anzustellen. Der Oberst hat die Bomben zudecken lassen und dem Journalisten die Einrichtungen gezeigt und gesagt: »Sehen Sie? Es gibt kein Napalm.« Dabei waren die Bomben da zu sehen. Es war unglaublich …

Von der Herkunft her eine Waise

Nun, ich meine hauptsächlich eine Atmosphäre und eine bestimmte soziale Klasse. Mein Vater war ein wichtiger Arzt, er war Generalsekretär der Gesellschaft für Neurologie und Psychiatrie und empfing Gäste aus den verschiedensten Ländern. Und meine Mutter lächelte ständig, weil sie sie nicht hörte. Sie sprach selber verschiedene Sprachen gut, aber das Problem war, daß sie sie nicht hörte. Einmal hat ein amerikanischer Arzt, als man ihm Wasser mit einer Zitronenscheibe brachte, damit er sich, nachdem er Meeresfrüchte gegessen hatte, die Finger darin wusch, das Wasser ausgetrunken, und meine Mutter nahm ebenfalls ihre Schale und trank, und so mußten es alle tun.

Dieses Zartgefühl, die Tatsache, in einer bestimmten Umgebung aufgewachsen zu sein, ist sehr wichtig, weil sie einem Sicherheit gibt. Mein Vater behauptet immer, keiner der großen Schriftsteller stamme aus dem Proletariat, weil keiner entscheidende Mängel in bezug auf die Erziehung habe. In gewisser Hinsicht verstehe ich, was er damit sagen will, aber vielleicht ist das die Haltung eines Privilegierten. Zugleich gibt es aber kein Gefühl der Klassenzugehörigkeit, weil die Leute der Klasse, in die du geboren wurdest, dich nicht interessieren.

Die Freunde aus meiner Kindheit sind Manager, Verwaltungsmenschen, Wirtschaftswissenschaftler, Männer, die mich überhaupt nicht interessieren. Sie haben hübsche Frauen, das ist alles, aber sie haben nicht dieselben Interessen wie ich. Ich fühle mich, was meine Herkunft betrifft, als Waise, weil meine Herkunft mich nicht interessiert und die Leute, die ich mag, einer anderen Klasse angehören, die mich mißtrauisch betrachtet. Ich fühle, daß ich nirgendwo dazugehöre, ein Umfeld habe ich abgelehnt, und das andere empfängt mich nicht mit offenen Armen. Manchmal hat mich das etwas belastet. Bei meinem ersten Buch haben viele gesagt: »Wieso schreibt dieser Aristokrat da Bücher?«

Mein Vater ist ein sehr belesener Mann, und mit meiner Familie habe ich sehr großes Glück gehabt, aber im allgemeinen interessieren sich die Leute dieser Klasse überhaupt nicht für Kultur, ihre Intelligenz ist darauf ausgerichtet, Geld zu machen. Dadurch war ich irgendwie einsam, weil mich meine Freunde, als ich Kind war, für einen Idioten hielten, weil ich den ganzen Tag lang las. Vielleicht haben mich deshalb all diese Sportarten der Reichen nie interessiert. Ich mußte wegen meines Großvaters reiten lernen, aber ich fand es gräßlich. Ich denke da wie Agent 007, der sagte, daß Pferde an beiden Enden gefährlich seien und in der Mitte unbequem. Es war für mich immer eine Qual, wenn mein Großvater samstags kam und mich zum Reiten abholte.

Dieses Gefühl, verwaist zu sein, habe ich oft gehabt. Einige meiner Brüder haben während der Diktatur sehr mutig linke Positionen verteidigt, und es gab wahrscheinlich ein gewisses Schuldgefühl, weil wir in unserem geschützten Umfeld aufgewachsen waren. Damals hatten wir Portugiesen keine Pässe, und nur Privilegierte reisten ins Ausland, da man Geld hinterlegen mußte, bevor man Portugal verließ.

Wer reiste schon mit seinem Enkel nach Padua, damit er dort seine erste Kommunion feierte? Dazu mußte man sehr viel Geld haben. Es war schwierig für mich, weil ich gleichzeitig in Fragen des guten Geschmacks eine große Empfindlichkeit entwickelte und es wegen meiner Erziehung auch nicht verhindern konnte. Worte, die man nicht sagen darf, Häuser, Wohnungen, die Art zu reden.

Ich weiß nicht, ob meine Übersetzer das mitbekommen, aber in meinen Büchern spiele ich ständig damit, denn wer einer Klasse angehört, will sofort der nächsthöheren angehören und ähnelt am Ende allem, nur nicht der Oberklasse. Mein französischer Übersetzer bekommt das, glaube ich, nicht mit, weil er von einfachen Leuten abstammt. Die Regeln zwischen den Klassen sind sehr kompliziert. Wenn du deine Raumpflegerin zu freundlich behandelst, kann sie das stören, aber wenn du sie von oben herab behandelst, auch, weil sie das als demütigend empfindet. Diejenige, die den Status einer »Dona« erhalten hat, wird wütend, wenn du sie »Senhora« nennst, aber wenn du »Senhora Dona« zu ihr sagst, wird sie auch wütend ... Ich weiß nicht, ob sich dieses ganze verbale Spiel in den Übersetzungen meiner Bücher widerspiegelt, aber ich glaube eher, daß es nicht so ist, was schade ist, da es ein sehr reiches verbales Spiel ist. Meine schwedische Übersetzerin sagt mir, daß sie diese Nuancen nicht übersetzen kann, weil sie in Schweden nicht existieren, aber es gibt Länder wie Spanien, in denen es ist wie hier.

Die Aristokratie ist von einer offensichtlichen Dummheit und Kulturlosigkeit, von einer Unfähigkeit zu denken charakterisiert. Sie hat eine rein pragmatische Intelligenz und viel Geschick, mit Geld umzugehen. Heute tragen sie gute Parfüms, ihre Frauen sind sehr schön, und sie wissen, wie man im richtigen Tonfall lacht ... Und das ist sehr wichtig.

Sosehr man es auch abstreitet, in jedem gibt es eine kleine versnobte Seite. Man kann nicht vermeiden, daß einen bestimmte Dinge, die von schlechtem Geschmack zeugen, stören, und zugleich fühlt man sich schuldig, weil man so ist. Diese versnobte Seite erlaubt einem nicht, sich in bestimmte Frauen zu verlieben, weil man ihnen gegenüber eine kriti-

sche Haltung einnimmt, die von der eigenen Erziehung herrührt.

Die Familien, die vor der Revolution wichtig waren, sind
es immer noch, aber jetzt gibt es die Neureichen, die Geld
haben und sonst nichts, und die sind in diesem Umfeld nicht
akzeptiert. Würde ich mit einer Frau aus einer anderen Schicht
ins Haus meiner Eltern kommen, wären sie entzückend zu
ihr, außergewöhnlich höflich, aber sie würde abgelehnt werden, ohne es selbst zu bemerken. Es gibt eine gewisse Art, mit
Blicken in einer chiffrierten Sprache zu sprechen, die nur Ein-
geweihte verstehen, doch es ist eine universelle Sprache, es
gibt sie auch in Deutschland, in Frankreich. Es sind kleine
Signale. Denn auch wenn Leuten dieser Klasse Moral und
Prinzipien fehlen, nie würde ihnen ein Fehler in bezug auf
den Kanon des guten Benehmens unterlaufen.

5

»Man sollte nicht schreiben, um Erfolg zu haben. Wer das vorhat, sollte lieber singen.«

Der Erfolg. Die ersten Romane. Die Angst des Autors. Die Kolumnen. Die Phantasie und die Erinnerung.

Lobo Antunes' Werk ist wie eine Symphonie. Eine Art »lyrisches Epos«, wie der Autor selber sagt, bei dem es sehr schwierig ist, einen Anfang, ein Ende oder irgendeine seiner Etappen festzulegen. Seit »Elefantengedächtnis«, seinem ersten Roman, weist der einzigartige Blick, mit dem sich der portugiesische Autor der Realität bemächtigt, auf eine Sensibilität und Ästhetik hin, die zu Identitätsmerkmalen seines ganzen Werkes werden.

Dennoch, und trotz seiner unbestreitbaren Originalität, hat Lobo Antunes die internationale Anerkennung erst Jahre nach der Veröffentlichung seiner Romane erhalten. Seine schroffe Prosa und seine komplexe verbale Architektur haben einige Verleger abgeschreckt, die mehr am Verkauf interessiert waren als daran, einen riskanten Autor in ihr Programm aufzunehmen.

Nachdem er in der ganzen Welt von vielen Verlagen abgelehnt worden war, kam schließlich der Erfolg, ein allmählicher Erfolg, der in den letzten Jahren unaufhaltsam wurde, und trotzdem zieht der Schriftsteller weiter seine Prosa in Zweifel, zieht weiter sein Talent in Zweifel, und mit der gleichen Naivität, mit der er sich nachts die Schaufenster der Buchhandlungen anschauen ging, in denen seine Bücher gezeigt wurden, träumt er weiter, daß er träumt und daß er, wenn er aufwacht, wieder auf Ablehnung treffen wird.

Doch das wird einem Autor kaum passieren, der auf der ganzen Welt anerkannt ist und dessen Name jedes Jahr als der eines Kandidaten für den Literaturnobelpreis genannt wird. Auch behauptet Lobo Antunes mit größter Natürlichkeit, daß keiner schreibe wie er – eine Behauptung, die nicht aus Hochmut und noch viel weniger aus Narzißmus erwächst. Lobo Antunes sucht die Wirksamkeit seiner Worte ebenso wie die Wirksamkeit und Reinheit seiner Prosa, daher klingen seine Erklärungen oft wie Schüsse und haben ihm den Ruf eines aggressiven, hochmütigen Schriftstellers eingebracht. Doch die nackten Sätze dieses portugiesischen Autors wirken letztlich sogar naiv, weil sie genau das bedeuten, was sie sagen, es keine Verstellung, keine falsche Höflichkeit gibt, und bei diesem Spiel der Ehrlichkeiten ist zweifellos er derjenige, der das größte Risiko eingeht.

– Welche grundlegenden Unterschiede sehen Sie zwischen Ihren ersten Romanen und den aktuellen?

– Es gibt einen großen Unterschied zwischen dem, was wir einen ersten Zyklus nennen könnten, der bis zu *Die Leidenschaften der Seele* reicht, und den darauf folgenden. In den ersten gab es mehr Autobiographisches, und selbstverständlich besaßen sie nicht die literarische Reife der folgenden, aber ich denke dennoch, daß es in diesen ersten Romanen sehr viel Gutes gab.

Es waren, was die Verlage betrifft, keine einfachen Bücher. In Spanien wollte sie kein Verleger, und ich verstehe nicht recht, warum. Vor dem Verlag Siruela, der schließlich auf mich gesetzt hat, hat es wichtige Verlage gegeben, die meine Bücher abgelehnt haben, sie wollten mich nicht als Autor. Sie sagten, ich sei sehr schlecht, es gebe sehr viel wichtigere Schriftsteller. Ich habe mich gewundert, mir kam das merkwürdig vor, vor allem in Spanien.

In Frankreich wollten sie mich auch nicht, weil sie fanden, daß meine Romane sehr kompliziert, sehr fremd seien. So sieht kein Roman aus, sagten die Verleger; es sind sehr schwierige Bücher, sie werden sich nicht verkaufen ... Aber diese Einstellung hielt nicht lange vor, und als sie mich akzeptiert hatten, taten sie dies ganz und gar.

In Spanien hat es jedoch sehr lange gedauert, länger als in jedem anderen Land, und ich verstehe immer noch nicht, wieso. Jetzt nicht mehr, jetzt erhält mein Agent viele Angebote von spanischen Verlagen, aber ich vertraue nur noch meinem Siruela.

– Mir scheint, es gibt keinen so großen Unterschied zwischen diesen ersten Romanen und den späteren. »Elefantengedächtnis« ist beispielsweise ein Buch mit einem sehr einfachen Ansatz, aber es sind darin bereits eine ganze Reihe der Themen enthalten, die Sie in Ihren späteren Werken behandeln.

– Ich glaube, es ist ein Buch voller Mängel, wie alle ersten Romane. Nun, wäre ich Verleger, würde ich es veröffentlichen. Nicht so sehr wegen des Buches selbst, sondern wegen dem, was es verspricht. Es ist ein sehr naives Buch, aber es besitzt große Kraft. Und Sie haben recht, es ist ein echter Lobo Antunes, ich habe mich nicht verändert. Es ist ein schlichteres Buch, wie Sie sagen, aber ich habe auch lange daran gearbeitet.

Für das erste Kapitel habe ich ein Jahr gebraucht, ich habe sehr viel daran gearbeitet, aber das Material ... Ich weiß nicht, aber ich glaube, es entglitt mir.

Merkwürdig ist, daß es sich um ein Buch handelt, das sich in allen Ländern weiterhin verkauft, es ist schon einundzwanzig Jahre alt und verkauft sich immer noch sehr gut. Ich habe Hunderttausende von Exemplaren verkauft, und es ist ein sehr wichtiges Buch für mich. Ich glaube, es hat in Portugal eine große Wirkung gehabt, weil in ihm zum ersten Mal über Dinge gesprochen wurde, über die man damals nicht redete: den Krieg, die Beziehungen zu Frauen ...

Ich war überrascht über die Aufnahme der Übersetzungen von *Der Judaskuß*. Das war seitens der Kritiker eine unglaubliche Reaktion, und zudem hat es sich sehr gut verkauft; wenn ich meine Überraschung zeigte, nannten sie mir als Grund, daß es den Krieg in Angola behandelte, obwohl das Buch eben das genau nicht tut, es ist wie von hintenherum geschrieben, aber es hat sehr gut funktioniert. Ich werde niemals die Kritik des Sekretärs der Schwedischen Akademie vergessen: »Endlich ist ein außergewöhnlicher Schriftsteller aufgetaucht ...« Das war phantastisch.

Meine internationale Anerkennung kam – außer in Spanien – endgültig mit dem *Fado Alexandrino*. Bei dem Buch hat sich die Kritik überschlagen. Sie war einhellig und unglaublich, noch besser als bei *Der Judaskuß*. Für mich war das eine große Überraschung, vor allem nach so vielen Jahren der Ablehnung. Die Kritiken waren hervorragend, aber ich hatte immer noch keinen Erfolg. Erst als die Verlage weiterhin meine Bücher publizierten, habe ich angefangen zu verkaufen.

Jedenfalls hat mich die Erfahrung gelehrt, daß es drei oder

vier Bücher braucht, bis man sich für dich interessiert. Und wenn man einen Fundus von mehreren Büchern beim selben Verlag hat, dann geht es besser. Jetzt verkauft sich jedes neu veröffentlichte Buch besser. Doch anfangs habe ich zu Tom, meinem Agenten, gesagt: »Sie« – trotz unserer Freundschaft siezen wir uns – »verlieren Geld mit mir. Niemand will uns. Es ist besser, wir lassen es.« Und er entgegnete stets dasselbe: »Nein, nein, Sie werden die Welt erobern.« Diesen Satz werde ich niemals vergessen.

Tom gehört zu den zwei oder drei Menschen, die immer jenen Glauben an mich gehabt haben, der mir selber fehlt. Er hat von Anfang an an mich geglaubt und hat trotz der Schwierigkeiten, die er damit hatte, mich durchzusetzen, niemals seine Begeisterung verloren. Ich werde ihm immer treu bleiben, denn er war mir treu, als ich ihm noch kein Geld einbrachte, noch kein Prestige hatte, als niemand mich kannte, als ich ein Portugiese war, der Romane schrieb, die niemand wollte.

Ich erinnere mich daran, wie damals in Spanien andere Portugiesen übersetzt wurden, Cardoso Pires, Saramago und noch viele andere. Und ich verstand nicht, warum sie mich nicht wollten. Das war lange so, zwölf oder dreizehn Jahre lang haben sie keinen einzigen Roman angenommen. Das ist sehr eigenartig.

– Welche Menschen haben Sie sonst noch unterstützt?

– Tom war der einzige, der an mich geglaubt hat. Er war Dozent für Übersetzung an der Universität von New York, war Lieblingsschüler von Emir Rodríguez Monegal und arbeitete mit ihm zusammen. Er weiß sehr viel über Literatur und ist unerbittlich. Manchmal sogar grausam. Andererseits ist er ein sehr sanfter Mann, er hat keine Angst davor, weiblich zu sein, aber er ist unerbittlich, auch bei Geschäften. Ich bezahle ihn für alles, darin ist er sehr amerikanisch; meine Brüder, die in Amerika leben, finden das normal und wundern sich darüber, daß ich mich wundere. Wir sind seit dem Anfang zusammen.

Mit meiner Familie, mit meinen Brüdern habe ich nie über Fragen gesprochen, die mit Literatur zu tun hatten. Nur Zé, meine Frau, sie hat immer ganz fest an mich geglaubt.

Ich habe an diesem Tisch geschrieben, an dem wir jetzt sitzen, und ich erinnere mich daran, daß ich nach dem Abendessen nicht abdecken wollte, um nicht wieder anfangen zu müssen, weil ich Angst hatte, voller Zweifel war. Und sie sagte unerbittlich: »Jetzt schreib.«

Als in Portugal der Erfolg kam, war das plötzlich, von einem Tag auf den anderen; ich erinnere mich daran, wie ich nachts zu den Schaufenstern der Buchhandlungen ging, um meine Bücher zu sehen. Es war etwas sehr Überraschendes für mich, etwas sehr Seltsames.

Zugleich war die Kritik sehr geteilter Meinung; in Portugal kam die Einhelligkeit später. Jetzt zweifelt keiner mehr, aber damals gab es leidenschaftliche Ablehnung und ebenso leidenschaftliche Zustimmung. Ich glaube, daß diese Haltungen wenig mit Literatur zu tun hatten. Meine Art zu schreiben, Romane zu machen, war eine neue, ungewohnte Form, ich kann das nicht besser erklären, aber hier schrieb man nicht so.

– Auch heute nicht.

– Heute? Viele. Überall schreibt man so wie Lobo Antunes. Viele tun das, ich glaube, es ist sogar Mode, so zu schreiben. Es ist unglaublich, wie viele Schüler ich bekommen habe. Hier und in anderen Ländern. Viele versuchen, dasselbe zu machen wie ich … Das führt dazu, daß ich mich alt fühle.

– Was hat Ihnen die einhellige Anerkennung persönlich gebracht, haben Sie an Sicherheit gewonnen?

– Nein, weil Anerkennung und Akzeptanz auch etwas Kompliziertes sind und man nicht immer weiß, warum sie sich vollziehen. Häufig sind das, was die Leute Qualität nennen, verdeckte Mängel. Man versucht, ein technisches Problem zu lösen, und wenn es einem nicht gelingt, sucht man einen Ausweg, findet eine andere Lösung … Und diese Lösung stellen manche dann als Heldentat heraus, aber du weißt, daß es mit der eigenen Unfähigkeit als Schriftsteller zu tun hat und nicht mit der Qualität.

Ich habe immer mehr Ängste. Der Tisch der Literatur ist sehr klein, an ihm gibt es nur Platz für wenige, und viele wollen dort sitzen. Schreibt man ein schlechtes Buch, dann ist man draußen, das ist so. Dies ist eine sehr grausame Welt, und der Absturz passiert schnell. Ich habe beispielsweise Jorge Amado abstürzen sehen. Keiner liest ihn heute.

Wenn jemand allerdings wie ich glaubt, daß Erfolg und Scheitern miteinander verbunden sind, ist das in Ordnung. Das Problem ist, daß man nicht schreiben sollte, um Erfolg zu haben. Wer das vorhat, sollte lieber singen oder etwas anderes tun. Man sollte nicht schreiben und dabei an den Erfolg denken, ich tue das nicht, aber ich habe Angst davor, einen schlechten Roman zu schreiben.

Ich bin erst beruhigt, wenn Tom sein Urteil abgegeben hat, denn man weiß ja nie. Zugleich ist es besser, man ist nicht zufrieden, weil die Unzufriedenheit einen zwingt, härter zu arbeiten.

Ich glaube, Schriftsteller arbeiten im allgemeinen nicht sehr an ihren Büchern, sie korrigieren sie nicht. Und das ist schade, denn manchmal geht es um ein einziges Wort, aber ein Wort kann sehr entscheidend sein.

Manchmal lese ich andere Schriftsteller, gute Schriftsteller, und ich möchte am liebsten anfangen, ihren Roman zu korrigieren. Es geht nicht um große Korrekturen, aber das Buch würde sehr viel besser werden, hätten sie sie vorgenommen. Ich verstehe nicht, warum sie als gute Schriftsteller an ihren Bücher nicht arbeiten. Vielleicht glauben sie, bereits alles zu wissen, und das verwundert mich. So wie es mich auch wundert, wie wenig sie über Literatur wissen. Im allgemeinen wissen Kritiker mehr über Literatur als Schriftsteller. Einige Verleger verstehen auch etwas von Literatur.

Die Sichtweise eines Schriftstellers ist immer eine sehr partielle Sichtweise, die mit seiner Arbeit zu tun hat, mit dem, was er gerade schreibt.

Ich sehe andere Schriftsteller, die, wenn sie reisen, nicht schreiben. Und ich zum Beispiel habe, als ich gerade in Deutschland war, darum gebeten, mir täglich fünf Stunden zum Schreiben zu geben, denn ich schreibe jeden Tag, und ich muß es tun, sonst werde ich vor Schuldgefühlen krank.

– Vielleicht hilft Ihnen, daß Sie unter jeder Bedingung schreiben können; wenn Sie es im Krieg konnten … Aber nicht alle haben diese Fähigkeit.

– Ich weiß nicht, wieso, denn Schreiben schützt mich vor dem Leiden. Wenn man leidet und schreibt, dann ist man nicht nur der Mensch, der leidet, man ist zudem der Schriftsteller, der überlegt, wie er dieses Leiden für seine Arbeit nutzen kann.

– Ist das wirklich so?

– Ja, häufig. Es ist einem nicht immer ganz klar, aber es ist schon so, man nutzt alles für seine Arbeit. Nur die Freundschaft nicht, das kann ich nicht, aber alles andere nutze ich. Ich glaube, es war Scott Fitzgerald, der gesagt hat, man könne keine Biographie eines Schriftstellers schreiben, da er viele Personen zugleich ist, und das finde ich auch. Ein Schriftsteller ist viele Menschen zugleich. Aber das betrifft nicht nur die Schriftsteller, es ist bei allen Menschen so. Man muß die Vorstellung vom Schriftsteller, vom Künstler als höherstehendem Wesen entmystifizieren. Mich verblüfft beispielsweise ein Bild wie *Las meninas* von Velázquez. Dieses Bild ist ein Wunderwerk. Man lernt schreiben, wenn man dieses Bild betrachtet, weil alles darin ist: die Ebenen, die Personen, die Atmosphäre …

– Glauben Sie, daß Bilder mehr Kraft besitzen als Worte?

– Ich weiß es nicht, aber ich bin mit meiner Arbeit nie zufrieden. Wenn ein neues Buch von mir herauskommt, dann weiß ich, daß Nelson, mein Verleger, enttäuscht ist, weil ich es nicht ansehe. Ich bekomme einen Preis und verziehe keine Miene … Am meisten hat mich der Premio Rosalía de Castro gefreut. Es handelt sich um einen Preis, der kein Preisgeld einschließt, aber mich hat Galicien begeistert, wie herzlich ich dort empfangen werde, wie großzügig die Menschen dort zu mir sind … Und dann noch wegen dieser wunderbaren Frau.

Die Menschen sind mir gegenüber im allgemeinen großzügig. Mein Problem ist, wie ich soviel Großzügigkeit zurückzahlen kann. Sie schreiben mir sehr viel, und ich fühle, daß sie lesen und sich für meine Arbeit wirklich interessieren. Ich versuche, alle Briefe, die ich bekomme, zu beantworten, alle. Mit der Hand.

– Welche Art von Briefen bekommen Sie am häufigsten?

– Da gibt es alle möglichen, gestern noch habe ich einen anrührenden Brief einer achtzigjährigen Dame bekommen. Mir schreiben Männer, Frauen. Sie schreiben mir aus vielen Ländern. Manchmal, das ist immer nervig, schicken sie mir eines meiner Bücher, mit der Bitte, es zu signieren; das kommt häufig vor.

Und ich antworte immer. Ich lebe schließlich davon, daß Leser meine Bücher kaufen. Und nach all den schwierigen Jahren, in denen niemand mich wollte … Manchmal sage ich zu Tom: »Wachen wir gleich auf?« Was passiert ist, ist wie ein Traum. Und ich denke häufig, daß ich träume und, wenn ich aufwache, weiter abgelehnt werde. Das ging alles so schnell … Aus dem Schriftsteller, der niemand interessierte, wurde ein unverzichtbarer Schriftsteller, und ich habe noch Schwierigkeiten, das ganz in mich aufzunehmen.

Ich kann mich nicht beklagen. Die erste Übersetzung erschien 1981 in den Vereinigten Staaten. Und dann kam Frankreich. Und nach vier Büchern ein weiteres Buch. Und dann

Deutschland. Es gab auch Verlage, die meine Bücher verlegt und nichts verkauft haben, überhaupt nichts. Und sie haben dann wieder aufgehört und keine neuen Bücher gekauft … Und dann plötzlich kommen sie alle, Frankreich, Deutschland, Schweden, Spanien, die Vereinigten Staaten, alle.

In Amerika zum Beispiel, wenn du da in der *Los Angeles Times*, der *New York Times* und der *Washington Post* erscheinst, dann hast du es geschafft, und in diesen Zeitungen stehe ich immer auf den ersten Seiten.

– In welchem Land haben Sie den größten Erfolg?

– Das ist schwer zu sagen. Ich weiß nicht, wo ich am meisten verkaufe. Und zudem verkaufe ich nicht massenhaft, das wird nie der Fall sein. In Deutschland kann ich bis zu hunderttausend Exemplaren von jedem Buch verkaufen, aber dort leben achtzig Millionen, und es wird viel gelesen. Und es werden mehr Taschenbücher als gebundene Bücher verkauft, die teurer sind. Aber ich werde nie ein Autor sein, der viel verkauft. Letzten Endes verkaufe ich gut, weil es ständig weitergeht, Jahr um Jahr, und dann sind die Zahlen tatsächlich hoch. Hier in Portugal sind sie sehr hoch.

Bei der Lissabonner Buchmesse passieren unglaubliche Dinge: Da kommen jede Menge Leute. Und viele sehr junge, achtzehn, neunzehn Jahre alt. Und ich rede mit ihnen, und sie sagen, meine Bücher seien nicht schwierig. Die älteren, die im Alter meiner Mutter, finden hingegen, daß meine Bücher sehr kompliziert sind. Mich überrascht es immer sehr, wenn sie von dieser Schwierigkeit reden, denn mir kommen sie sehr einfach vor, ich arbeite immer, arbeite, arbeite … und für mich ist alles ganz klar.

– Finden Sie, daß Ihr Werk ein Kontinuum ist?

– Jetzt, wo ich es in seiner Gesamtheit sehe, fällt es mir auf, aber zuvor nicht. Ich glaube, daß ein guter Leser mehr oder weniger voraussehen sollte, wohin der Schriftsteller geht, was er als nächstes schreiben wird.

Jetzt schreibe ich ein Buch, dessen Hauptfigur ein Transvestit ist, und es ist sehr kompliziert, weil ich nichts über Transvestiten weiß und alles erfinden muß und nicht weiß, ob es so ist oder nicht. Das Buch erfindet sich während des Schreibens. Und andererseits ist man die Person, die dahintersteht. Es ist so wie bei jemandem, der eine Biographie schreibt, ich glaube, daß alle Biographien verkappte Autobiographien sind.

– Lassen Sie uns etwas über Ihre Pressearbeit, über Ihre Kolumnen sprechen. Warum messen Sie ihnen keine literarische Bedeutung bei?

– Ich schreibe sie immer am ersten Sonntagmorgen eines Monats. Es sind zwei, und ich schreibe sie immer in ein paar Stunden, mehr oder weniger. Ich glaube nicht, daß sie wichtig sind. Die Leute wollen etwas Leichtes, bei dem sie nicht viel denken müssen, etwas, das sie amüsiert, das ist der Geist dieser Kolumnen, ich halte sie für gänzlich bedeutungslos.

Ich habe nur Romane, keine kurzen Erzählungen, keine Theaterstücke geschrieben. Ich habe ein paar kurze Texte, die in Spanien Alianza mit einer kleinen Ausstellung zusammen publiziert hat, aber sie sind so leicht zu schreiben … Ich halte sie nicht für Literatur.

Manchmal denke ich, daß Schriftsteller wie Schwimmbäder

sind. Es gibt Schwimmbäder für Kinder, in denen einem das Wasser bis zur Taille reicht, und dann sind da die anderen; bei diesen Texten gehst du im Wasser nicht unter. Das sind kleine Dinge, mit denen ich mich amüsiere.

– Interessiert Sie das Genre der Erzählung nicht?

– Das ist eine Frage der Inspiration, wenn die Inspiration sehr lang ist, kann man sie nicht in eine kleine Erzählung packen. Nach der Lektüre von Tschechow, Cortázar, Katherine Mansfield, was kann ich da noch schreiben? Sie haben die Bündigkeit, die ich nicht habe.

Ich brauche Raum. Meine Kolumnen, meine kleinen Texte sind ganz unprätentiös. Ich habe den Eindruck, daß ein anderes Publikum diese kleinen Texte liest. Ich mache sie mit Leichtigkeit, und wenn die Dinge mir so schnell von der Hand gehen, dann bin ich mißtrauisch, ich weiß nicht, ich glaube, sie sind nicht besonders gut. Ich habe zum Beispiel ein paar Texte für Fados und Sänger geschrieben. Das habe ich an einem Vormittag gemacht. Kann das gut sein? Ich war gerade zwischen zwei Büchern, wurde darum gebeten, es waren Freunde, und ich habe sie gemacht. Sie waren für Vitorino und Carlos do Carmo … Es war lustig, mit Sängern zu arbeiten.

– Dennoch sind diese Texte, Ihre Kolumnen, von Lobo Antunes. Sie lassen Autobiographisches durchscheinen, Ihre Art, die Realität zu sehen …

– Selbstverständlich, aber ich denke, alle Bücher sind autobiographisch, vor allem Robinson Crusoe … Denn man erfindet nichts, Phantasie ist die Art, wie man die Erinnerung ordnet. Alles hat mit der Erinnerung zu tun.

Jetzt machen die Neurologen zahlreiche Untersuchungen, um eine Verbindung zwischen Erinnerung und Phantasie herzustellen. Ich kann mich daran erinnern, wie José Cardoso Pires, als er durch seine Krankheit die Erinnerung verloren hatte, zugleich auch die Phantasie verlor. Es ist eigenartig, daß es zwischen beidem eine so enge Verbindung gibt. Wenn du keine Erinnerung hast, kannst du keine Phantasie haben. Ich glaube, daß die Erinnerung nicht nur mit der Vergangenheit zu tun hat; sie hat auch mit der Gegenwart zu tun und vielleicht auch mit der Zukunft.

– Lassen Sie uns eine António-Lobo-Antunes-Bibliothek zusammenstellen. Welches sind Ihre Lieblingsbücher?

– Ich würde diese Bibliothek wirklich gern machen, mitteilen, welche Bücher ich sehr mag, und sie hier in Portugal empfehlen, weil viele davon noch nicht veröffentlicht wurden. Es gibt Romane wie *Der Tod des Iwan Iljitsch* von Tolstoi, *Sappho* von Alphonse Daudet, einer der schönsten Liebesromane, die ich in meinem Leben gelesen habe, die es verdient haben, empfohlen und gelesen zu werden. Es ist so schwierig, so eine Liebesgeschichte zu schreiben: die Prostituierte mit dem großen Herzen, der junge Mann, der sich in die Prostituierte verliebt … Ich halte den Roman für ein Meisterwerk.

Ich würde auch gern das Werk von Felisberto Hernández veröffentlichen. Auch *Unter dem Vulkan* von Malcolm Lowry … Es gibt so viele große Romane ohne Leser. Es sind Schriftsteller und Bücher, denen gegenüber ich mich in der

Schuld sehe, weil sie mir Freude und die Lust gegeben haben, sie zu lesen. Niemand bringt einem bei, Bücher zu lesen, zu schätzen. Es gibt keine Kulturpolitik.

Hier, wie auch in Spanien, werden viele Schreibwerkstätten veranstaltet, und sie sind immer voll. Ich glaube, es ist gut, daß es sie gibt, weil sich Leute für Literatur interessieren.

– Und welche Autoren halten Sie im Gegensatz dazu für überbewertet?

– In bezug auf die Lebenden wäre es nicht sehr nett, es zu sagen.

– Also, was die Toten betrifft …

– Sie müssen ja nicht tot sein. Der Abstand nimmt manchmal den Platz der Zeit ein. Es ist logischerweise einfacher, Schriftsteller zu beurteilen, die weit entfernt vom eigenen Land leben, als die in der Nähe. Häufig haben Gründe, ob du ein Werk magst oder nicht, damit zu tun, ob du seine Figuren magst oder nicht. Deine Leidenschaften vermischen sich mit deinen Gedanken. Es gibt manchmal Bücher, die man nicht mag, über die man dennoch sagen muß, daß sie gut sind, und Bücher, die von Leuten geschrieben wurden, die keineswegs deinen Respekt verdient haben, die man aber trotzdem mag, die gut sind. Häufig spielt die Entfernung die Rolle der Zeit, erlaubt dir, klarsichtiger zu sein.

Es würde mir sehr schwerfallen, von der Literatur in Portugal zu sprechen, aber ich kann besser über das reden, was in Spanien passiert und was ich für phantastisch halte. Nicht nur auf dem Gebiet der Literatur, auch im Bereich der Bildhauerei. Ich glaube, es gibt in Spanien ein sehr dynamisches Kulturleben, aber ich spreche selbstverständlich als Außenstehender, über das, was man von außen wahrnehmen kann, und Sie haben bestimmt eine andere Meinung dazu.

Manchmal geht mir durch den Kopf, daß die zeitgenössische spanische Literatur in ihrer Gesamtheit einen Wert darstellt.

Hier werden jährlich dreißig oder vierzig Romane publiziert, nicht mehr, das ist mit Spanien nicht vergleichbar.

– Was halten Sie von den großen portugiesischen Autoren?

– Nun, es gibt keine große Tradition. Eça de Queirós ist meiner Meinung nach kein großer Romancier, aber ein großer Prosaist. Seine Personen sind immer Karikaturen. Sie haben keine Dichte, weder Fleisch noch Blut. Antero de Quental ist ein großartiger Prosaist. Ein Mann, der Adjektive zu substantivieren weiß. Aber seine Stärke sind nicht Romane, es ist seine großartige Prosa, seine Prosa ist sehr, sehr schön. Zudem lebte er in einer einzigartigen, nicht wiederholbaren Zeit: Es gab mindestens einhundertdreißig große Schriftsteller, die zur gleichen Zeit arbeiteten: in Rußland: Tolstoi, Tschechow, Dostojewski, Gogol, Turgenjew. In England: Jane Austen, Dickens, Emily Brontë. In Frankreich: Stendhal, Flaubert. Es ist unglaublich, was im vergangenen Jahrhundert passiert ist, das hat es nie wieder gegeben, es hat nie wieder einen solchen Augenblick wie jenen gegeben, warum, weiß ich nicht. Das war eine ganz besondere Epoche. Die Industrialisierung begann, es wurden Begriffe wie »Jugend« geprägt, die eine Erfindung jenes Jahrhunderts war ... Und vielleicht haben all diese enormen Veränderungen diese Schriftsteller hervorgebracht, ich kenne die Gründe nicht, aber Tatsache ist, daß die Literatur jenes Jahrhunderts atemberaubend war.

– Glauben Sie, daß konfliktreiche Augenblicke der Geschichte das Schaffen beeinflussen?

– Ich glaube, alle Augenblicke und alle Epochen sind kritisch. Ich habe vor kurzem ein paar Bücher mit Kritiken des 19. Jahrhunderts gekauft, die von Engländern herausgegeben wurden, die darin Meister sind, und es gibt keine Epoche, die sich nicht selbst als Krise und Umwälzung begreift, keine einzige. Es ist eigenartig, weil zudem jeder beansprucht, daß seine Epoche die der Krise sei.

Die Literatur des Widerstands, die soziale Literatur, war immer schlecht. Und jetzt wurde in den anglophonen Ländern eine Anthologie der Kriegsliteratur herausgegeben, und man stellt fest, daß auch sie nicht sehr gut ist. Man braucht Abstand, um über etwas zu schreiben; wenn man schreibt, solange man noch nicht abgekühlt ist, läuft man Gefahr, polemisch zu sein, man kann nicht über reale Geschehnisse schreiben, die einen direkt berühren. Ich habe erst, lange nachdem ich aus dem Krieg zurück war, angefangen, über den Krieg zu sprechen, weil es, als er mir noch sehr nah war, zu aufwühlend für mich war, ich konnte meine Erinnerungen nicht in fiktives Material verwandeln.

– Andererseits ist er auch eine vitale, ungewöhnliche Erfahrung, man kann viel mehr Dinge erzählen als aus einem der Routine verfallenen Leben.

– Zweifellos prägt so eine Erfahrung, und in meinem Fall hatte sie Einfluß auf mein ganzes Leben. Man könnte sagen, daß ich vor dem Krieg in Watte gehüllt gelebt habe, und ich habe erst dort begriffen, daß es die anderen gibt, daß die Welt nicht auf meine Person beschränkt ist. Das war zweifellos gut, aber der Preis, den ich für diese Lehre bezahlt habe, war, denke ich, zu hoch. Alles berührt einen, darüber besteht kein Zweifel, und derart radikale Erfahrungen um so mehr.

Im Krieg habe ich jeden Tag geschrieben, aber ich habe über die Umstände des Krieges nur in meinen Briefen geschrieben. Darin erzählte ich von den Situationen, die ich durchstehen mußte, meinen Gedanken dazu, Botschaften an meine Tochter, die damals noch nicht geboren war und von der ich dachte, ich würde sie nicht kennenlernen, da ich sterben würde … All das erzählte ich in meinen Briefen. Meine Töchter, die sie ebenfalls entdeckt haben, als ihre Mutter starb, sagen, daß man mit ihnen eine Landkarte des Krieges zeichnen könne … Dennoch kommt in meinen damaligen Romanen der Krieg nirgendwo vor. Es mußten noch Jahre vergehen, damit ich diese Bilder und Geschehnisse wiederaufnehmen konnte. Ich brauchte einfach diesen Abstand.

Die Aufgabe des Schriftstellers

Schreiben ist eine harte Droge. Das Problem entsteht, wenn du nicht schreibst, wenn du nicht soviel arbeitest, wie du eigentlich möchtest. Jetzt, wenn Sie gehen, werde ich weiterschreiben, denn ich bin mit dem Buch nicht zufrieden.

Ich setze mir Fristen, beispielsweise: Bis zu dem und dem Datum muß ich die erste Version fertig haben, um mit den

Korrekturen zu beginnen, und bei der zweiten Version ... und so weiter, und so weiter. Und wenn ich mit dem Ergebnis nicht zufrieden bin, weiß ich, daß ich noch mehr daran arbeiten muß. Und das ist, denke ich, meine Verpflichtung als Schriftsteller, das ist die Aufgabe des Schriftstellers.

Man muß zwischen Künstlern und Intellektuellen unterscheiden. Die Intellektuellen sind Verbreiter von Ideen, wie Sartre, der ein Intellektueller ist und kein Künstler. Es gibt nur wenige Intellektuelle, die zugleich auch Künstler sind. Vielleicht Unamuno oder Goethe.

Ich weiß nicht, ob ich da recht habe oder nicht, aber ich glaube, was ich schreibe, sind »lyrische Epen«.

Wenn ich durch verschiedene Länder reise und gefragt werde, was ich über dieses oder jenes denke, bin ich so sehr mit meinem Buch, an dem ich gerade arbeite, beschäftigt, damit, wie ich die Probleme des Textes bewältige, daß ich keine Zeit für theoretische Überlegungen habe. Ich kann mir keine Gedanken darüber machen, was ich sagen soll oder nicht.

Es gibt einen Schriftsteller des 18. Jahrhunderts in Portugal, Dom Francisco Manuel de Melo, der einmal, als er gefragt wurde, wovon sein Buch handele, antwortete: »Das Buch handelt von dem, was darin geschrieben steht.« Und das scheint mir eine gute Antwort zu sein.

Es gibt in meinen Büchern immer mehr Teile, die nicht geplant waren. Ich arbeite mit immer weniger detaillierten, allgemeineren Plänen. Zum Beispiel: Ich weiß, wie das Buch enden wird, das ich gerade schreibe; ich weiß, daß der Junge, die Hauptfigur, ein Transvestit ist, am Ende als Transvestit gekleidet in die Nacht hinausgeht. Aber bislang habe ich keine Vorstellung, was geschehen wird, ich weiß nicht, wie ich es machen werde. Jetzt bin ich gerade dabei, das zu korrigieren.

Ich werde Ihnen etwas sagen. Sie wissen, daß ich sehr wenig rede, daß ich mit wenigen Menschen rede, zwei oder drei Personen, und mit Ihnen habe ich so viel geredet, daß ich glaube, daß Sie mich kennen und wissen, daß ich nicht eitel bin, überhaupt nicht eitel. In aller Freundschaft und mit vollkommener Ehrlichkeit sage ich Ihnen, daß ich glaube, daß niemand so schreibt wie ich, wenn ich gut schreibe, wenn ich viel arbeite. Aber das gibt mir nicht das Gefühl von Überlegenheit, im Gegenteil, es macht mir angst. Weil man weiß, was man erreicht, wenn man mehr arbeitet als die anderen.

6

»Mit der Freundschaft verhält es sich wie mit der Liebe. Sie entsteht von einem Augenblick auf den anderen und ist absolut.«

Besessen von der Zeit. Der Entstehungsprozeß eines Romans. *Anweisungen an die Krokodile. Geh nicht so schnell in diese dunkle Nacht.*

Alles weist darauf ihn, daß es so ist, aber Lobo Antunes behauptet, er sei kein einsamer Mann. Seine Romanfiguren, seine Bücher leisten ihm Gesellschaft, er lebt in diesem Zustand zwischen Trugbildern und Träumen, in denen die Sätze schweben, die er einzufangen versucht und die ihm erst in der Endphase der Arbeit an einem Roman gelingen. Das Schreiben trennt ihn von der Welt, er lebt in seiner eigenen Welt, nicht in der der anderen. In einer Welt von Klängen, von in der Kindheit, im Krieg, in seinem ganzen Leben gesammelten Bildern, die er mit seinen Lesern teilt.

Er sehnt sich nach seinen verstorbenen Freunden, doch er behält ihnen ihren Platz vor, einen Platz, den niemand anders einnehmen kann, und so leben sie in seinem Gefühl weiter an seiner Seite. Freundschaft hat für ihn den allerhöchsten Stellenwert.

Mit seinem Buch *Geh nicht so schnell in diese dunkle Nacht* und bereits mit dem vorangegangenen, *Anweisungen an die Krokodile,* hat Lobo Antunes zum ersten Mal die Welt der Frau in den Mittelpunkt gestellt und weibliche Hauptfiguren geschaffen.

– Sie sagen immer wieder, Sie seien bereits alt. Ist das ironisch gemeint, oder fühlen Sie das tatsächlich?

– Nein, das ist nicht ironisch gemeint. Ich schaue mich im Spiegel an, und was ich da sehe, beunruhigt mich, weil es mir nicht ähnlich sieht. Ich erkenne mich nicht wieder. Innerlich fühle ich mich sehr jung, imstande, alle möglichen Verrücktheiten zu machen und so. Manchmal sind es die jungen Leute, die einem das Gefühl geben, alt zu sein.

Den Spaziergang auf den Ramblas von Barcelona werde ich nie vergessen. Ich war mit ein paar spanischen Schriftstellern unterwegs, und ein paar wirklich hübsche Mädchen verteilten Einladungen in eine Diskothek. Als wir dort ankamen, nahmen sie uns die Einladungen wieder ab. Ich hatte Lust hineinzugehen, und daher war ich sehr traurig.

Da gibt es noch ein Problem: Ich habe mich verändert und verstehe die vorangegangenen Kapitel meines Lebens nicht besonders gut. Ich sehe mich noch immer wie vor zwanzig Jahren; manchmal denke ich an das Ende von *Auf der Suche nach der verlorenen Zeit* von Proust, als er das Gefühl hat, auf einem Maskenball zu sein, daß seine Falten aufgemalt und sein Haar weiß gefärbt ist. Man hat auf viele Dinge immer noch einen jungfräulichen Blick und das Gefühl, man habe noch viel zu erleben, und dennoch lassen einen die anderen zum Bild eines alten Mannes gerinnen.

Zudem gibt es noch die Obsession, daß die Zeit immer knapper wird. Ich denke ständig, daß mir nicht mehr viel Zeit bleibt. Es gibt in Brasilien, im Staat Bahia, Lastwagen, auf den Sprüche gemalt sind. Einer, an den ich mich erinnern kann, lautete: »Man kann nicht mit allen Frauen der Welt schlafen, aber man sollte sich bemühen.«

Es gibt so viele Bücher, die ich noch nicht gelesen habe, so viele, die ich noch nicht geschrieben habe, Menschen, die ich noch nicht kennengelernt habe, so viele wunderbare Begegnungen, die ich nie erleben werde. Meine Bücher haben mich überall auf der Welt die großartigsten Menschen kennenlernen lassen. Doch je mehr Menschen man kennenlernt, desto deutlicher erkennt man, daß sie alle gleich sind. Man braucht nur die dünne Lackschicht des Unterschieds abzukratzen, und wir sind alle gleich, sonst wären wir nicht von Tschechow angerührt.

Es ist gut zu merken, daß man inmitten der Menschen lebt, nicht über ihnen steht, sondern einer von ihnen ist. Ich glaube, es war ein Spanier, Gabriel Celaya, der das einmal gesagt hat. Barral, Blas de Otero ... Ich habe alle in einer Anthologie gelesen, die in Portugal herauskam, als ich vierzehn Jahre alt war, und sie haben mir viel beigebracht. Vielleicht waren nicht alle Gedichte gut, aber damals war ihre Lektüre für mich etwas Außergewöhnliches.

Man lernt sehr viel von den Dichtern, weil sie ätherisch, aber zugleich auch fleischlich sind. Als Schriftsteller hingegen braucht man manchmal zwei Jahre, um zum gleichen Ergebnis zu kommen.

– Fühlen Sie sich Spanien und der spanischen Kultur nahe?

– Ich habe Spanien bereits als Kind kennengelernt, als mein Großvater mich mit nach Madrid genommen hat. Vielleicht ist Madrid deshalb die Stadt, die mir am besten gefällt. Es war die erste große Stadt, die ich kennengelernt habe, als mich meine Großeltern und meine Eltern auf eine Reise durch ganz Europa mitgenommen haben. Meine erste Begegnung mit der

Kunst hatte ich im Prado, wo mein Vater jedes Bild mit einer halbstündigen, langweiligen Erklärung bedachte. Ich mag auch Galicien sehr, daher habe ich mich über den Rosalía-de-Castro-Preis so sehr gefreut. Ich mag Galicien sehr, weil es kulturell sehr interessant und lebendig ist.

Ich war sieben Jahre alt, als ich mit meinen Eltern und Großeltern zu dieser Reise aufbrach. Meine Mutter hatte gelobt, mich nach Padua in die Kirche des heiligen Antonius zu bringen, weil ich mit neun Monaten eine Gehirnhautentzündung gehabt hatte.

In Barcelona habe ich mich übergeben, weil sie mich zu einem Stierkampf mitgenommen hatten. Ich weiß noch, daß der Torero Luis Dominguín war. Ich hatte noch nie jemanden sterben sehen, und als der Stier getötet wurde, ist mir schlecht geworden. Barcelona ist eine ganz besondere Stadt, aber Madrid ist wunderbar, und zudem gefällt mir das Klima, außer in den Monaten, in denen es dort kalt wird.

Ich habe in New York, in Berlin, in Paris gelebt, als mich niemand kannte, und die Einsamkeit war sehr hart. In Berlin war Luigi Nono mein Nachbar, ein sehr angenehmer Mensch, und das war kurz vor dem Fall der Mauer. In Berlin war kulturell viel los, aber zugleich war es auch angenehm ruhig, um zu arbeiten. Allerdings hat Berlin das gleiche Problem wie Madrid – es liegt weit vom Meer entfernt.

– Gibt es neben dem Schreiben noch ein anderes Leben?

– Ja, ich habe noch ein anderes Leben … Also nein, seit ein paar Jahren schreibe ich nur noch, und manchmal frage ich mich, warum ich ein so zurückgezogenes Leben führe, aber das ist nicht wichtig. Ich habe den Eindruck, wie Löschpapier zu sein und daß alles irgendwo in mir eintätowiert bleibt. Die Phantasie arbeitet nur, wenn ich schreibe.

– Ist so ein Leben befriedigend?

– In gewisser Hinsicht schon. Ich hätte gern noch Zeit, weil ich drei Liebesromane schreiben möchte, das habe ich zumindest im Kopf. Ich würde auch gern einen Roman über den Krieg in Angola schreiben, obwohl ich lange Zeit gedacht habe, ich sei außerstande, das zu tun, aber ich glaube, jetzt könnte ich es ...
Man hat so viele Pläne, und am Ende bleibt einem keine Zeit. Ich denke oft an Mozart, als er das Requiem komponierte. Seine Briefe waren dramatisch, weil er schon sehr krank war und ständig schrieb: »Mir bleibt keine Zeit mehr, mir bleibt keine Zeit.« Und genau dieses Gefühl verfolgt mich schon seit frühester Jugend.
Für mich ist Schreiben wie eine Liebesbegegnung, ein Kennenlernen. Eine glückliche Liebesbeziehung, wie ich sie beispielsweise mit Tschechow habe. Dieser Mann hat alles erzählt, in seinen Erzählungen findet sich alles.

– Und was wollen Sie erzählen? Wohin möchten Sie gelangen?

– Ich möchte die Kunst des Romans verändern, der Plot ist nebenrangig, ein Vehikel, das einem dient; wichtig ist, diese Kunst zu verändern, und es gibt Tausende von Möglichkeiten, dies zu tun, aber jeder muß seine eigene herausfinden.
Die Intrige interessiert mich nicht, was ich möchte, wäre, daß man mich nicht liest, sondern daß man das Buch erlebt. Die Gefühle sind vor den Worten da, und die Herausforderung liegt darin, diese Gefühle zu übersetzen, zu versuchen,

daß die Worte diese Gefühle »bedeuten«. Dieser Herausforderung zu genügen ist unmöglich, aber ich glaube, man muß es versuchen.

So wie es die Dichter machen. Manchmal bin ich versucht, Gedichte in den Text einzufügen, so wie es Gogol in *Die toten Seelen* gemacht hat, weil der Dichter den Widerschein des Mondes beispielsweise besser ohne viel Worte definieren kann, dem Leser Raum für die eigene Kreativität läßt.

– Im Roman *Anweisungen an die Krokodile*, denke ich, ist es Ihnen gelungen, er ist weniger sintflutartig als die vorangegangenen.

– Sintflutartig werde ich, glaube ich, immer sein, aber es stimmt, daß ich in diesem Roman verhaltener bin, geschliffener, in dem Roman, den ich gerade abgeschlossen habe, *Geh nicht so schnell in diese dunkle Nacht*, bin ich es noch mehr.

Obwohl es schwierig ist, der Versuchung einer schönen Metapher, einer Pirouette zu widerstehen ... Aber ich muß es tun, denn letztlich schadet es nur der Effektivität des Textes. Mir ist die Musik von Bach immer gegenwärtig, man muß unerbittlich effektiv sein, von geradezu mathematischer Präzision.

– So gesehen verstehe ich, weshalb Sie so viel korrigieren müssen. Aber Sie könnten am Ende alles wegstreichen und aufhören zu schreiben.

– Ich glaube, Goethe war es, der sagte, daß unsere Größe darin liege, niemals anzukommen. Ja, es ist eine nicht einzulösende Bemühung, weil man weiß, man wird niemals dorthin gelangen, wohin man will. Nur – würde es einem gelingen, warum sollte man dann weiterschreiben? Aber in dem ständigen Kampf mit den Wörtern, gegen den Widerstand der Gefühle, liegt doch gerade der Zauber dieser Arbeit. Schreiben kann nicht nur Leiden, sondern auch Jubel und Freude sein.

– Lust und Freude liegen doch nicht nur im Akt des Schreibens. Finden Sie nicht, daß es etwas an Wahnsinn grenzt, sich so viele Stunden einzuschließen, den ganzen Tag dem Aufbau und der Zerstörung der Worte zu widmen?

– Ja. Wenn ich schreibe, bringen die ersten drei oder vier Stunden nichts Wesentliches. Erst wenn die Selbstzensur nachläßt, wenn ich schon ein bißchen müde bin, beginnt das Schreiben zu fließen.

Es ist das gleiche Gefühl wie beim Aufwachen: Man glaubt, das Geheimnis des Lebens gefunden zu haben, und wenn man ganz wach ist, versucht man, es zu packen, aber es gelingt einem nicht, und schon ist es einem entwischt. Manchmal träume ich von phantastischen Sätzen und denke: »Jetzt muß ich aufwachen und mich an diesen Satz erinnern«, aber sobald ich an die Oberfläche komme, ist alles weg, und ich erinnere mich an überhaupt nichts mehr.

Lange habe ich versucht, einen Zustand zu erreichen, der diesem Gefühl nahe ist, und nach vier Stunden Arbeit, in diesem merkwürdigen Zustand zwischen Ermüdung und Träumerei, gelingt es mir leichter, Lösungen zu finden. Die letzten Kapitel meiner Romane sind, denke ich, die besten, weil ich diesem Zustand näher bin, obwohl ich ihn niemals ganz erreiche.

– Und gibt es einen Augenblick, an dem Sie das Ende des Buches deutlicher sehen? Ich finde immer, Ihre Romane könnten endlos weitergehen.

– Es gibt einen Augenblick, in dem das Buch mich hinauswirft. Wenn das Buch gut ist, trifft es diese Entscheidung. Ich versuche, es zu verbessern, aber es läßt keine weitere Korrektur zu. Dieser Augenblick läßt sich schlecht beschreiben, aber ich fühle ihn. Freud – mit dem ich in vielen Dingen ganz und gar nicht einverstanden bin – hat einmal über die Psychoanalyse gesagt, sie sei zu Ende, wenn der Psychoanalytiker und der Patient beide zufrieden mit dem Ergebnis sind. Ich denke, genau das geschieht mit dem Buch, man fühlt, daß es nicht mehr angerührt werden will.

– Wie fangen Sie an? Ist das Buch von vornherein festgelegt?

– Nun, ich weiß, wie viele Kapitel es hat, kenne die Hauptpersonen … obwohl ich sie niemals körperlich sehe, ich weiß nicht, wie ihr Gesicht aussieht, dennoch sind sie sehr real. Ich denke an den Ort, an dem sie leben, an den Ort, an dem sie Kaffee trinken … Sie werden sehr real, obwohl ich sie mir nie, niemals physisch vorstelle.

– In *Anweisungen an die Krokodile* sind Frauen die Hauptpersonen, und in dem Roman, den Sie gerade beendet haben, auch. Sind Sie zu einem Kenner der weiblichen Welt geworden?

– Ja, in dem Buch, das ich gerade beendet habe, *Geh nicht so schnell in diese dunkle Nacht*, ist die Hauptfigur auch eine

Frau, diesmal nur eine. Ich kann nicht viel zu dem Buch sagen, denn es hat kaum Handlung, nichts ist so, wie es scheint, und es ist auch ein Roman über den Roman.

Ich werde Ihnen etwas darüber erzählen: Das Buch ist in die sieben Tage der Schöpfung aufgeteilt, es beginnt mit dem ersten Tag, an dem der Vater in eine Klinik kommt, um dort am Herzen operiert zu werden, und endet mit dem siebten Tag, an dem er aus dem Krankenhaus entlassen wird. Es spricht immer das achtzehnjährige Mädchen, das, wie der Leser später herausfindet, nicht achtzehn, sondern achtundzwanzig Jahre alt, verheiratet ist und ein Kind hat … Und das Mädchen konstruiert und dekonstruiert ständig seine Mutter, seinen Vater, seine Großmutter, seine Tante, seine Freundinnen, sich selbst …

Es ist ein sehr autobiographisches Buch. Vielleicht das autobiographischste. Und es ist auch ein Roman über den Roman. Es war eine sehr große Herausforderung, Personen Fleisch, Blut, Dichte zu geben, die ich gleich darauf zerstöre, indem ich sage, dies sei nicht wahr, es gibt sie, aber sie sind anders. Aber es war auch eine sehr interessante Herausforderung, ich weiß nicht, ob es mir gelungen ist, und vielleicht ist das Buch so dunkel und schwierig wie die *Krokodile*, ich weiß es nicht.

Und was die Frauen betrifft, so hatte ich bei diesem Mädchen das Gefühl, ein Buch zu schreiben, das wie meine ersten Romane offensichtlich autobiographisch ist. Sie ist mir sehr ähnlich, vor allem in ihren Reaktionen.

In den vier Frauen aus den *Krokodilen* ist hingegen nichts von mir, nun gut, alles ist von mir, aber sie sind kein so vollständiges, so deutliches Porträt meiner Persönlichkeit wie das Mädchen, das in diesem letzten Roman spricht.

HOSPITAL MIGUEL BOMBARDA

Serviços Clínicos

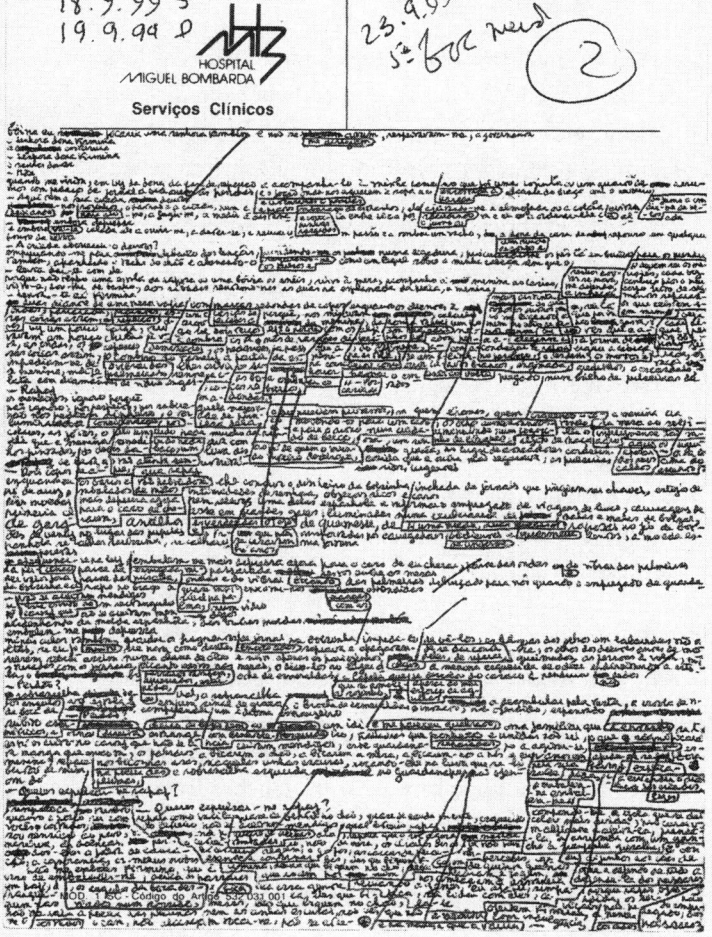

Manuskriptseiten von António Lobo Antunes aus
Geh nicht so schnell in diese dunkle Nacht

– Sie hatten nie Frauen als Hauptfiguren. Warum haben Sie beschlossen, das zu ändern?

– Weil ich mich, als ich *Portugals strahlende Größe* schrieb, das erste Mal in eine der Frauen verliebt habe, die in dem Roman auftauchten, warum, weiß ich nicht. Ich dachte, Frauen als Figuren zu benutzen, würde mir Möglichkeiten geben, die ich als Mann nicht hätte. Als Frau konnte ich einen viel größeren Reichtum an Gefühlen ausdrücken.

Ich glaube, ich bin in der letzten Zeit den Frauen sehr viel nähergekommen. Nicht nur Zé, meiner ersten Frau, sondern auch meinen Töchtern, und ich habe angefangen, sie anders zu sehen. Ich glaube, meine Fähigkeit zu lieben ist ein bißchen größer geworden, denn ich glaube, daß die Männer nicht lieben, oder besser, sie lieben sich selber durch die Frauen. Ich glaube, ich bin menschlicher geworden, nachsichtiger, und die Anzahl der wichtigen Dinge in meinem Leben ist drastisch zurückgegangen.

– Diese vier Frauen in *Anweisungen an die Krokodile* sind sehr unterschiedlich, erzählen Sie mir etwas über sie.

– Es war schön, zwei Jahre lang diese vier Frauen für mich zu haben, aber am Ende kam ein entsetzliches Buch dabei heraus, weil alles, was ich darin erzähle, tatsächlich wahr geworden ist. Die Mutter meiner Töchter starb am gleichen Krebs und genau so wie eine der Frauen. Nachdem ich das Buch beendet hatte, hatte Zé Cardoso dieselbe Krankheit wie eine andere Figur … Ich habe alles erfunden, und später geschieht es in der Realität. Es war ein sehr eigenartiges Buch. Finden Sie es nicht auch unglaublich, daß ich etwas erzähle, das später in der Realität genauso abläuft, wie ich es mir vorgestellt habe?

– Es gibt noch einen Aspekt in diesem Buch, die Geschichte der extremen Rechten. Die Personen erkennt man, man braucht ihnen beinahe keine Namen zu geben.

– Ja, aber es ist eine vollkommen nebensächliche Geschichte, in der ich nur sehr wenig erfunden habe, ich hatte sogar befürchtet, wegen der Dinge, die ich darin erzähle, in Portugal Schwierigkeiten zu bekommen.

– Sie sprechen ganz deutlich von General Spínola.

– Ich habe überhaupt nichts gesagt *(lächelt)*, ich denke, daß sie allen Personen sehr nah sind, die in der Realität existiert haben. Aber ich bestehe darauf, daß diese Geschichte vollkommen nebensächlich ist. Mich interessierten die vier Frauen, und ich glaube, daß man das schließlich begriffen hat, weil nur sehr wenige dieser Terroristengeschichte Bedeutung beigemessen haben. Im allgemeinen haben die Leute nur von ihnen gesprochen, und sie haben mich auch vor allem interessiert.

Wenn man Menschen in eine Grenzsituation stellt, ist es einfacher zu arbeiten, und daher habe ich die Geschichte der terroristischen Attentate konstruiert.

– Diese Frauen sind natürlich Opfer, aber sie sind auch Henker.

– Es war nicht meine Absicht, daß sie so wirken. Es waren Frauen, die ich sehr mochte, vor allem mochte ich Celina, warum, weiß ich nicht. Ich mochte all ihre Kindheitsgeschichten,

Mickymaus ... Aber auch die aus der Kindheit von Mimi, die Puppenküche ... Ich war wirklich bezaubert von ihrem Leben und hatte nicht vor, darüber hinauszugehen.

Sie sind geduldige Subjekte einer grausamen Geschichte, aber sie handeln nicht. Sie sind wie Schwämme, die das Böse aufsaugen, weil das Böse sie umgibt, aber sie sind keine Handelnden. Ihr Leben ist sehr menschlich, aber letztlich haben sie keine Handlungsmöglichkeiten.

Mich interessierte nur, es glaubhaft zu machen, damit die Leute darin Ereignisse aus ihrem eigenen Leben wiedererkennen. Ein wirklich gutes Buch ist eines, das für dich geschrieben ist, eines, das du als etwas Eigenes empfindest, und wenn jemand dir von diesem Buch erzählt, wirst du eifersüchtig, weil du glaubst, daß es allein dir gehört. Das ist mir, als ich jung war, häufig passiert, ich glaubte, daß nur ich Dostojewski kannte, daß er nur mir gehörte. Ich ging eine persönliche Beziehung mit meinem Exemplar ein und glaubte, daß die anderen Exemplare etwas anderes erzählten, anders waren.

Als ich dreizehn oder vierzehn war, gehörte Victor Hugo nur mir allein und sonst niemandem. Ich hatte das Gefühl, daß er die ganze Zeit über mich sprach, fühlte mich nackt, und zwischen dem Autor und mir bestand eine sehr enge Beziehung. Ich fühlte mich endlich verstanden.

– Glauben Sie, daß mit Ihren Büchern das gleiche passieren könnte, daß Sie diese Intimität schaffen könnten?

– Bislang hat mir das niemand gesagt. Ich erhalte viele Briefe, mehr von Männern als von Frauen, das ist sehr eigenartig, weil es eine sehr starke emotionale Bindung gibt. Sie sind meine unbekannten Freunde, und sie helfen mir zu leben, das ist wie ein Liebesakt.

Jedenfalls gibt es eine rationale Komponente, die mich denken läßt, daß Tschechow, Victor Hugo, Puschkin nur für mich geschrieben haben, daß Tschechow 1904 gestorben ist, nun, das ist klar. Aber ich spreche von Gefühlen, die ebenfalls sehr real sind, es ist eine Frage einer innigen Beziehung zum Autor, und wenn ich seine Erzählungen, seine Theaterstücke lese, habe ich das Gefühl, daß diese Bücher mich allein erwarten.

– Sie machen den Eindruck, ein sehr einsamer Mann zu sein. Fühlen Sie sich tatsächlich so?

– Ich fühle mich nie einsam, wenn ich allein bin. Ich fühle mich einsam, wenn ich mit langweiligen Leuten zu Abend esse, weil ich denke, ich verliere Zeit und daß es mir besserginge, wenn ich lesen würde. Wenn ich allein bin, dann bin ich mit meinen Figuren, mit meinen Freunden, meinen Büchern zusammen. Aber ich verachte solche Treffen nicht, weil sie einem manchmal wunderbare Begegnungen verschaffen, man lernt jemanden kennen und fühlt sofort, daß es ist wie bei einem Freund aus der Kindheit, und das ist mir manchmal passiert.

Ich glaube, mit der Freundschaft verhält es sich wie mit der Liebe. Sie entsteht von einem Augenblick auf den anderen und ist absolut. Freundschaft gibt mir ein körperliches, unerklärliches Gefühl. Jorge Amado sagte immer wieder zu mir: »Mein Junge, im Leben gibt es nur zwei wichtige Dinge: Liebe und Freundschaft. Der Rest ist nichts wert.« Und mich, der ich damals vom Ruhm träumte, mich interessierte nur dieser Ruhm.

Aber heute weiß ich, daß er recht hatte. Über die Liebe sagte er mir: »Hör zu, mein Junge, der Schimmel kommt nur einmal vorbei ...« Nun, ich hoffe, er kommt wenigstens zwei- oder dreimal.

– Ziehen Sie die Einsamkeit vor, weil sie Ihnen garantiert, daß niemand Sie beim Schreiben stört?

– Ich glaube, mit einem Schriftsteller zusammenzuleben ist nicht grundsätzlich ein Problem, obwohl ich andererseits verstehe, daß die Beziehung schwierig sein kann, weil es sehr kompliziert ist, mit jemandem zu leben, der besessen ist. Man denkt ständig nach, ist in sich gekehrt. Meine Töchter sagen mir, daß ich sehr anstrengend bin. Wenn ich schreibe, denke ich nur an meinen Roman, widme ihm alle Zeit. Und wenn ich nicht schreibe, bin ich desorientiert, schaue mir nur Fußball im Fernsehen an.

– Mögen Sie Fußball?

– Ich mag alle Sportarten ... Ich mag nicht essen, ich mag nicht trinken, am liebsten lese ich, ich lese ein Buch pro Tag. Ich lese alles, gute und schlechte Bücher, alles verschafft mir Lust. Ich habe gerade Fernando Savater gelesen, und das hat mir sehr gefallen. Ich lese viel spanische Literatur, alles mögliche. Ich glaube, in Spanien gibt es ein künstlerisches Brodeln, das es weder in Frankreich noch in Deutschland, noch in England gibt, und nicht nur in der Literatur. Das kulturelle Panorama ist großartig, meine italienische Verlegerin Inge Feltrinelli hat das auch zu mir gesagt. Einige schreiben gut, andere weniger gut, aber es gibt viele Aktivitäten, es wird viel publiziert, es hält in bezug auf Veröffentlichungen weltweit den dritten Platz, und das ist phantastisch. Als ich auf der Buchmesse in Madrid war, dachte ich, ich würde kein einziges Buch signieren, und war überrascht vom Interesse, das ich vorfand. Natürlich war es im Salon du livre in Paris ein Wahnsinn, aber das hat nichts mit Literatur zu tun, sie machen einen Filmschauspieler aus dir.

– Stellen Sie Ihre Bücher nicht gern vor?

– Wenn das Buch gut ist, muß es sich alleine durchschlagen. Ist es nicht gut, wird es sterben, und wenn es gut ist, bleibt es, man muß ihm nicht helfen. Jede intelligente Person kann viel interessantere Dinge über den Roman sagen als der Autor selbst, weil die Sicht des Autors immer parteiisch ist. Es ist schade, wenn gute Schriftsteller anfangen, über ihre Arbeit zu reden, weil ihre Arbeit im Schreiben besteht und darin, die ganze Energie darauf zu verwenden.

Mir fällt es schwer, diese Interviewsitzungen zu akzeptieren, denn sie sind immer schlechter als die Bücher, das ist unausweichlich. Die Bücher sind immer besser.

Natürlich gibt es in uns allen eine exhibitionistische Seite, und auch den Wunsch, gelesen und geliebt zu werden. Aber ich verstehe Nabokov, der nur Interviews gab, wenn er selber auch die Fragen stellen durfte.

Nabokov sagte: »Wenn ich denke, bin ich ein Genie, wenn ich schreibe, habe ich viel Talent, und wenn ich rede, bin ich ein Tor.« Er war ein bezaubernder Mann, obwohl er meiner Meinung nach zu exquisit war, um ein großer Romanschriftsteller zu sein, zu intelligent … In seiner Prosa wird dem Detail eine so große Aufmerksamkeit geschenkt, daß es dich manchmal daran hindert, das Ganze zu sehen, aber sie ist groß-artig. Wenn man bedenkt, daß er angefangen hat, auf russisch zu schreiben, dann deutsch, dann englisch …

Conrad schrieb schlechter, aber meiner Meinung nach war er ein Schriftsteller, dessen Prosa eine größere Dimension und einen längeren Atem hatte. Es ist eigenartig, denn es gibt Schriftsteller, bei denen es so aussieht, als schrieben sie schlecht: Carson McCullers oder Flannery O'Connor zum Beispiel. Sie schreiben eine zerzauste, schlecht organisierte Prosa, aber wenn du sie aufmerksam liest, merkst du, daß dem nicht so ist, wenn du etwas mehr über das Handwerk weißt, dann merkst du, daß es sehr gut gemacht ist.

Faulkner und Hemingway, bei Faulkner ist die ganze Technik da, und das ist verführerisch für den Anfänger, während bei Hemingway die ganze Arbeit im Inneren ist, die Prosa wirkt sehr einfach, ist aber dennoch sehr kunstvoll. Es gibt so viele gute Bücher!

Ich möchte aber auch die Leser nicht abwerten, die Paulo Coelho oder solche Autoren kaufen. Ich verstehe, daß sie sie kaufen, sie arbeiten zu viele Stunden, und dann kommen sie nach Hause, und da ist die Familie, der Fernseher … Man braucht Unterhaltungsliteratur.

Die Passion der Freundschaft

In der Liebe kann man einen Menschen gegen einen anderen austauschen, nicht so in der Freundschaft, weil jeder Freund seinen Platz hat und man ihn nicht ersetzen kann. Wenn man diesen Freund verliert, wird seine Lücke niemals von jemand anderem eingenommen werden, sie bleibt dort für immer.

Daher lebt er in gewisser Weise immer mit einem. Die Freundschaft ist eine Leidenschaft, und ich empfinde mich sehr zu ihr hingezogen.

Zur Zeit habe ich zwei Freunde, Frauen, Herzensfreundinnen, solche, zu denen man läuft, wenn etwas passiert. Eine ist Marianne, meine schwedische Übersetzerin. Eine hochintelligente, außerordentlich tapfere Frau. Sie ist siebzig Jahre alt, aber ihre Energie sucht ihresgleichen.

Von meinem großen Freund Zé Cardoso habe ich Ihnen bereits erzählt, von seinem enormen Feingefühl, seiner rührenden Aufmerksamkeit und auch von unserer außerordentlichen Liebe, die sehr ungewöhnlich war. Mit ihm habe ich viel Zeit verbracht. Ich habe Ihnen auch von Ernesto Melo Antunes erzählt, beide sind im vergangenen Jahr gestorben. Beides außergewöhnliche Menschen. Die Frau meines Bruders Miguel, die letztes Jahr an Krebs gestorben ist, war meine Freundin.

Nun bleibt mir nur noch Nelson de Matos, mein portugiesischer Verleger, ein hochgebildeter, gütiger, außergewöhnlich aufrichtiger Mann. Er kennt keinen Neid. Und der andere große Freund, Daniel Sampaio, der Bruder des Staatspräsidenten; er ist Psychiater, und wir sind seit vielen, vielen Jahren befreundet.

Das soll nicht heißen, daß ich die Liebe angesichts der Freundschaft mißachte. Ich kann mich in eine Frau verlieben, und ich fände es sogar wunderbar, dieses Gefühl wieder zu haben, aber mit der Zeit wird man kritischer, anspruchsvoller, und es ist komplizierter, die Beziehung aufrechtzuerhalten. Andererseits glaube ich, dieselbe Unschuld wie als ganz junger Mann zu haben.

7

»Die jungen Schriftsteller wollen heute am Montag gelesen, am Dienstag veröffentlicht werden, am Mittwoch einen Riesenerfolg haben und am Donnerstag auf der ganzen Welt übersetzt sein.«

Die Literaturkritik. Die Frau als Romanfigur. Die Lust am Lesen. Die Komplizenschaft mit dem Leser. Portugiesische und spanische Schriftsteller. Die Verführung der Poesie. Angola und das Schuldgefühl.

Er hat die Dichter der Generation von 1927 und die spanischen Mystiker gelesen. Von Quevedo bis Dylan Thomas oder von Kavafis bis Camões war die Poesie immer die Leidenschaft des portugiesischen Schriftstellers. Durch sie hat er den Wert der Wörter entdeckt, ihr verdankt er seine ersten Texte, und sie war das Schild, mit dem er sich in Angola vor der Sinnlosigkeit des Krieges schützte.

Sein Roman *Geh nicht so schnell in diese dunkle Nacht* ist gerade herausgekommen. Lobo Antunes erzählt, wie sehr ihn seine weibliche Hauptfigur gefordert hat. Wachsam verfolgt er die Kritiken, die ihm trotz der Gleichgültigkeit, die er vorgibt, nicht nur Sorgen bereiten, sondern die er sogar fürchtet und die ihn verletzen.

Und wenn er heute über Poesie spricht, betont Lobo Antunes seine Melancholie und spricht noch einmal von seinen Freunden, die ihm fehlen, von seiner Frau, seinem Großvater António … Und noch einmal kehrt er in Gedanken nach Angola zurück, um sich an Tausende Hektar von Feldern voller

Sonnenblumen zu erinnern, die ihre Köpfe heben, an Baumwollfelder wie Schnee und den Krieg mit seiner ganzen Härte und Grausamkeit.

– Fürchten Sie die Kritik?

– Ja, natürlich, heute habe ich keine schlechten Kritiken mehr, aber ich hatte sie in Portugal lange. Ich bin mir bewußt, daß damals die Kritik sehr geteilt war, leidenschaftlich und wenig objektiv, und daß man mehr meine Person als meine Literatur beurteilte, doch so oder so berühren mich die Kritiken, die schlechten wie die guten.

Die Kritiken, die jetzt in den Vereinigten Staaten über *Die natürliche Ordnung der Dinge* erschienen sind, das dort gerade übersetzt wurde, waren unglaublich. Ich wurde mit Gogol, mit Tolstoi verglichen, was auch ein Zeichen des amerikanischen Kolonialismus ist. Wenn man in Europa gute Kritiken bekommt, ist das relativ wichtig, aber wenn man sie in den Vereinigten Staaten hat und in den großen Zeitungen erscheint, ist das, was passiert, mit nichts vergleichbar, was in Europa geschieht, man wird im wahrsten Sinne des Wortes überrannt. Von allen Seiten kommen Einladungen.

– Sie stehen im Ruf, ein sehr selbstsicherer Schriftsteller zu sein und daher der Kritik gegenüber gleichgültig, ja sogar hochmütig zu sein.

– Aber ich bin es nicht. Ich schreibe, und eines Tages finde ich, daß es gut ist, daß man nicht weiter gehen kann, und am nächsten Tag finde ich, daß es nichts wert ist, daß ich schlecht schreibe und noch mehr feilen muß. Der Zweifel ist mein ständiger Begleiter. Vielleicht sage ich daher immer weniger öffentlich über andere Schriftsteller. Ich möchte niemanden verletzen. Welches Recht haben wir, ein Urteil zu fällen?

Wenn ich an die Kritiken denke, die Gogol, Stendhal, Proust bekamen, der in den sechziger Jahren eine Renaissance hatte ... Wenn Sie Tolstois Haus in Rußland besuchen, werden Sie feststellen, daß es vom ersten Kapitel von *Der Tod des Iwan Iljitsch*, einem Roman, der vollkommen und nur hundert Seiten lang ist, zwölf verschiedene Versionen gibt! Wir halten vielleicht Bücher für schlecht, die jemand geschrieben hat, der viel daran gearbeitet und es so gut gemacht hat, wie er konnte. Nein, ich fälle öffentlich kein Urteil mehr über einen Roman, ich kann mit einem Freund darüber sprechen, aber öffentlich nicht, da halte ich mich immer mehr zurück. Weil ich genau weiß, wie schmerzhaft das ist.

Kritik trifft jeden. Wer behauptet, sie treffe ihn nicht, der ist bestimmt nicht ehrlich. Als ich *Anweisungen an die Krokodile* abgeschlossen hatte, war ich sehr zufrieden, und dann, in dem Maße, wie die Zeit vergeht und man mit dem nächsten Roman vorankommt, denkt man wieder, er wäre noch besser geworden, hätte man noch mehr daran gearbeitet, die Prosa noch mehr bereinigt.

Das Buch, mit dem ich gerade fertig geworden bin, ist zwar länger als die anderen, aber wenn ich nicht so viel gestrichen hätte, wären es noch mehr Seiten geworden. Ich werde mir meiner Arbeit immer mehr bewußt und vor allem dessen, was noch fehlt, um die Effektivität zu erreichen, die ich anstrebe. Das Problem ist, diese Effektivität mit der größtmöglichen Einfachheit zu erreichen. Es bedrückt mich zu hören, daß meine Bücher schwierig sind.

– Wieso, Sie wissen doch, daß Sie ein Autor für eine Minderheit sind.

– Weil ich gern hätte, daß die Lektüre meiner Romane ein Vergnügen ist. Wenn man schreibt, dann leidet man natürlich, aber man hat auch großes Vergnügen beim Schreiben, und ich hätte gern, daß meine Leser dieses Vergnügen auch empfinden.

Ich habe mit José Cardoso und Tom Colchie viel über meine Romane gesprochen, und sie haben mir gegenüber die Schwierigkeit nie erwähnt. Cardoso fand sie lustig, und mich verwirrt, daß andere Leute sie nicht lustig finden, denn mich bringen sie häufig zum Lachen.

Eine weitere große Sorge sind die Übersetzungen. In *Anweisungen an die Krokodile* beispielsweise spricht jede Person ein anderes Portugiesisch, je nach der Gesellschaftsschicht, der sie angehört. Ich habe meine Zweifel daran, daß die Übersetzer dieses Spiel, das sich zwischen den verschiedenen Herkunftsschichten der Gesellschaft etabliert, diese Unterschiede haben herausarbeiten können. Es ist äußerst wichtig, denn wenn dies nicht gut übersetzt ist, werden die Figuren platt, reden sie alle gleich, und meine Arbeit an der Sprache, die mir die meisten Mühen bereitet hat und meiner Meinung nach das Wichtigste im Roman ist, verschwindet.

Es war eine große Überraschung für mich, daß den jungen Leuten meine Arbeit sehr gefällt. Auf der Buchmesse und bei den Vorstellungen meiner Bücher kommen sie und reden viel mit mir. Und mit den jungen Menschen hast du das Wichtigste erobert.

Es gibt hier einen sehr jungen Dichter, José Tolentino Mendoza. Er ist Priester, erst vierunddreißig Jahre alt und hat zwei

Bücher von unglaublicher Qualität geschrieben. Er ist ein sehr bescheidener, erstaunlich gläubiger Mann … Meine Beziehung zu Gott ist so kompliziert.

– Sie haben eine Beziehung zu Gott?

– Ja, ich kann Ihnen nicht genau sagen, welche, aber ich habe eine, immer mehr. Es ist ein sehr langsamer Prozeß gewesen. Mein Großvater António, der Vater meines Vaters, ein Mann, an den ich täglich denke, war sehr katholisch.

– Erzählen Sie mir von diesem jungen Dichter. Gibt es weitere zeitgenössische portugiesische Schriftsteller, die Sie interessieren?

– Ich glaube, in Portugal sieht es gerade nicht besonders gut aus. Ich würde mich freuen, wenn wir einen Marsé, einen Marías, einen Vila-Matas, einen Mendoza, einen Pombo hätten, aber die haben wir nicht. Ich denke, als wir hier Camões hatten, den großen Dichter, gab es in Spanien all die Dichter des Siglo de Oro. Andererseits ist meine Sicht die des »Iberismus«, ich sehe die Halbinsel als eine Einheit. Ich fahre nach Galicien und fühle mich zu Hause, mit Madrid geht es mir auch so, die Leute sind gleich, wir haben die gleichen Gewohnheiten, aber es gibt einen riesigen Unterschied in kultureller Hinsicht. Eine Generation wie die Generation von 1927 haben wir nicht, obwohl es Pessoa gibt. Diesen Reichtum findet man hier nicht.

Es gibt sehr gute Dichter, aber keine guten Romanschriftsteller. Es gibt ein paar junge Leute, die anfangen, und sie erscheinen mir vielversprechend, aber man weiß es noch nicht, denn häufig erfüllen sich Versprechungen nicht. Ich erinnere mich an einen Mann, der heute so alt ist wie ich, der mit achtzehn Jahren einen großartigen Roman geschrieben hat und später nichts mehr, absolut nichts mehr.

– Setzen Sie Ihr Vertrauen in die jüngeren Schriftsteller, in die neuen Generationen?

– Es gibt da ein Problem der Einstellung bei den jungen Schriftstellern heute, das ich für schwerwiegend halte. Ich bekomme viele Manuskripte geschickt, damit ich meine Meinung dazu abgebe, und ich bin immer wieder überrascht, denn diese jungen Leute wollen am Montag gelesen, am Dienstag veröffentlicht werden, am Mittwoch einen Riesenerfolg haben und am Donnerstag auf der ganzen Welt übersetzt sein. Das sind keine Schriftsteller, denn sie sind hungrig nach sofortigem Erfolg, und diese Haltung hindert sie daran, literarisch zu wachsen. Wenn sie Erfolg haben wollen, dann müssen sie etwas anderes machen.

Ich glaube, heutzutage werden zu viele Bücher veröffentlicht und solche mit magerer literarischer Ambition, sie haben kaum Seiten, sind sehr kurz. Die Kritik ist ihrerseits häufig sehr leicht überschwenglich, und der Schriftsteller, der mit einer Formel Erfolg hatte, wendet sie in Zukunft ganz automatisch an. Er macht aus der Angst heraus, den Erfolg zu verlieren, immer das gleiche.

Torrente Ballester, beispielsweise, ein Autor einer anderen Generation – man kann seine Beschränkungen durchaus sehen, aber er bleibt ein guter Erzähler, ein klassischer Schriftsteller, man kann zwar nicht sagen, er habe etwas erfunden, doch er ist gut. Oder zum Beispiel Cela.

In Spanien heißt es, ich rede schlecht über Cela, aber dem ist nicht so. Man kann ihn mögen oder nicht, aber man muß anerkennen, daß er schreiben kann, daß er über das Handwerk des Schreibens viel weiß und ein guter Handwerker ist. Man kann behaupten, daß er dem Roman nichts Neues hinzugefügt hat, selbstverständlich nicht, aber er beherrscht sein Handwerk.

Juan Marsé hat, glaube ich, einiges Neues beigetragen und Javier Marías auch. Ich glaube vor allem, daß Marías sehr einfallsreich ist. Álvaro Pombo kommt mir sehr gut vor. Ich weiß nicht, ob sie Genies sind, vielleicht sind sie es nicht, aber im Grunde machen sie die Literatur aus, nicht Cervantes.

– Könnten Sie ein paar Schriftsteller nennen, die Sie beeinflußt haben?

– Einige habe ich sogar imitiert. In Schweden fand man bei mir Einflüsse von Claude Simon, den ich niemals gelesen habe, ich habe ihn in Finnland kennengelernt und mochte ihn nicht. Ich habe entscheidende Begegnungen gemacht: mit Tolstoi, mit Daudet wegen seines genialen Liebesromans.

Ich habe vor, eine »António-Lobo-Antunes-Bibliothek« zusammenzustellen und herauszugeben, und werde darin Romane empfehlen, die ich mag und die für die Leser nicht zu schwierig sind. Ich werde zu jedem ein Vorwort schreiben. Ich möchte auch eine Übersetzung der Gedichte von Eliseo Diego herausgeben, den ich nicht kannte und der mir sehr gefallen hat. Ich werde gute Bücher wie *Der Meister und Margarita* von Bulgakow oder die Gedichte von Lezama Lima empfehlen. Die Lektüre bereitet mir ein so großes, beinahe sinnliches Vergnügen, daß ich gern dieses Vergnügen mit anderen teilen möchte. Ich werde Vorworte schreiben, die einen Anreiz zur Lektüre enthalten und bei der Lektüre helfen sollen.

– Glauben Sie, daß zwischen dem Leser und dem Schriftsteller eine Komplizenschaft entsteht?

– Selbstverständlich. Der Schriftsteller und der Leser begegnen sich im Buch, obwohl man das Buch für sich selber schreibt. Ich verleihe ungern Bücher, die ich mag, weil es so ist, als würde ich mich enthüllen, den anderen ein Mittel an die Hand geben, mich besser kennenzulernen. Als Heranwachsender wurde ich wütend, wenn andere mir sagten, daß sie dieselben Schriftsteller mochten wie ich. Ich wurde eifersüchtig, weil nicht ich es mehr war, der sie entdeckt hatte; sie gehörten mir. Sie waren mein Besitz. Andererseits war es großartig, das Lesevergnügen mit jemandem zu teilen. Ich erinnere mich an einen Freund aus der Universität, der mir von Melville erzählte und mir *Moby Dick* nahebrachte, den ich noch nicht kannte. Und er hat mir auch Tolstoi gezeigt. Viele, viele Autoren habe ich so entdeckt, über andere Menschen.

Als ich vierzehn war, hat mir ein Freund von Truman Capote erzählt. Ich dachte: Das ist doch kein Name für einen Schriftsteller; kein Schriftsteller heißt Truman Capote ... Das war wunderbar, es war herrlich, Dinge zu entdecken, die einem gefielen, einen anrührten. Das war eine unendliche Freude. Die Bücher sind Marksteine im Leben der Leser. Die Entdeckung eines Autors ist für den Leser so, als würde sich für ihn eine neue Dimension auftun.

Ich habe so sehr darum gekämpft, eine ganz persönliche Art zu finden, mich auszudrücken, einen eigenen Stil, daß ich

Angst habe, darin gefangen zu bleiben. Nur in diesem Roman, *Geh nicht so schnell in diese dunkle Nacht*, ist, glaube ich, einiges anders, da es immer dieselbe Stimme ist. Nur eine Stimme, bei der der Leser begreift, daß ich es bin. Es ist das autobiographischste Buch von allen. Ich habe mich so mit dem Mädchen identifiziert!

Das schwierigste ist immer, den ersten Satz zu schreiben. Ich werde jetzt ein neues Kapitel anfangen. Das heißt, ich werde wie so oft zwei oder drei Stunden auf die Inspiration warten müssen. Nach diesem Satz ist alles einfacher.

– Denken Sie beim Schreiben an den Leser?

– Nein. Aber ich denke an meine Freunde. Jedesmal habe ich größere Angst. Das ist wie bei den Artisten am Trapez, die ein Trapez loslassen, um das andere zu packen, dieser Augenblick in der Leere, diese Ungewißheit und diese Angst entsprechen etwa dem, was ich angesichts eines Buches empfinde, an dem ich gerade schreibe: Ich weiß nicht, ob es mir gelingen wird. Genauso geht es mir bei Schriftstellern, die ich mag, ich habe Angst, daß sie einen schlechten Roman schreiben. Es gibt so viele Leute, die nur darauf warten, deinen Platz einzunehmen. Ich würde ungern jemandem den Gefallen tun, der mit böswilligem Vergnügen auf meine Niederlage wartet.

Es wird von Mal zu Mal komplizierter, weil die Erwartungen, die ich nicht absichtlich geweckt habe, immer größer werden. Ich habe Angst, die Leute zu enttäuschen. Du redest doch seit vielen Jahren über die Bücher der anderen … Es gibt viele, die sich wünschen, man würde einen schlechten Roman schreiben.

– Ich glaube nicht, daß Sie sich besonders darum kümmern.

– O doch, wenn ich schreibe, habe ich große Angst, es nicht gut zu machen. Und auch wenn ich kaum eitel bin, ein bißchen Eitelkeit bleibt doch immer. Es ist aber nicht nur die Angst, einen schlechten Roman zu schreiben, sondern auch die Angst davor, nicht über das hinauszugehen, was man zuvor gemacht hat, nicht weiterzukommen.

– Als Schriftsteller müßten Sie sich doch inzwischen sehr viel fähiger fühlen als früher.

– Das stimmt schon, aber zugleich merke ich, was mir noch fehlt, daß mir noch sehr viel fehlt, um dorthin zu gelangen, wohin ich möchte, und als neuer Faktor kommt hinzu, daß mir nicht die Zeit bleibt, die ich dazu brauche.

Ich muß immer an Hokusai denken, den japanischen Maler und Dichter, der im Alter von achtzig Jahren sagte: »Wenn mir Gott noch fünf Jahre mehr vergönnt, dann werde ich zu einem Künstler.«

– Lesen Sie die Japaner?

– In Übersetzungen! Die meisten sind Übersetzungen ins Französische. Das ist wie bei den Russen. Aber die Übersetzungen der Russen pflegten sehr schlecht zu sein. Wie es immer über Kafka heißt, daß man seine sublime Arbeit nicht erkennen kann, wenn man ihn auf französisch oder englisch liest …

– Mögen Sie Kafka?

– Nicht besonders. Aber ich kenne den Inhalt seines Werkes, seine Arbeit mit der Sprache kenne ich vielleicht nicht gut, weil ich ihn nur in Übersetzungen gelesen habe. Diese Arbeit schätzt man, wenn man die Originalsprache liest.

Bestimmte Götter wie Borges … Borges finde ich persönlich nicht interessant. Mir gefällt nicht, was er geschrieben hat. Es ist sehr intelligent, ist aber etwas blutleer. Es reißt mich nicht hin. Er ist jemand, der die Wörter mit großer Meisterschaft benutzt, aber seine Poesie zieht mich nicht an. Vielleicht ist das ein Mangel meinerseits, aber er begeistert mich nicht. Und das, wo ich gerade sein Gesamtwerk gekauft habe. Ich ziehe Autoren wie Juan Rulfo vor; ich ziehe auch Bioy Casares vor … Aber womöglich hat das mit meinem Temperament zu tun. Wer bin ich denn, um weltweiten Ruhm anzuzweifeln? Ganz bestimmt liegt es an mir.

Als Dichter mag ich Dylan Thomas sehr. Das Problem ist immer die Übersetzung. Ich habe jetzt gerade in Galicien eine sehr gute Übersetzung von Kavafis gekauft, eine sehr ernsthafte, sehr gut gemachte Arbeit; aber die iberische Lyrik ist sehr schwer zu übersetzen. Sie ist sehr dionysisch.

Wie soll man Lorca übersetzen. Wie einige Stellen von Machado? Es gibt sehr gute spanische Dichter. Quevedo beispielsweise, San Juan de la Cruz. Was für große Dichter! Sie verblüffen. Ich würde im Grunde genommen gern Romane schreiben, die wie Gedichte sind.

– Es gibt viel Lyrisches in Ihrem Werk.

– Aber nicht diese luftige Qualität einer Rosalía de Castro in ihren großen Augenblicken; allerdings muß man sie auf galicisch lesen, im Spanischen gefällt sie mir nicht so gut.

Am liebsten würde ich nur Gedichte schreiben, aber ich habe kein Talent.

Lorca hat unvergleichliche Augenblicke; Cernuda mag ich auch sehr, obwohl er kopfiger ist. Lorca hat einen frischen, jugendlichen Ton, der mich begeistert, und zugleich weckt er die Jugendlichkeit in mir. Es gibt eine jugendliche Seite in seinem Werk, die fesselnd ist.

Stevenson, ein sehr intelligenter Mann, sagte: »Ein Buch, das keinen Charme hat, hat nichts.« Und ich denke: Ich habe sehr viel länger gebraucht als sie, ich habe das sehr viel später erreicht und komme dabei möglicherweise längst nicht an das heran, was diese jung gestorbenen Schriftsteller in so strahlender Weise erreicht haben.

– Das Wichtige ist doch, daß man es erreicht, nicht, wann man es erreicht.

– Schon, aber ich bedaure, so spät dazu gekommen zu sein. Es gibt Dichter wie Mallarmé beispielsweise, die ich nicht verstehe. Er läßt mich kalt, langweilt mich. Er ist sehr intelligent, schreibt ausgezeichnete Prosa, aber er berührt mich nicht. Ich mag Apollinaire. Aber die französische Lyrik hat nicht diese unfaßbare Qualität der spanischen oder der großen deutschen Lyrik. Ich kann nicht umhin, die Dichter zu beneiden. Die Dichter sind sehr gute Übersetzer.

– Es macht Sie melancholisch, an die Dichter zu denken.

– Weil Poesie Erinnerungen heraufbeschwört. Ich glaube, ich mag Galicien, nicht nur weil es die gleichen Menschen sind und die gleiche Sprache, sondern vor allem weil ich als Kind

Galicisch habe sprechen hören und bezaubert war. Und wenn ich sie jetzt reden höre, ist es so, als würde ich die Dichter der *Cancioneiros* lesen. Sie erinnern mich an die mittelalterlichen portugiesischen Gedichte, die in dieser Sammlung verwahrt werden.

Es gibt darunter Dichter, von denen nicht bekannt ist, wo sie geboren wurden. Camões war Galicier, Sohn von Galiciern, und er schrieb in beiden Sprachen. Das ging verloren. Cervantes war es, der das Kastilische als Portugiesisch mit Knochen bezeichnete. Hübsch, nicht?

Mir gefallen auch die spanischen Frauen. Sie haben eine Art, einen von gleich zu gleich anzublicken, stolz und mit einer Verachtung, die mich bezaubert.

– Ich dachte, Sie seien nicht besonders an Frauen interessiert.

– *(lacht)* Nein, natürlich nicht. Mit wachsendem Alter sind sie es, die aufhören, sich für einen zu interessieren. Das Problem ist, daß man keine Zeit hat. Wenn man allein reist, kennt man nur Hotels, Flughäfen, den Ort, an dem man sprechen wird …

Schwache Männer mögen starke Frauen, und später beklagen sie sich darüber, daß sie stark sind, wo die Stärke doch die beste Eigenschaft einer Frau ist. Ich verstehe nicht, wieso sie bei schwachen, abhängigen Männern bleiben.

– Wie oft waren Sie verheiratet?

– Ich bin nicht Elizabeth Taylor. Ich habe nur sehr wenig wichtige Beziehungen gehabt, sehr, sehr wenige, und sie haben immer lange angedauert. Ich glaube, das Leben war gut zu mir, weil es starke Frauen waren, mit denen ich eine ebenbürtige Beziehung hatte und die alle eine gute Eigenschaft hatten: Sie schrieben nicht.

Es würde mir schwerfallen, mit einer Frau zu leben, die schreibt. Ich mag unabhängige Frauen, aber sie sollten eine Arbeit haben, die anders ist als meine, sie sollten keine Romane schreiben. Es ist sehr schwierig, Erfolg und Anerkennung als Schriftsteller zu erhalten, und wenn man sie nicht bekommt, wird man bitter, und das ist das Schlimmste, was einem Mann oder einer Frau passieren kann, bitter sein, das ist grauenhaft.

Es ist schrecklich, mit einer verbitterten Frau zu leben. Obwohl ich in einer Paarbeziehung lebte, hatte ich immer meinen eigenen Spielraum der Einsamkeit, und die Frauen haben niemals versucht, in mein Leben einzudringen. Und ich auch nicht in ihres, ich stellte niemals Fragen. Ich weiß nicht, ob es daran lag, daß ich Vertrauen in sie oder in mich hatte, aber ich habe nie Fragen gestellt. Ich denke, unsere Beziehungen waren von ihrer Seite monogam und von meiner auch fast immer. Ich hatte Glück, keinen Grund zu klagen, denn das Leben hat mir sehr viel Gutes gegeben, meine Freunde, meine Familie.

– Haben Sie sich durch den Tod Ihrer Exfrau verändert?

– Das Problem ist, daß sie nie meine Exfrau war. Sie war immer gegenwärtig. Ich weiß nicht, ob mich ihr Tod verändert hat, was mein Leben betrifft, so mache ich immer das gleiche, aber er hat mich über vieles nachdenken lassen. Vor allem hat er mich über meine Irrtümer, meine Fehler nachdenken lassen. Ich habe versucht, die Gründe herauszubekommen, weshalb ich in meinem Leben Dummheiten begangen habe, und ich habe viele begangen. Ich denke, ich war nur in bezug auf meine Bücher nicht dumm.

Der Tod ist ungerecht, das denke ich häufig. Ich habe das Gefühl, weiter mit den Menschen zusammenzuleben, die ich geliebt habe; meinen Großeltern, Cousins und Cousinen, Onkeln, Tanten ... Mein Großvater fürchtete, weil ich der Erbe seines Titels war und seinen Namen trug, ich sei homosexuell ... Es ist so ungerecht, daß er nicht mehr da ist.

Ich habe den Titel meines Großvaters, aber das ist mir nicht wichtig. Meinen Töchtern rate ich immer, sie sollten mit Leuten ausgehen, die ihrem gesellschaftlichen Niveau entsprechen, denn damit eine Beziehung funktioniert, ist, denke ich, ein ähnliches gesellschaftliches Niveau sehr wichtig. Obwohl die Leute deines gesellschaftlichen Niveaus im allgemeinen weder deine Bildung haben noch deinen Geschmack teilen. Das ist kompliziert. Einerseits verleugnet man seine soziale Schicht, weil sie sich für nichts interessiert, was einen selber interessiert. Andererseits aber steht man verwaist da. Im allgemeinen stammen die Leute, die an Kultur interessiert sind, aus der unteren oder der mittleren Bürgerschicht, und da gibt es Unterschiede.

Bei meinen Töchtern ist mir das gleichgültig. Wenn sie sich gut fühlen, bin ich zufrieden. Aber meine Eltern ...

– Wie alt ist Ihr Vater?

– Fünfundachtzig. Aber er war immer so.

– Es ist zu alt, um sich an die Veränderungen anzupassen.

– Meine Eltern sind sehr sympathische Menschen, sie sind wohlerzogene Menschen. Es gibt eine gewisse Tendenz, Sympathie mit guter Erziehung zu verwechseln.

So gibt es zum Beispiel eine Sprache mit Blicken, die ausschließlich dieser Gesellschaftsklasse vorbehalten ist und die die anderen nicht verstehen; Zustimmung, Ablehnung ... Mich interessiert das überhaupt nicht. Und dann ist da auch noch dieses Schuldgefühl, in dieser Schicht aufgewachsen zu sein.

– Schuldgefühl, wieso?

– Weil ich nie finanzielle Schwierigkeiten hatte. Weil ich durch ganz Europa gereist bin. Weil ich Museen besucht habe ...

Ich hatte großes Glück, andere mußten dies alles aus eigener Kraft machen. Ich hatte Bücher und las sie, und das war wichtig. Ich habe es bei meinen Töchtern ein bißchen versucht, aber sie lesen nicht viel. Es ist witzig, denn wenn die Ältere mit mir über Literatur redet, dann sind all die Schriftsteller, die sie mag, ausgerechnet die, die ich überhaupt nicht mag.

– Sie setzt sich von Ihnen ab.

– Ja, aber wir reden nie darüber. Denn meine Töchter haben von Schriftstellern und Journalisten ein bißchen die Nase voll. Bei diesen Signiersitzungen standen sie, als sie klein waren, nebeneinander wie Porzellanhunde.

Die Ältere ist Anthropologin. Sie ist Dozentin an der Universität Coimbra. Sie hat ein Buch über das Leben im Zirkus geschrieben, das sich wie ein Roman liest. Sie hat ein Jahr in einem Zirkus gelebt. Das Buch ist sehr interessant, aber sie will es nicht veröffentlichen. Das war vor zwei oder drei Jahren. Ich hätte gern, daß sie es veröffentlicht, sie will es aber nicht. Ich zwinge meinen Töchtern nicht meinen Willen auf. Sie machen, was sie wollen.

Aber um auf die Poesie zurückzukommen: Ich begreife nicht, weshalb Dichter Romane schreiben wollen. Wäre ich Dichter, wäre ich so zufrieden, daß ich nie einen Roman schreiben würde. Ich wäre gern Dichter. Das war mein Traum.

– Haben Sie je ernsthaft Gedichte geschrieben?

– Bis ich neunzehn war. Dann begriff ich, daß sie sehr schlecht waren, und war verzweifelt.

– Haben Sie keine mehr davon?

– Nein. Ich habe alle verbrannt. Meine Gedichte waren so schlecht … Aber ich gebe mich mit dem Lesen von Gedichten zufrieden. Ich habe immer viel Lyrik gelesen. Im Krieg habe ich viel Lyrik gelesen.

– Werden Sie diesen Roman über den Krieg in Angola schreiben?

– Es ist unmöglich, einen Roman über den Krieg zu schreiben, weil er zu grauenhaft ist, man kann nur Dinge erzählen, die mittelbar mit ihm zu tun haben, denn er selber ist kein Stoff für Romane, es war alles zu gewalttätig.

Als ich *Der Judaskuß* veröffentlicht habe, hatte ich viele Probleme, weil ich darin bestimmte Dinge erzählte. Zum Beispiel davon, wie die politische Polizei dorthin kam, wo wir mit den Schwarzen waren, und dem ersten in der Reihe befohlen wurde, sein Grab auszuheben, er sich hineinlegte und die Polizisten ihn erschossen. Der zweite schaufelte dann das Grab zu und hob seines aus, legte sich hinein, und wieder ein Schuß und so fort. Das war hier im Jahr 1979 ein großer Skandal, denn nach der Revolution wollten alle vergessen.

– Haben Sie sich im Krieg irgendwann einmal schuldig gefühlt?

– Das merkwürdigste ist, daß ich keine Schuldgefühle habe. Und ich frage mich, wieso ich keine Schuldgefühle habe, wo ich doch an grauenhaften Dingen teilgenommen habe. Die ganze Situation war sehr seltsam. Es kam vor, daß ich in einem Augenblick etwas Entsetzliches tat und zwei Stunden später einer Frau half, ihr Kind zu gebären, weil der Medizinmann es nicht schaffte, und dieselbe Energie dafür aufwendete zu töten, wie Leben zu schützen.

Ich erinnere mich an einen Eingeborenen, der von einem Krokodil angegriffen worden war, das ihm ein Bein abgerissen hatte, und ich habe Stunde um Stunde darum gekämpft, sein Leben zu retten ... Und vielleicht hätte ich ihn zwei Stunden später umbringen können. Es ist unbegreiflich, daß so gegensätzliche Triebe nebeneinander vorhanden sind. Ich machte beides mit der gleichen Intensität. Man muß bedenken, daß die militärische Ausbildung geradezu pawlowsch war. Es wurde einem beigebracht, reflexartig zu schießen. Nach dem Krieg habe ich nie wieder ein Gewehr berühren wollen.

Ernesto war gegen den Krieg, und ich war in seiner Kampfeinheit, er war der einzige Offizier, auf den sich die demokratische Opposition gestützt hat, er war Kandidat bei den Wahlen im Jahr 1969, und das hat ihm das Militär nie verziehen, und sie haben ihn zur Strafe in den Krieg geschickt. Ich erinnere mich daran, wie er immer wieder zu mir sagte: »Was für ein gewaltiger Fehler ist das alles hier!« Und dennoch machten wir weiter. Ich bin im Januar 1971 dorthin gegangen und im April 1973 wieder zurückgekommen, aber im Jahr 1970 habe ich meine Ausbildung begonnen.

Ich habe wirklich gütige und großzügige Menschen gesehen, die die grausamsten Dinge taten. In dir existieren die widersprüchlichsten Gefühle nebeneinander.

– Sie sind Psychiater. Haben Sie eine Erklärung dafür?

– Ich versuche, es in meinen Romanen zu erklären: daß in uns diese gegensätzlichen und so fremden Gefühle existieren. Noch heute sage ich, daß ich keine Schuldgefühle habe. Als mich ein Journalist einmal fragte, wie viele Menschen ich umgebracht habe, konnte ich ihm keine Antwort geben, weil viele Menschen in dieselbe Richtung geschossen hatten, aber es gibt andere, persönliche Dinge, über die ich nicht reden werde. Es gab grauenhafte Dinge. Aber sehen Sie, alle Kriege sind so, der Spanische Bürgerkrieg war so, auch dort gab es Entsetzliches. In Portugal hat es im vorigen Jahrhundert einen Bürgerkrieg von unglaublicher Grausamkeit gegeben. Und in den Jahren 1974 und 1975 haben wir eine Periode sehr großer Unruhe und Ungewißheit durchlebt. Ich spreche wenig darüber, aber es hat Attentate gegeben, Tote, und im Norden eine wahnsinnige Grausamkeit gegen die Kommunisten, der Süden war von der Partei beherrscht und versuchte, die Macht zu übernehmen, das war keineswegs einfach. Der Botschafter der Vereinigten Staaten war, als das mit Allende passierte, in Chile, und er war ein sehr gewalttätiger Mann.

Für solche Situationen ist meine Arbeit sehr gut, weil sie mich vor Depressionen schützt. Schreiben zwingt einen dazu, sich zu spalten. Vielleicht würde es mir, wenn ich Ingenieur oder Arzt wäre, auch helfen, ich weiß es nicht, aber man kann nicht leben, ohne zu arbeiten. Denken Sie einmal an all die Ehen am Wochenende, wenn die Leute nicht zur Arbeit gehen müssen, wenn sie die Zeitungen ausgelesen haben und voreinander dasitzen wie paranoide Gespenster: »... wenn es dich nicht gäbe, wäre ich glücklich; wenn ich mich scheiden ließe, würde ich eine Reise machen, in Urlaub fahren ...« Diese neurotische Gewißheit, daß, wenn du deine Umgebung änderst, sich auch dein Leben ändert, ist nicht wahr. Aber der Neurotiker glaubt immer, daß die anderen schuld sind. Das ist der Mechanismus des Neurotikers, doch das Problem ist deine Beziehung zu dir selber.

Im Krieg gab es eine Zeit intensiver Kampfhandlungen, und wenn das Bataillon müde war und viele Gefallene zu verzeichnen hatte, dann schickten sie uns an den Ort, der in *Portugals strahlende Größe* vorkommt und Ebene von Cassanje heißt ... und von unvorstellbarer Schönheit war. Dort gab es keinen Krieg, nur die Bedrohung, und die Soldaten fingen an, Selbstmord zu begehen. Als sie tagtäglich mit dem Tod zusammenlebten, brachten sie sich nicht um, und als die Bedrohung durch die Bomben und die Hinterhalte nachließ, nahmen sie sich das Leben. Das habe ich in *Einblick in die Hölle* erzählt.

Die Lebensbedingungen waren sehr schlecht, manchmal gab es nicht einmal etwas zu essen; das einzige, was nie fehlte und von der Armee zur Verfügung gestellt wurde, waren Zigaretten. Dennoch haben die Soldaten nie protestiert. Da war ein Soldat, ein mittelloser Junge aus Lissabon, der, wenn es dunkel wurde, die Zeitungen ausrief, als wäre er in der Stadt, und ein paar Augenblicke lang glaubten wir tatsächlich, dort zu sein.

Zärtlichkeit und Großzügigkeit existierten neben Gewalttätigkeit. So merkwürdig war das alles. Wir lebten allein, es gab keine Frauen, und wenn Tanzfeste organisiert wurden, dann tanzten die Soldaten miteinander, Wange an Wange, aber ich habe nie etwas erlebt, das mit Homosexualität zu tun gehabt hätte.

Die Abreise aus Afrika war dramatisch, und als wir alle auf dem Schiff waren, die Offiziere in der ersten und zweiten und die Soldaten in der dritten Klasse, begann am Abend das Orchester zu spielen, und es war zum Heulen, weil da nichts als Männer waren. Da gab es eine alte, potthäßliche Maniküre, aber am zehnten Tag fanden wir sie alle wunderhübsch.

Es fehlten Gardinen, Tischdecken, Gläser ... Ernesto und ich bestellten deutsches Gebäck oder englische Saucen und tranken nachmittags Tee, zivilisierte Dinge, um nicht zu Wilden zu werden. Ich treffe häufig Soldaten, die mir unterstellt waren, aber ich erkenne sie nicht wieder, weil sie sich so sehr verändert haben, doch sie sprechen von alldem voller Nostalgie. Denn man erinnert sich nur an das Gute, und das gab es auch. Der Mensch besitzt eine ungeheure Fähigkeit zu vergessen, sonst wäre das Leben entsetzlich, man wäre wie Primo Levi mit seinen ständigen Geschichten von Konzentrationslagern; beim fünften Konzentrationslager habe ich sie satt und Primo Levi auch.

– Sind Sie je nach Angola zurückgekehrt?

– Ich wollte es nicht, weil es die Städte, die mir gefallen hatten, nicht mehr gab. Sie sind vom Bürgerkrieg zerstört worden. Ich würde gern dorthin zurückkehren, um dort zu leben, denn es ist ein außergewöhnlich schönes Land, mehr noch als Brasilien. Luanda ist wie Rio de Janeiro. Aber was dort geschieht, ist grauenhaft, der Bürgerkrieg geht weiter, und ich habe schon genug Tote im Blut.

In Afrika gab es die vier Jahreszeiten nicht, die Tage waren alle gleich, die Landschaft war vollkommen anders, ein Land von unglaublicher Schönheit. Ich würde gern dort leben, aber es ist nicht möglich, da der Krieg und die Massaker und der Tod weitergehen. Es gab 20 000 Hektar Land mit Sonnenblumen, Tausende von Baumwollfeldern, wie schneebedeckt … Aber da war auch der Krieg mit all diesen Toten, mit seiner Grausamkeit und all seiner Gewalt.

Mitten im Krieg lasen wir nachts laut Gedichte

Melo Antunes schickte mir Bücher *(er zieht ein Buch von Victor Hugo voller Fotos von seiner Frau, seinen noch ganz kleinen Töchtern aus dem Regal)* mit Widmungen wie dieser: »Angola, Juni 1971: Wozu brauchst Du Sokrates, lerne die Leier zu spielen, da Du sterben wirst, die Leier spielen vor dem Sterben. Es ist selbstverständlich nicht dasselbe, aber vielleicht ist Victor Hugo lesen der Abschied, ein notwendiger Abschied in einer Welt, in der die Poesie in gewisser Hinsicht der Atem des Menschen war und daher lebensnotwendig … (das war mitten im Krieg geschrieben, und derjenige, der es geschrieben hatte, war ein Hauptmann) … und uns erlaubte,

in bestimmten, erwählten, das heißt einzigartigen Augenblik-
ken das Universum neu in einer Art rückgewandter Bewegung
zu überdenken, die der der Welle gleicht, bevor sie sich auf den
Sand wirft. Wie lange können wir heute noch, da wir wissen,
daß wir keine absichtliche Zweideutigkeit begehen, mit Sartre sagen, daß der Dichter trotz alledem nicht der Mensch
ist, der träumt? Ich habe Dir für Deine lange Gefangenschaft
ein Buch mit Gedichten versprochen, ich schicke Dir die Poesie. Eine Umarmung.« Ein Mann, der mitten im Grauen so
schreibt – damals war er fünfunddreißig Jahre alt und kam
mir wie ein alter Mann vor – er ist ein einzigartiger Mensch.
Und es war das dritte Mal, daß er im Krieg war, weil die Offiziere des Führungsstabs zwei oder drei Jahre an der Front
verbrachten, ein Jahr ausruhten und dann wieder zurückkamen. Mit fünfunddreißig wirkten sie, als wären sie fünfzig.

8

»Daß man mich als Schriftsteller anerkennt, führt dazu, daß ich mich als Usurpator fühle.«

Die Leidenschaft für Bücher. Eine autodidaktische Ausbildung. Die Spaltung als Schriftsteller. Das Lagerhaus des Gedächtnisses. Der weibliche Körper. Der Einstein-Quotient. Der erste Kuß. *Die Leidenschaften der Seele. Der Tod des Carlos Gardel*. Tanzen.

Frühmorgens kann jemand, der durch die Flure und Säle des Krankenhauses Miguel Bombarda geht, auf António Lobo Antunes treffen. Natürlich erkennen ihn die Kranken nicht ohne weiteres, da es sich um ein psychiatrisches Krankenhaus handelt, und die Besucher werden in dem schweigenden Mann, der jeden Tag in derselben Ecke auf kleine Quartblätter mit winziger Schrift schreibt, möglicherweise auch nicht den großen portugiesischen Schriftsteller erkennen.

Mittags unterbricht er seine Arbeit und begibt sich in den Speisesaal, in dem die Mitarbeiter des Krankenhauses essen, und nachdem er so etwa um 13.30 Uhr das Tagesmenü zu sich genommen hat, verläßt er das Krankenhaus und fährt zur Wohnung, in der seine Töchter Zé und Joana leben, obwohl letztere zur Zeit in Spanien studiert. In dieser Wohnung wird er den Rest des Nachmittags verbringen, manchmal auch die Nacht, und ununterbrochen schreiben.

So sieht der Alltag von Lobo Antunes aus, und Alltag heißt jeder Tag, weil es dem Schriftsteller schwerfällt, seine Rituale zu ändern. Zudem gefällt ihm diese Routine. Er liebt den Krankenhausgeruch, er mag das Essen, das man dort serviert, und man braucht nur die Gesten seiner Töchter zu sehen, um zu verstehen, wie leicht er, was die Ernährung betrifft, zufriedenzustellen ist.

Dieses Leben, das die meisten als spartanisch bezeichnen würden, ist jedoch nicht wirklich das Leben von Lobo Antunes. Je näher man ihm kommt, desto mehr begreift man, daß er im Grunde in seinen Büchern lebt, mit seinen Figuren und durch und für das Schreiben. »Ich und ich kommen gut miteinander aus«, behauptet er, und dieser Dialog mit sich selber, die Tatsache, daß er die Welt seiner Gespenster bewohnt, führt dazu, daß er ständig das Gefühl hat, aufgespalten zu sein.

Er schaut fasziniert den Schriftstellern zu, wenn sie Bücher signieren, steht hingerissen vor Schriftstellern, die er bewundert – und fühlt sich als Usurpator, wenn er die Rolle der bekannten Person in der Welt der Literatur übernehmen soll. Unerbittlich, barock, ungeheuer als Schriftsteller, ist er als Mensch zerbrechlich und unschuldig.

– War Ihre literarische Bildung ganz und gar autodidaktisch?

– Ja, ich habe die Bücher aus zweiter Hand gekauft und teilte meine Vorlieben mit niemandem. Es gab ein Buch, das mich geprägt hat und einen immensen Einfluß auf mich gehabt hat, die *Antología da Poesía Espanhola do Pós-guerra* (»Anthologie der spanischen Lyrik der Nachkriegszeit«) von E. Gonçalves, einem portugiesischen Dichter. Es war ein wirklich wichtiges Buch. Ich habe es zufällig in einem dieser Bücherantiquariate entdeckt, und es hatte großen Einfluß auf mich. Ich war fünfzehn Jahre alt, und da waren Gabriel Celaya, Blas de Otero, Barral, Bousoño, Vázquez Montalbán, Ana María Moix, Pere Gimferrer …

Die Anthologie *Nueve novíssimos* (»Neunmal ganz neu«) habe ich in einem Antiquariat gekauft und war von Gimferrer und dem Vorwort von Castellet begeistert. Für mich war dieses Buch äußerst wichtig und das Vorwort überraschend, weil es Dinge vermischte, von denen ich glaubte, es sei unmöglich, sie zu vermischen, Aretha Franklin mit der Poesie und all so etwas ... Ich glaube auch, daß es in Spanien sehr wichtig war.

Wichtig waren auch Béquer, Lorca, deren Bücher ich aus der Bibliothek meines Vaters nahm. Die Brüder Machado, Cernuda, Aleixandre ... sie habe ich ganz allein in den Buchhandlungen entdeckt. Die spanische Lyrik hatte etwas Solares, sie war der portugiesischen sehr ähnlich, weil sie unserem Klima sehr ähnlich war. Dieselbe Sonne, dieselbe Art, die Dinge zu sagen ... Alberti und Lorca waren solar und haben mich begeistert. Cernuda war intellektueller, Aleixandre gefiel mir weniger ... Aber sie alle waren für meine Ausbildung sehr wichtig, zumal sie unter anderem der Maßstab für mich selber waren.

– Sie verglichen sich mit ihnen?

– Ja, durch diese Bücher begriff ich, daß das, was ich machte, nicht gut war. Ich erinnere mich an ein Gedicht von Pere Gimferrer aus dieser Anthologie, *Oda a Venecia ante el mar de los teatros* (»Ode an Venedig vor dem Meer der Theater«), das ich nie wieder vergessen habe, nie wieder. Ich habe Gimferrer nicht wieder gelesen, aber trotz all der Jahre, die vergangen sind, ist es mir noch gegenwärtig. Ich hielt ihn für gut. Zum anderen war Gimferrer ein Mann etwa in meinem Alter, und er schrieb schon solche Gedichte ... Was sie alle schrieben, war viel besser als das, was ich schrieb. Und ich begriff, daß ich niemals fähig sein würde, an sie heranzureichen, und habe daher beschlossen, Prosa zu schreiben.

Damals war ich von dieser Lektüre fasziniert. Ich erinnere mich an ein Buch von Gabriel Celaya, *Tranquilamente hablando* (»Ganz ruhig gesagt«), das mich umgehauen hat. Vielleicht ist es besser, es nicht noch einmal zu lesen … Aber damals war ich fünfzehn Jahre alt, und es kam mir phantastisch vor.

Später entdeckte ich Max Jacob, Apollinaire, Dichter, die mit Worten zauberten, etwas, zu dem ich nicht fähig war.

Zugleich regte mich die Lektüre dieser Dichter an, selber zu arbeiten. Sie ließen mich sehen, wieviel ich noch tun mußte, damit das, was ich schrieb, die gleiche Schönheit erreichte; es erschien mir zwar nicht unmöglich, aber ich war mir der unendlichen Arbeit bewußt, die ich noch vor mir hatte, um das zu erreichen, was ihnen meiner Meinung nach mit allergrößter Leichtigkeit gelang.

Diese Dichter haben mich auch vor der Eitelkeit beschützt: Zu wissen, daß es so viele Schriftsteller gab, die besser waren als ich, war eine Lektion in Demut. Vor allem, da ich als Heranwachsender davon überzeugt war, daß sie es ohne Anstrengung schafften, und ich sehr viel mehr arbeitete, aber zu sehr viel schlechteren Ergebnissen gelangte.

– Haben Sie das Gefühl, der spanischen Literatur etwas zu verdanken?

– Nein. Ich habe aus allen Quellen geschöpft. Ich hatte überhaupt kein Kriterium. Ich kaufte alles: Bücher deutscher, französischer, portugiesischer Autoren … Alles, was mir in die

Hände fiel, alles, was billig war. Ich kaufte sie nicht neu, da stand der Name des Besitzers drin und so. Es waren Bücher in schlechtem Zustand, die ich aus zweiter Hand kaufte, aber mir war das gleichgültig, mir ging es darum zu lesen, ich las alles. Vor allem Gedichte.

– Haben Sie diese Lektüreerfahrungen mit jemandem geteilt?

– Nein, ich sprach mit niemandem darüber. Keiner meiner Brüder teilte diese Leidenschaft mit mir, ich war damit allein. Meine Mutter gab mir Fahrgeld für den Bus ins Gymnasium. Aber ich ging zu Fuß, und von dem Geld, das sie mir gab, kaufte ich mir Bücher. Auch von dem Geld, das ich zum Geburtstag bekam … Alles Geld, das ich bekam, gab ich für Bücher aus. Zudem überwies eine meiner Tanten, meine Patentante, für mich monatlich Geld auf ein Konto, und als ich achtzehn wurde, habe ich es ganz für Bücher ausgegeben.

Und so ist es noch immer. Ich gehe noch immer gern in Buchhandlungen und verlasse sie wieder, mit Büchern beladen. Weil ich alle Bücher mag, sogar die schlechten. Ich lese alles, was gedruckt ist. Das ist eine Sucht, die mich das ganze Leben lang begleitet hat und die ich noch immer habe.

Wenn ich nicht gerade schreibe, lese ich, und wenn ich Romane lese, kommt in mir immer die Versuchung hoch, sie zu verbessern. Es gibt sterbenslangweilige Bücher, bei denen ich nach drei Seiten Lektüre einschlafe, nicht alle bereiten mir Vergnügen. Ich liebe Biographien und Interviews von Schriftstellern, weil ich Schriftsteller immer noch sehr bewundere.

– Sie sagen das, als hätte Schriftsteller sein nichts mit Ihnen zu tun.

– Das ist ein Gefühl, das ich nicht vermeiden kann. Vergangenes Jahr beim Salon du livre in Paris habe ich dagestanden und die Schriftsteller mit einer Art jugendlicher Bewunderung angestaunt. Ich bewundere Leute, die Bücher schreiben, als hätte ich selber nie eines geschrieben, seien es nun gute oder schlechte Schriftsteller.

Und zugleich bin ich immer überrascht, wenn ich als Schriftsteller angesehen werde. Gestern beispielsweise, als ich essen gegangen bin: Da schauten mich die Leute an, der Restaurantbesitzer ist gekommen, um mich zu begrüßen und mich wegen eines Preises zu beglückwünschen, und mir kommt es so vor, als ginge es nicht um mich, als wären nur die anderen Schriftsteller ... Ich glaube, daß dies eine meiner wenigen guten Eigenschaften ist: das Fehlen von Eitelkeit und zugleich auch das Fehlen von Neid. Ich habe in bezug auf alles, was den Ruhm betrifft, einen jungfräulichen Blick.

António Lobo Antunes ist ein anderer; ich bin António. Und daß man mich als Schriftsteller anerkennt, führt dazu, daß ich mich als Usurpator fühle. Und das ist ein ganz reales Gefühl, glauben Sie nicht, daß ich übertreibe. Ich habe das Gefühl, den Namen dessen zu tragen, der die Bücher schreibt, den Namen von jemandem, der sehr ernsthaft sein muß. Und dann bin da noch ich, der nicht das Bewußtsein hat, der Autor zu sein. Das ist wie Schizophrenie. Alle wissenschaftlichen Arbeiten, alle Studien betreffen den anderen Mann. Manchmal werden mir Fragen zur Technik gestellt, und ich weiß keine Antwort, weil es nicht meine Arbeit ist, sondern die des anderen.

– Und wer, glauben Sie, sind Sie, wenn Sie schreiben? Was für ein Gefühl haben Sie dann?

– Dann fühle ich mich allein, so allein, so klein vor meinen Quartblättern ... Wie diese Antwort von Sarah Bernhardt, die uns vor ein paar Tagen eingefallen ist: »Heute abend werde ich es sein ...« Wenn du schreibst, bist du nichts, bist du ein Mensch voller Ängste, der Schriftsteller ist ein anderer.

Manchmal habe ich das Gefühl, ein Betrüger zu sein, daß ich das Recht des anderen, eines ernsthaften, intelligenten Mannes, eines Schriftstellers, usurpiere. Ich kann mich nicht daran erinnern, in welchem Land es war, aber einmal kam eine Schweizer Journalistin, um mich zu interviewen, und als sie mich in der Hotelhalle sah und ich mich ihr vorstellte, sagte sie zu mir: »Das können doch nicht Sie sein, Sie sehen weder wie ein Schriftsteller aus noch wie ein Portugiese.« Ich war sehr zufrieden, weil es genau das war, was ich dachte. Ich stelle mir vor, sie erwartete einen Mann mit Bart und Brille, der intellektuell aussah, dünn und verquält ... Ich weiß nicht, was die Leute über mich denken, aber ich glaube, es gibt in mir eine Unschuld, die mich alles überraschend finden läßt, ich weiß nicht. Manchmal, wenn ich mich selber lese, bin ich überrascht. Und ich frage mich, ob ich es wirklich war, der das geschrieben hat, und ich habe wieder dieses Gefühl, daß es der andere geschrieben hat, der, dem die Preise verliehen werden.

– Das passiert Ihnen, weil Sie in Ihren Romanen leben, Sie sind gewohnt, sich in einen anderen zu verwandeln.

– Ja, wenn ich schreibe, dann bin ich vollkommen in dem Buch, das stimmt. Ich kümmere mich nicht um das, was mich umgibt. So würde ich beispielsweise gern Zeit haben, mit Ihnen zu Abend zu essen, aber ich kann es nicht, weil ich dem Buch ja schon die ganze Zeit raube, die ich mit Ihnen rede. Aber wenn ich das Buch beendet habe, dann gehen wir essen.

– Das ist wirklich ein Dilemma, weil Sie, wenn Sie nicht schreiben, sich selber überhaupt nicht mögen und dieses unangenehme Gefühl Sie am Genießen hindert. Und wenn Sie schreiben, haben Sie keine Zeit. Ich glaube, Sie fühlen sich nur gut, wenn Sie die Notwendigkeit verspüren zu schreiben.

– Glauben Sie das nicht, wenn ich nicht schreibe, geht es mir sehr gut, ich lese und lese. Manchmal gehe ich spazieren, besuche einen Freund. Ich habe Spaß, wenn ich nicht schreibe. Aber wenn ich zu lange nicht geschrieben habe, werde ich unruhig …

Es geht mir dabei gut, aber zugleich ist es merkwürdig, keine Arbeit zu haben. Ich fühle mich schuldig, weil alle, die mich umgeben, arbeiten, alle außer mir, der ich nichts tue, und ich fühle mich dann fehl am Platz: Alle arbeiten, nur ich nicht.

Andererseits kommt es mir immer noch merkwürdig vor, als Schriftsteller Geld zu verdienen. Ich hatte mir nicht vorgestellt, daß man mit Büchern soviel Geld verdienen kann. Und so schnell. Und das macht mich den Verlegern gegenüber sehr dankbar. Nun gut, es wird immer weniger sein, als ein Fußballspieler verdient, aber es ist sehr viel mehr, als ich als Arzt verdient habe. Und das, obwohl ich eine Praxis mit guten

Patienten hatte. Ich war dreißig Jahre alt, sah gut aus und war ein guter Zuhörer und sehr geduldig.

– Was hat Ihnen die Erfahrung als Psychiater gegeben?

– Nicht viel, weil es immer das gleiche war. Die freudianische Psychotherapie ist sehr repetitiv.

Wer kann schon vom Bücherschreiben leben? Mir kommt es so vor, als sei ich privilegiert, weil ich zwar viel arbeite, wenn ich schreibe, es aber Zeiten gibt, bevor ich ein neues Buch anfange, in denen ich nichts tue, nur in Habachtstellung bin. Und plötzlich setzt ein Satz, den ich höre, alles in Bewegung, und das ist großartig.

Ich erinnere mich an den Tag, an dem einer meiner Brüder mir von einem Dorfvorsteher erzählte, den wir als Kinder kannten: »Erinnerst du dich noch an den Alten, der immer sagte ...?« Und da wurde die Hauptfigur vom *Handbuch der Inquisitoren* geboren.

So beginnt es immer, mit einem Satz oder mit irgend etwas anderem. Und dann organisiert sich das Buch allmählich um diesen ersten Kern. Dieser Teil ist sehr angenehm, weil man nichts tut; man sitzt da und spürt, daß die Dinge geschehen.

Aber eines ist merkwürdig. Ich, der ich alles gelesen habe, was ich konnte – und ich lese sehr schnell und habe ein unglaubliches Gedächtnis, ein Elefantengedächtnis, ich kann, ohne daß ich mir dessen bewußt bin, Hunderte von Gedichten vollständig in meinem Gedächtnis speichern, Hunderte –, kann mich dennoch an keine einzige Zeile erinnern, die ich selber geschrieben habe.

Ich erinnere mich beispielsweise an ganze Sätze aus Romanen, die mir gefallen haben. An die Namen der Gewinner der Tour de France. An die Fußballmannschaften meiner Kinderzeit ... Aber nicht an das, was ich geschrieben habe; ich bin außerstande, es zu wiederholen.

– Eines der überraschendsten Dinge in Ihren Kolumnen ist die fotografische Erinnerung, die Sie an Gegenstände haben, die zum Teil aus Ihrer frühesten Kindheit stammen.

– Darüber habe ich mir nie Gedanken gemacht. Es ist so, wie ich neulich gesagt habe, als wir über das Gedächtnis gesprochen haben. Ich erinnere mich körperlich an die Menschen, die ich geliebt habe: meine Großeltern, meine Freunde. Aber ich mag die Menschen, die ich sehr geliebt habe, nicht als Tote sehen, woran ich mich aber auch erinnere. Ich würde mich lieber an sie so erinnern, wie sie waren, als sie noch lebten.

Ich erinnere mich an meine Großmutter, die Mutter meiner Mutter, tot auf ihrem Bett, und dieses Bild überlagert manchmal das Bild von ihr, als sie lebte, ich würde mich lieber nur an sie als Lebende erinnern.

Ich denke häufig über die Ungerechtigkeit des Todes nach. Ich erinnere mich an meine Mutter, wie sie die Hände meiner toten Großmutter küßt, ihr Gesicht streichelt ... Ich erinnere mich an meine Mutter, als sie vierzig Jahre alt war, sie sah sehr gut aus, dann kam die Osteoporose, die sie kleiner gemacht hat ... Aber ich erinnere mich an alles, an Namen, Menschen. Das ist wie ein riesiges Lagerhaus. Und das sind Materialien, die ich später immer nutzen kann.

Ich erinnere mich an die ersten Mädchen, in die ich mich in meiner Kindheit und Jugend verliebt habe. Ich erinnere mich an meinen ersten Kuß; ich war dreizehn und war so enttäuscht ... Das Mädchen war auch dreizehn. Und sie, genau wie ich: »Das schmeckt ja nach gar nichts.« Ich erinnere mich an ihre feuchte Zunge, die nach überhaupt nichts schmeckte.

Das war die Zeit, als man ins Kino ging, um Imperio Argentina, Sarita Montiel zu sehen, die für mich das Symbol für Schönheit war. Ich erinnere mich daran, wie ich mit sieben Jahren Carmen Amaya tanzen gesehen habe. Und ich erinnere mich an den ersten Stierkampf, den ich in Barcelona gesehen habe, und wie ich mich übergeben habe, als sie den Stier töteten, weil ich so etwas noch nie gesehen hatte. Ich sehe es jetzt noch vor mir, und es kommt mir sehr, sehr grausam vor. Ich erinnere mich auch daran, daß ich Zaragoza gar nicht gemocht habe, warum, weiß ich nicht; vielleicht wegen des Hotels, in dem wir abgestiegen waren.

Mein Großvater war ein phantastischer Mann. Mit ihm bin ich durch ganz Spanien gereist: Wir haben in Galicien angefangen, Madrid, Barcelona ... Dann Frankreich, die Schweiz ... Immer im Wagen ... Dann Italien ... In Venedig habe ich mich verlaufen, weil ich auf dem Löwen auf dem Markusplatz sitzen wollte. Es gab viele Touristen, und jedesmal, wenn sie ein Foto machen wollten, haben sie mich vom Löwen heruntergeholt. Dann habe ich mich verlaufen. Eine entsetzliche Angst. Ich erinnere mich daran, daß in Venedig der Name der Straßen auf den Boden geschrieben war ...

Und an die Museen, die für mich schrecklich langweilig waren, aber da waren sie: der Prado, der Louvre ... Ich erinnere mich an Murillo, an El Greco ... Zugleich gab es ein Gefühl, das ... vielleicht sexuell war.

– Mit sieben Jahren?

– Ja, das ist merkwürdig, aber ich hatte noch nie Frauen mit nackten Brüsten gesehen. Die Schulen waren damals noch nicht gemischt. Ich hatte keine Schwestern. Beim Essen waren meine Mutter, mein Vater, die Dienstmädchen und wir, meine Brüder, anwesend; es gab keine Frauen. Die Frauen, die Mädchen waren für mich ein großes Geheimnis. Der einzige weibliche Bezugspunkt war meine Mutter. Meine Tanten waren jünger, aber es herrschte eine große Schamhaftigkeit. Der weibliche Körper war unbekannt. Ich hatte unten was Kleines, hatte keine Brüste, nur runde Formen. Alles war ein Geheimnis.

Erst viel später habe ich begriffen, daß es eine Konstruktion, eine Architektur in allem gab, in den Bildern, in den Symphonien. Aber am Anfang trennte ich nichts, das war wie eine animalische Berufung. Mein Bruder João verblüffte mich immer, weil sein Verstand von A nach B, von B nach C ging, immer deduktiv vorging. Mich faszinierte zu sehen, wie sein Verstand funktionierte, denn er ging von A nach B, ohne zu wissen, wie.

Und, was das betrifft, war ich, wie es heißt, sehr frühreif, mit zwei Jahren löste ich Rechenaufgaben und sprach Spanisch. Meine Eltern erzählen Dinge, die mich heute verblüffen, aber das hat damit nichts zu tun. Mein Verstand funktioniert gut, aber nicht der gewöhnlichen rationalen Logik folgend. Mein Bruder João war der Intelligente.

Als sie an der Uni einen Intelligenztest mit mir machten, erhielt ich den Höchstwert: 180. Denselben wie Einstein. Ich dachte, es sei ein Witz, weil es so einfach war … Für mich waren die Antworten so evident … Ich wunderte mich, war verblüfft, war überrascht, daß sie für die anderen Jungen nicht offensichtlich waren. Das passiert mir immer noch. Ich ver-

Die sechs Lobo-Antunes-Brüder mit ihrer Mutter

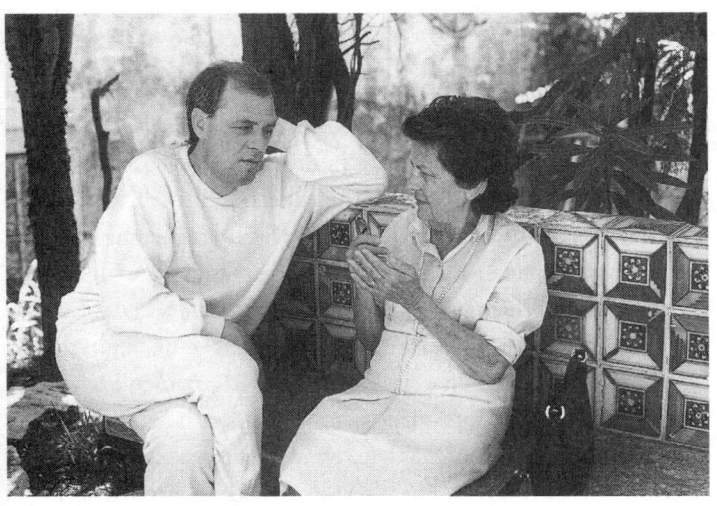

António mit seiner Mutter

stehe nicht, wieso die Leute die Sachen nicht sehen, mir kommen sie sehr einfach vor.

– Nun, da bleibt Ihnen nichts anderes übrig, als mit den Psychologen darin übereinzustimmen, daß Ihre Intelligenz überdurchschnittlich ist.

– Ich glaube, es geht hier nicht um Intelligenz; es ist etwas anderes. Die Intelligenz setzt Arbeit voraus, eine geistige Arbeit, und bei mir spielt sich keine Arbeit, kein Prozeß ab. Die Lösung zeigt sich mir als etwas Offensichtliches. Und ich weiß nicht, wie ich diese Fähigkeit nennen soll, daher habe ich in einem Interview, das Sie vor einiger Zeit mit mir gemacht haben, gesagt, ich sei ein »fulminanter Idiot«, und meinte das ernst, weil ich nicht weiß, wie ich es nennen soll. Und zudem machen die anderen mich ungeduldig, weil ich nicht verstehe, wieso sie etwas nicht sehen, und ich davon ausgehe, daß alle auf dieselbe Art und Weise funktionieren.

Ich lernte nicht extra, es war nicht notwendig zu lernen, da alles so leicht war. Und an der Uni tat ich auch nichts, weil es mich nicht interessierte. Da interessierte mich überhaupt nichts, es kam mir dumm vor. Und zudem dachte ich, ich würde nur Zeit verlieren, daher war mein Desinteresse total. Eines Tages sagte meine Mutter zu mir: »Wenn du im Juni die Examen bestehst«, denn man mußte Examen machen und so, und mich interessierte das alles nicht, »bekommst du von mir den Führerschein.« Und in dem Monat habe ich in allen Fächern bestanden, ich war der einzige, der in allen bestanden hat, neun Fächer in einem Monat.

Etwas lernen war so einfach. Wenn ich Zeit hatte, tat ich es; hatte ich keine Zeit, ließ ich es. Ich bemühte mich nicht, weil das, was sie mir beibringen wollten, mich einfach nicht interessierte. Mich interessierten andere Dinge. Und wenn sie von etwas sprachen, das mich interessierte, wenn sie Literatur unterrichteten und mir von Camões erzählten, dann machten sie das auf eine so grauenhafte Art, daß sie mich, der ich Camões liebte, wahnsinnig langweilten.

– Aber Ihnen war bewußt, daß Sie, obwohl Sie schreiben wollten, eine Ausbildung machen mußten.

– Ich dachte, ich brauchte eine andere Ausbildung. Zugleich fand ich es merkwürdig, daß meine Brüder sehr gute Schüler waren. Ich nicht, ich war der schlechteste von allen, weil sie mir nicht gaben, was mich interessierte. Als meine Mutter mir jedoch etwas im Gegenzug anbot, tat ich, worum sie mich bat, aber immer im Gefühl, daß sie mir gegenüber ungerecht waren. Warum sollte ich Dinge lernen, die vollkommen unwichtig waren?

Ich war noch jung, und wenn ich Arzt werden wollte, mußte ich lernen. In den letzten Jahren hatte ich gute Zensuren, da das Studium mich zu interessieren begann. Die Krankheiten interessierten mich. Aber die ersten Jahre waren eine Qual. Ich habe sogar die Bücher gewogen, und sie wogen fünf Kilo und vierhundert Gramm. Ich dachte: Ich werde keine fünf Kilo und vierhundert Gramm Anatomie lernen; es interessiert mich nicht … Ich habe den ersten Kurs drei Jahre lang wiederholt.

Die Professoren waren Kollegen meines Vaters. Sie waren aufgeregter, nervöser als ich, weil ich nichts wußte. Nichts. Und es war unangenehm, den Sohn von Lobo Antunes zu suspendieren. Mein Bruder João, der auch Medizin studierte, war hingegen ein brillanter Student. Und ich schloß einen Pakt mit ihm: »Du unterstreichst alles, was ich wissen muß.«

Ich erinnere mich daran, wie meine Mutter mit uns schimpfte. Und eines Tages hörte ich, wie mein Vater zu ihr sagte: »Du kannst mit ihm nicht wie mit den anderen reden, weil António anders ist.« Ich war entgeistert, voller Angst, weil ich nicht anders sein wollte. Ich erinnere mich sehr gut an diesen Satz und daran, daß er mich anders ansah. Ich weiß nicht, es mußte etwas dran sein, aber ich wollte nicht anders sein, ich wollte gleich sein. Unterschied bedeutete für mich Ausgeschlossensein.

Meine Eltern beunruhigte das, was mich interessierte: schreiben ... Meine Mutter sagte: »So intelligent bei einigen Dingen und so dumm bei anderen.« Weil ich völlig unpraktisch war. Mit den Dingen des Alltags komme ich nicht klar. Zum Beispiel begleitet mich meine Tochter immer in den Supermarkt, weil ich nicht weiß, was ich kaufen soll. Ich bin sehr hilfsbedürftig, ich weiß nicht, ob Ihnen aufgefallen ist, wie meine Töchter mich ansehen, so als wäre ich Invalide.

– Können Sie irgend etwas kochen? Einen Kaffee?

– Nein. Überhaupt nichts, ich kann nicht kochen. Aber ich kann mich auch nicht richtig ernähren. Ich mag McDonald's. Mich interessieren die Wonnen der Tafel nicht. Ich könnte die ganze Woche lang dasselbe essen. Das finde ich schade. Zé Cardoso Pires sagte immer zu mir: »Wie kann ich der Freund eines Mannes sein, der das Essen im Flugzeug mag.« Und das stimmt, ich liebe dieses Essen, das Ritual, mich begeistert das.

Jetzt im Rückblick sehe ich, daß ich ein Junge war, der anders war. Ich spielte immer allein. Ich habe mich mit mir selber nie gelangweilt. Ich selbst überrasche mich, und ich habe allein viel Spaß, wir haben es gut miteinander, ich und ich.

– Gehen Sie nicht gern mit Frauen aus?

– Doch. Aber jetzt führe ich ein ruhiges Leben. Zugleich empfinde ich eine große Enttäuschung. Nach meiner Trennung bin ich mit vielen Frauen gegangen, und es war immer dasselbe.

Ich rede nicht gern über meine anderen Ehen, aus Scham. Jedenfalls war Zé die wichtigste Frau. Wir haben viele Dinge zusammen erlebt; äußerlich und innerlich sehr intensive Dinge. Ich habe die Sexualität mit ihr zusammen entdeckt, das Leben, die Literatur, den Krieg, den Tod. Es war sehr intensiv. Und schließlich sind wir uns auch im Tod begegnet. Mit ihr war alles immer sehr intensiv.

Aber es gibt da etwas Überraschendes, und das ist, daß ich mich erst nach ihrem Tod frei gefühlt habe. Das ist ein sehr merkwürdiges Gefühl, aber ich glaube, das passiert, weil es eine Geschichte war, die niemals zu Ende war. Sie wollte immer, daß wir wieder zusammenleben.

Ich rede nicht gern über mich, weil ich nicht sehr interessant bin, aber mich rühren immer noch die Beine von Frauen an. Aber jetzt einmal im Ernst: Die Tatsache, daß ich Töchter und keine Söhne bekommen habe, hat mich die Frauen anders sehen lassen. Ich habe große Angst, daß jemand ihnen weh tut.

– Fühlen Sie sich in der weiblichen Welt wohl?

– Ich finde sie wunderbar. Sehen Sie nur, in wie vielen Büchern von mir Frauen vorkommen. Sie interessiert mich sehr, aber … Mir geht es dabei wie mit der Welt der Männer, es ist schwer, einen interessanten Menschen zu finden.

Heute habe ich zwei Freundinnen, aber vor zwanzig Jahren war es für mich unvorstellbar, eine Frau zum Freund zu haben, es fiel mir schwer, sie zu verstehen. Jetzt verstehe ich sie, damals jedoch nicht. Ich redete lieber mit einem Mann.

Es fiel mir schwer, Frauen Geständnisse zu machen. Denn wenn ich es machte, hatte ich das Gefühl, mich in jemand allzu Verletzlichen zu verwandeln, andererseits sagte man mir, wenn das Gespräch an der Oberfläche blieb, nur Offensichtliches und Platitüden. Das ist so wie beim Schreiben: Man fühlt etwas mit großer Intensität, aber wenn man versucht, es auszudrücken, klingt es nicht genauso. Ein portugiesischer Dichter hat einmal gesagt: »Wie könnte ich dir ohne Falschheit Dinge sagen, die, wenn sie gesagt, schon nicht mehr Wahrheit sind?«

Und diese Behauptung ist vollkommen richtig. Was in deinem Inneren vorgeht, ist intensiver, viel reicher als das, was du nach außen trägst. Das Ideal ist – und manchmal gelingt es einem, verstanden zu werden, ohne sprechen zu müssen –, nicht verbal zu kommunizieren.

Nicht immer dient die Sprache dazu, sich auszudrücken, manchmal hat man eine so starke Empfindung, daß man, wenn man sie in Worten ausdrückt, dies in so armseliger Weise tut, daß sie entwertet erscheint und man am Ende wie ein Idiot redet. Das enttäuscht mich. Manchmal ist ein Gespräch wie die erste Fassung eines Romans, es ist schlecht. Die Interviews sind im allgemeinen arm. Man ist sehr viel komplexer und reicher als das, was in einer kurzen Unterhaltung herauskommen kann.

– Und haben Sie jetzt nicht vor, mit einer Frau zusammenzuleben?

– Doch.

– Könnten Sie es?

– Ja, natürlich. Die Dinge geschehen nicht dann, wenn man
sie sucht, wenn man sie sucht, geschehen sie nicht. Und ich
erwarte nichts. Ich denke, es könnte interessant sein, wieder
mit jemandem zusammenzuleben, andererseits denke ich, daß
ich wenig wert bin. Aber ich habe Augenblicke, in denen ich
kommunikativ bin. Ich weiß nicht.

– Wie amüsieren Sie sich?

– Es geht mir gut, wenn ich mit meinen Brüdern zusammen
bin. Mit meiner Familie lache ich sehr viel. Ich habe sehr viel
Sinn für Humor. Ich habe Ihnen ja schon gesagt, daß ich mich
nie langweile. Ich habe keine Depressionen. Im Grunde bin ich
jemand, mit dem es sich leicht zusammenleben läßt, weil ich
nichts verlange, ich bin nicht eifersüchtig, frage nicht: »Wo
warst du? Wohin gehst du? Wer hat angerufen?« Ich öffne
keine an jemand anderen gerichteten Briefe. Essen ist mir
egal ... Der Alltag mit mir ist nicht schwierig.

Aber es gibt Dinge, die ich nicht mag. Beispielsweise gesellschaftliche Essen erscheinen mir sehr langweilig, und ich
möchte am liebsten nach einer halben Stunde gehen. Je länger der Abend dauert, um so mehr trinken die Leute, und Be-
trunkene sind noch langweiliger. Diese Veranstaltungen mag
ich nicht.

Aber es geht mir gut, wenn ich unterwegs bin, mich mit Freunden unterhalte, ein Wochenende bei meinem Verleger verbringe … Ich langweile mich nicht. Auch wenn ich nicht schreibe. Ich langweile mich nicht.

Lesen bringt mir auch Spaß. An diesem Wochenende bei meinem Verleger habe ich Marías gelesen, ein sehr schönes Buch mit Kurzbiographien von Schriftstellern, ein intelligentes, humorvolles Buch; Clarice Lispector, die ich sehr mag. Ich bin spazierengegangen, und es war sehr schön, ich hatte nicht das Gefühl, unbedingt schreiben zu müssen. Ich hätte gut und gern zwei oder drei Monate so verbringen können, ohne zu schreiben. Die letzten Male, die ich in Spanien war, waren auch schön, da ich noch kein Buch angefangen hatte.

– Gefällt Ihnen Ihr Leben in Lissabon?

– Ja, es gefällt mir. Jeden Morgen gehe ich ins Hospital Miguel Bombarda, denn dort schreibe ich. Zweimal in der Woche sehe ich drei alte Patienten, die ich noch habe und denen es bessergeht als mir. Man nennt das externe Sprechstunde. Sie kommen zu mir, und wir reden. Ich esse täglich im Speisesaal des Krankenhauses, in dem es keine Ärzte, nur Angestellte gibt, und um halb zwei komme ich hierher, in die Wohnung meiner Töchter, und dann arbeite ich wieder.

Wenn ich nicht schreibe, gehe ich spazieren, gehe ich in Buchhandlungen, selten ins Kino oder in Konzerte oder ins Theater; normalerweise besuche ich keine Aufführungen, weil mein Hörapparat es nicht zuläßt. Wenn ich in Konzerte ging, klang die Musik so, als hätte ich mich in einer Garage befunden, die Klänge taten weh. Das war sehr unangenehm. Jetzt haben sie mir einen neuen Apparat eingesetzt, der stärker ist und mir besser gefällt; außerdem ist er diskreter, obwohl er mir immer riesig und sehr häßlich vorkommt …

Mir wird immer deutlicher, daß ich leben könnte, ohne zu schreiben. Ich denke, ich kann es. Jetzt würde ich am liebsten nur alle drei Jahre ein Buch schreiben. Und zwischen den Büchern würde ich im Wagen in angenehmer Begleitung durch Europa reisen. Es gibt etwas, das ich lange nicht getan habe: Ich gehe wahnsinnig gern tanzen. Aber mit dem anderen Apparat war es schwierig. Wenn eine Frau ihre Wange an meine lehnte, war da der Apparat: piiiiiiiiiiii. Ich dachte schon beinahe, es sei ein Alarm. Aber dieser neue funktioniert viel besser.

Als ich *Anweisungen an die Krokodile* geschrieben habe, habe ich den Apparat herausgenommen, um zu begreifen, wie Mimi, die Taube, sich fühlte. Das ist ein Roman, den ich ohne einen vorgefaßten Plan begonnen habe.

– Haben Sie das Gefühl, daß Sie mit jedem Roman einen Schritt nach vorn machen?

– Ich würde es gern glauben. Mein Gefühl sagt mir, daß dem so ist, daß ich ständig weiterlerne. Das Problem ist, daß man in meinem Beruf nie auslernt; man wird nie das machen, was man möchte. Und andererseits hat jeder Roman seine Bedeutung. Ich glaube, daß die letzten besser sind, aber die ersten sind wichtig, um den Autor zu verstehen, seine Welt und sein Werk zu begreifen.

– Mit der Trilogie über den Tod oder auch Benfica-Trilogie gibt es, glaube ich, einen qualitativen Schritt in Ihrem Werk.

– Ich weiß nicht, warum man es die Trilogie über den Tod genannt hat, denn das war nicht in meinem Kopf. Es waren Bücher, die vor allem von Benfica erzählten, vom Stadtviertel, in dem ich aufgewachsen bin. Der Tod ist mir nie in den Sinn gekommen. Bei *Der Tod des Carlos Gardel* erinnere ich mich noch daran, wie ich das Buch angefangen habe: Meine Tochter hat im Krankenhaus einen Freund besucht, der an Hepatitis starb. Er war ein sehr hübscher Junge, mit olivfarbener Haut und sehr hellen Augen. Sie hat angefangen, seinen Namen zu rufen. Und ich sah, wie dem Jungen eine kleine Träne herunterlief … Diese Szene hat mich erschüttert; sein Leiden zu sehen. Und als ich das Buch begann, war es wie eine große Träne, die diese kleine Träne enthielt. Ansonsten habe ich wenige Dinge der Geschichte geändert: Der Junge ist nicht gestorben, er lebt. Und außerdem habe ich die Namen geändert. Aber in *Die natürliche Ordnung der Dinge* habe ich die Namen nicht geändert. Darin erzähle ich vom Tod meiner Lieblingstante.

In fast allen meinen Büchern ist der Tod nicht der Tod, er ist so etwas wie eine Wiedergeburt. Ich erinnere mich daran, wie Nelson, mein Verleger, zu mir sagte: »Glaubst du, daß die Menschen so sterben?«

– Auch in *Die Leidenschaften der Seele* gibt es eine Reflexion über den Tod.

– Dieses Buch habe ich in Berlin angefangen. Mein Nachbar war Luigi Nono, und seine Frau war die Tochter Schönbergs, sie sahen beide sehr gut aus. Ich erinnere mich ganz genau an den Anfang dieses Romans, es war ein sehr, sehr schwieriges Buch.

Berlin war eine unglaubliche Stadt. Außergewöhnliche Konzerte … Ich war in der Zeit vor dem Mauerfall dort. Aber obwohl es diese brodelnde Lebendigkeit besaß, war Berlin eine sehr ruhige Stadt, gut, um dort zu arbeiten. Es war ein sehr heißer Sommer, es herrschten über 36 Grad, und ich arbeitete nackt. Das erste Kapitel dieses Romans ist mir sehr, sehr schwergefallen.

Wenn ich an der ersten Fassung eines Buches arbeite, dann habe ich das Gefühl, daß das Buch darunter ist und daß mich diese erste Fassung darin hindert, es zu sehen, als wäre das Buch mit Erde bedeckt, und du müßtest es säubern, säubern, säubern. Das ist so, als müßtest du die Worte, die Gedanken retten, die alle dort sind, sich dort in dieser ungeheuren Gesteinsmasse befinden, die sie verbirgt.

Wie man einen Titel für einen Roman findet

Die Titel kommen von ganz allein. Wenn das Buch bereits geschrieben ist, denke ich an einen Satz, der mir gefällt, an einen Vers, an einen Gegenstand, eine Begebenheit … An irgend etwas. Neulich las ich Jules Verne und fand heraus, daß eine seiner Figuren »Abgrundslektionen« nahm, und ich dachte, daß das ein großartiger Titel für ein Buch sei. Wenn ich jetzt die Titel meiner Romane ansehe, könnte ich nicht bei allen sagen, warum ich ihnen gerade diesen Titel gegeben habe, aber bei den meisten gibt es eine Erklärung:

Memória de Elefante (»Elefantengedächtnis«) kommt daher, daß meine Mutter, als ich noch ein Kind war, immer über mich sagte: Er hat ein Elefantengedächtnis.

Os Cus de Judas (»Am Arsch der Welt«, *Der Judaskuß*) ist im Portugiesischen ein stehender Begriff.

Bei *Conhecimento do Inferno* (»Kenntnis der Hölle«, *Einblick in die Hölle*) und *Explicação dos Pássaros* (»Erklärung der Vögel«, *Die Vögel kommen zurück*) weiß ich nicht mehr, woher sie stammen.

Fado Alexandrino (Fado Alexandrino) ist ein Titel, den mir ein Freund vorgeschlagen hat. In Portugal gibt es vier Arten Fado, und der Fado Alexandrino ist eine davon.

Auto dos Danados (»Spiel von den Verdammten«, *Reigen der Verdammten*) bezieht sich auf kleine, *auto* genannte Theaterstücke in Versen. Sie entsprechen in etwa den *Autos sacramentales* der spanischen Literatur.

As Naus (»Die Naus«, *Die Rückkehr der Karavellen*) sollte eigentlich auch im Portugiesischen *Die Rückkehr der Karavellen* heißen, aber ich mußte den Titel ändern, da er bereits von jemandem registriert war.

Tratado das Paixões da Alma (»Traktat über die Leidenschaften der Seele«, *Die Leidenschaften der Seele*) ist der Titel eines Werkes des französischen Philosophen Descartes.

A Ordem Natural das Coisas (Die natürliche Ordnung der Dinge) war der Satz, mit dem einem als Kind immer geantwortet wurde, wenn man nach dem Grund von irgend etwas fragte. Die Antwort war: »Weil das die natürliche Ordnung der Dinge ist.«

A Morte de Carlos Gardel (Der Tod des Carlos Gardel). Ich bin mir nicht ganz sicher, ich glaube, ich habe dem Buch diesen Titel gegeben, weil mir die Mutter meiner Töchter seine Biographie geschenkt hatte, als ich dabei war, den Roman zu beenden.

O Manual dos Inquisidores (Handbuch der Inquisitoren) entspricht nichts Konkretem.

O Esplendor de Portugal (»Portugals Glanz«, *Portugals*

strahlende Größe) ist der portugiesischen Nationalhymne entnommen und selbstverständlich ironisch gemeint.

Exortação aos Crocodilos (»Mahnpredigt an die Krokodile«, *Anweisungen an die Krokodile*) war ein Einfall wie viele andere.

Und zu *Não Entres Tão Depressa Nessa Noite Escura (Geh nicht so schnell in diese dunkle Nacht)* hat mich ein Gedicht von Dylan Thomas inspiriert.

9

**»Die Kommunistische Partei mit ihrem
Glauben, ihren Traditionen und ihrer
autoritären Hierarchie war eine Kirche.
Sie hat sich nicht verändert.«**

Die Frau als Geheimnis. Der Glaube der Leser.
Das Reden. Die einzigen Lobo Antunes. Schach und
Politik. Die Kommunistische Partei und ihre
Intellektuellen.

Das junge Mädchen, das in seinem letzten Roman *Geh nicht
so schnell in diese dunkle Nacht* im Mittelpunkt steht, hält
Lobo Antunes für seine autobiographischste Figur. Als könnte jemand, der mit seiner Prosa vertraut ist, an der autobio-
graphischen Komponente seiner anderen Romane zweifeln!
Doch ist es bemerkenswert, welche Lebendigkeit und Vorrang-
stellung in den letzten Jahren die Frau im Leben und im Werk
des portugiesischen Autors erlangt hat.

Der Tod seiner ersten Frau, seine Erinnerung an die Zeit
mit ihr im Krieg in Angola hat die Sensibilität von Lobo Antunes verändert. Er behauptet, daß die Frau für den Mann immer ein Geheimnis bleiben werde, doch jetzt wisse er, wovon
er spreche. Bevor Zé starb, die Frau, die er als seine einzige
Liebe sieht, ist er zu ihr und ihren Töchtern gezogen, und ein
Jahr nach dem traurigen Ende lebt er noch immer dort, schaut
seine älteste Tochter an mit dem Staunen eines, der festgestellt
hat, daß er alles verloren hat, und noch immer nicht recht versteht, warum.

Die Mädchen, wie er sie nennt, waren in seinem Leben immer sehr gegenwärtig, doch jetzt, wo er ihren Sehnsüchten und ihrem Leiden, ihren Problemen und ihren alltäglichen Schwierigkeiten näher ist, hat er gelernt, sie anzusehen. Der Schriftsteller, für den die Linie, die das reale Leben von dem seiner Bücher trennt, minimal ist, hat dieses menschliche Kapital an Schmerz und Verlust in seine weiblichen Figuren gelegt und sie dadurch lebensecht und unverwechselbar gemacht.

– Hat sich Ihre Einstellung zu den Frauen in den letzten Jahren verändert, da Sie ihrer Welt nähergekommen sind?

– Ich weiß nicht. Für mich sind sie weiterhin ein Geheimnis, so wie sie es, denke ich, für alle Männer sind. Man kann sich ihrer Welt annähern, sich solidarisch fühlen und sie zu verstehen versuchen, aber man wird nie wissen, wie es ist, ein Kind zu bekommen, noch was die erste Menstruation bedeutet, noch was ein weiblicher Orgasmus ist ... Tatsächlich weiß man überhaupt nichts.

Die Herausforderung für mich liegt darin, glaubwürdig zu sein, zu beweisen, bis zu welchem Punkt die Frauen in meinen Romanen für die anderen Frauen glaubwürdig sind. Ich habe mich mit Clarisse und ihrer Mutter in *Portugals strahlende Größe* sehr wohl gefühlt. Ich hoffe, daß es mir gelungen ist, daß sie zumindest weiblich sind, aber die Gewißheit habe ich nie.

Männer sind ganz anders. Die Komplexität des Mannes kann man in einer halben Stunde durchmessen; allgemein gesagt, sind die Männer einfacher. Ein dummer Mann ist einfach ein dummer Mann, während eine dumme Frau nicht nur das ist, sondern noch mehr. Sie hat Instinkt, Sensibilität ... Sie ist viel komplexer als ein Mann. Frauen als Romanfiguren waren für mich eine wichtige Herausforderung, die ich hoffe gelöst zu haben.

Ich habe mit weiblichen Romanfiguren weitergemacht, weil sie eine Herausforderung sind. Mir waren Virginia Woolf und andere feministische Schriftstellerinnen immer gegenwärtig, die D. H. Lawrence und andere Schriftsteller kritisierten, die ihrer Meinung nach über etwas redeten, von dem sie nichts verstanden, da sie weder über den Orgasmus der Frau noch über ihre Reaktionen schreiben könnten. Frauen sind, was Gefühle und Emotionen betrifft, reicher als Männer, und ich hatte Angst, es könnte mir mißlingen, glaubwürdige Figuren zu schaffen, aber wenn ich den Kritiken glauben darf, ist es mir gelungen. Nach den ersten Monaten, in denen ich über sie geschrieben hatte, hatte ich das Gefühl, daß ich von diesen Frauen etwas lernte.

Mir fällt es schwer, über diese Frauen als fiktive Gestalten zu sprechen, weil sie für mich sehr real geworden sind. Vor allem das Mädchen in *Geh nicht so schnell in diese dunkle Nacht* ... sie habe ich sehr stark gefühlt. Sie war für mich so wahr, als wäre sie lebendig. Ich beschreibe meine Figuren für gewöhnlich nicht, aber ich weiß, daß Sie sie erkennen würden, wenn Sie eine dieser Frauen treffen würden.

Ich beschreibe die Figuren nicht, nur irgendein Detail, das Haar, die Hände, so etwas, weil die Beschreibung einen einschränkt. Der Leser muß sich die Figuren vorstellen. Ich mag ihnen nicht einmal Namen geben, weil mir dies vom literarischen und erzählerischen Standpunkt aus ebenfalls wie eine Einschränkung vorkommt. Nur muß man ihnen Namen geben, weil sonst der Leser und auch man selber sie durcheinanderbringt; man weiß sonst nicht, an wem man gerade arbeitet.

Das Problem mit dem Buch, an dem ich jetzt gerade arbeite, ist, daß ich es noch nicht fühle. Mit jedem neuen Roman muß man versuchen weiterzugehen. Beherrscht man den mehrstimmigen Roman, muß man weitergehen, etwas anderes machen, das eine noch größere Herausforderung darstellt und einem zugleich größere Freude bereitet. Aber dieses Buch ist zur Zeit sehr schwierig.

– Ich möchte Sie daran erinnern, daß Ihnen immer das gleiche passiert; wenn Sie einen Roman anfangen, fühlen Sie sich außerstande.

– Ja, da haben Sie recht. Vielleicht sage ich immer das gleiche. Beim letzten Buch, bei den anderen, immer mache ich mir viele Gedanken über die Arbeit, denke ich, daß ich mich wiederhole, daß die Arbeit nicht gut ist, die Ängste kehren wieder …

Und jedesmal ist es schlimmer, weil es jedesmal mehr Menschen gibt, die sehr viel von mir erwarten, und ich nicht weiß, ob ich dazu imstande sein werde, und ich möchte sie nicht enttäuschen. Mit jedem Mal wächst diese Erwartung, wächst und wächst. Wird immer größer. In den letzten Jahren ist das unglaublich gewesen.

Das Gefühl, diejenigen nicht enttäuschen zu wollen, die an mich glauben, ist in mir sehr stark, obwohl es sich um einen Glauben handelt, den ich nicht teile, aber ich habe das Gefühl, daß ich sie nicht enttäuschen darf. Und diese Angst ist real; manchmal ist es schwer, unter hundert Romanen einen guten zu finden. Und warum sollte gerade ich derjenige sein, der ihn schreibt? Schreiben ist so schwer.

– Inzwischen lösen Sie doch sicher viele Dinge durch Berufserfahrung. Man lernt doch beim Schreiben.

– Ja, aber wie ist dann zu erklären, daß es Tage gibt, an denen man vier Stunden vor dem Papier sitzt, ohne ein einziges Wort zu schreiben? Es ist überhaupt nicht einfach. Es gibt sehr produktive Tage und andere, die man praktisch ganz und gar verliert. Die kürzeste Zeit, in der ich ein Buch geschrieben habe, war sieben Monate. Aber Zeit kann nicht als Maßstab genommen werden, weil man in einer bestimmten Zeit nicht immer gleich viel schreibt.

– Reden Sie mit anderen Schriftstellern über die konkreten Schwierigkeiten des Schreibens? Glauben Sie, daß diese Probleme mehr oder weniger allgemein sind?

– Ich weiß es nicht. Ich habe nicht viel Umgang mit Schriftstellern. Als ich fünfzehn war, kannte ich einen alten Dichter, einen sehr verbitterten Mann, der aber zugleich sehr humorvoll war, und als ich ihm von meinem Interesse erzählte, Schriftsteller kennenzulernen, sagte er zu mir: »Lesen mußt du, du mußt viel lesen, versuche nicht, mit den Schriftstellern zu reden, die sind nicht interessant.« Und im allgemeinen mißtraue ich Schriftstellern, die brillant über ihre Werke sprechen.

Natürlich gibt es von jedem etwas. Savater kann sehr gut reden und schreibt sehr gut. Ich mag auch Gimferrer sehr, ich glaube, er hat viel Talent, und Ana María Moix hat mir gefallen, ich habe sie in den *Nueve novíssimos* gelesen, aber ich weiß nicht, ob sie gut reden können, ich habe sie nie gehört. Ich weiß nicht, wie sie sind, da ich sie nicht persönlich kenne.

Vázquez Montalbán kam mir sehr sympathisch vor, weil er ein guter Gesprächspartner ist. Wir haben einmal gleichzeitig einen literarischen Preis bekommen, und er ist jemand, der mit einem nicht über Literatur oder Bücher redet, sondern über Kochen und so. Meine Freunde sind keine Schriftsteller, der einzige war José Cardoso Pires, aber die anderen sind es nicht. Daniel ist Psychiater, Melo Antunes Militär, Nelson Verleger, Marianne Übersetzerin …

Einmal habe ich Jorge Amado hier in Lissabon getroffen. Er war ein sehr einfacher, sehr sympathischer Mann. Wir sind uns im Haus eines Schriftstellers begegnet. Jorge Amado, der meine ersten Bücher gelesen und mir begeisterte Briefe geschrieben hatte, kam zu mir, da er dort sonst niemanden kannte. Ich stand damals am Anfang meiner Schriftstellerkarriere, und er sagte: »Gehen wir, Junge, diese Gespräche sind so, als wollten sie erklären, wie man öffentlich Liebe macht.« Denn es wurde nur über die Bücher der Anwesenden geredet und von Schriftstellern, die nicht da waren. Und wir sind gegangen. Es war wirklich sehr langweilig.

Aber das ist bei anderen Berufen genauso. In meinem Elternhaus redete mein Vater die ganze Zeit mit meinem Bruder über Medizin, und mich interessierte das überhaupt nicht. Eine Bekannte von mir, eine Literaturprofessorin, sagte einmal zu mir, als sie erfuhr, daß ich mich für Musik interessierte: »Wie merkwürdig, Schriftsteller sind doch nicht an Musik interessiert …«

Ärzte reden nur über Medizin; Architekten über Architektur; Fußballspieler reden nur über Fußball. Die Leute reden nur über das, was sie beruflich machen.

– Und Sie, worüber reden Sie?

– Über alles … Nun ja, ich rede nicht, ich höre zu. Ich liebe es, wenn man mir etwas erzählt. Ich glaube, ich bin ein sehr guter Zuhörer. Ich höre aufmerksam zu. Mit Zé Cardoso beispielsweise redete ich nicht; er redete. Über Fußball, über Politik, über das, was ihn ärgerte, wütend machte. Er hatte eine reiche Vergangenheit, hatte sehr interessante Menschen gekannt und erzählte von seinen Schwierigkeiten im Untergrund … Er redete gern, ihm gefiel es, ein Publikum zu haben, und ich denke, ich bin ein gutes Publikum. Nelson redet auch, er redet auch gern.

– Sie suchen sich Freunde, die nicht von Ihnen verlangen, daß Sie reden.

– Nein, ich rede gern … aber ich rede nicht viel. Nicht wahr?
Meine Töchter sagen, daß ich immer schweige, daß ich sehr wenig rede. Worüber denn auch?
Mein Bruder Pedro ist Architekt. Er redet überhaupt nicht. Er lächelt nur, sagt aber nichts. Und wenn ich mit ihm zusammen bin, dann sagt keiner von uns etwas, und ich habe das Gefühl, daß ich viele Dinge gesagt habe, daß wir viel geredet haben. Aber ich weiß, daß das nicht häufig vorkommt. Als Pedro klein war, waren meine Eltern sehr beunruhigt darüber, daß er nichts sagte. Mit fünf Jahren haben sie ihn zu einem Psychiater gebracht. Und nachdem er ihm viele Fragen gestellt hatte, fragte er ihn: »Warum sagst du nichts?« Und er hat geantwortet: »Wozu? Bis jetzt ist doch alles in Ordnung.« Er redete nicht, und auch jetzt redet er nur wenig, und einer seiner Söhne, der von seiten seiner Mutter halb deutsch ist, redet auch nicht.
In meinem Elternhaus wurde wenig geredet. Vor allem

meine Mutter war eher schweigsam. Ich weiß nicht, ich habe von allem ein bißchen kennengelernt: Zé Cardoso redete unheimlich viel, Jorge Amado redete sehr wenig, Sábato kenne ich nicht sehr gut, aber bei den zwei oder drei Malen, die ich mit ihm zusammen war, hat er auch nicht geredet.

– Sie haben in Ihren Romanen auch Stimmen gestrichen, der letzte Roman ist ein Monolog.

– Nun, es ist zwar ein Monolog, aber es ist kein reiner Monolog. Da ist immer die Stimme der Hauptfigur, aber da sind auch andere Stimmen, die durch sie sprechen, Stimmen, die sie herbeiruft. Jetzt sind die Kritiken erschienen, und jemand hat auf Details in dem Roman hingewiesen, wie zum Beispiel, daß sie beobachtet, wie das Licht immer zuerst in den Spiegeln angeht … Ich fand diese Details sehr schön, und dann habe ich gedacht: Guck mal einer an, das habe ich geschrieben. Denn ich erinnere mich nicht daran, ich erinnere mich nicht an das, was ich geschrieben habe.

– Lesen Sie das, was Sie geschrieben haben, nie wieder?

– Nein, niemals. Ich lese nicht einmal die Fahnen. Marianne macht mich manchmal auf kleine Details aufmerksam, die sie aus irgendeinem vorangegangenen Roman entdeckt.
Ich glaube, ich bin für einen Verleger sehr bequem. Ich streite nicht über den Einband. Ich lese nie die Fahnen. Denn wenn du liest, was du geschrieben hast, dann bereust du es, ein Buch kannst du immer verändern. Ich glaube, es war Kipling, der gesagt hat, daß ein Buch niemals beendet ist. Jedesmal, wenn du es liest, gibt es Dinge, die zu korrigieren,

verbessern wären. Zu viele Worte, es gibt immer zu viele Worte.

– Wie kommt es, daß die Hauptfigur des autobiographischsten Romans eine Frau ist? Warum haben Sie eine weibliche Figur gewählt, um Ihre Gefühle auszudrücken?

– Ich weiß nicht. Mir ist es aufgefallen, während ich am Roman arbeitete. Mein Leben hat nichts mit dem dieses Mädchens gemein, aber während ich schrieb, hatte ich das Gefühl, daß sie mein Inneres zeigte. Es ist ein sehr komplizierter, langer Roman.

Als Leser gefallen mir dicke Bücher. Ich habe Thomas Pynchon gekauft. Tausend Seiten! Aber ich habe das Gefühl, daß es sehr schnell geschrieben wurde, nicht William Gaddis, zum Beispiel, der Worte zu meißeln scheint, oder Scott Fitzgerald, der, als er starb, *Zärtlich ist die Nacht* überarbeitete, was ein phantastischer Titel ist.

In einer Reportage über John Dos Passos fragte der Journalist ihn: »Wie ist es Ihnen gelungen, diese Technik zu entwickeln, die ...«, und nach einer fünf Minuten langen Frage hat er geantwortet: »Nun, man geht durch die Straßen« und schwieg dann. Aber er war ehrlich, er war ein einfacher Mann.

Mir haben Bücher über Schriftsteller und über Literatur gefehlt, Bücher, die einem helfen, einen Autor zu verstehen. Ich glaube, es gibt zu viele Romane, zu viele Gedichte, es sollten mehr solche Bücher geschrieben werden.

– Sie könnten in Ihren Kolumnen über Schriftsteller oder Bücher schreiben, die Sie mögen.

António Lobo Antunes mit seinen drei Töchtern: Maria José und
Joana, Töchter aus der ersten Ehe, und Isabel aus der zweiten

– Ich messe den Kolumnen, die ich für die Presse schreibe, wenig Wert bei, aber einige gefallen mir. Mir hat die über meinen Großvater António gefallen, er war genau so, wie ich ihn in diesem Artikel beschrieben habe. Auch der andere Artikel über Zé, die Mutter meiner Töchter, eine Kolumne, die ich über ihre Beerdigung geschrieben habe. Kurz bevor sie starb, fragte sie mich nach der Uhrzeit, ich sagte sie ihr, und ihre letzten Worte waren: »Was für eine Unzeit.« Eine halbe Stunde später starb sie.

Sie verstand viel von Literatur … »Was für eine Unzeit.« Es ist merkwürdig, aber sie ist in mir weiterhin sehr lebendig. Meine Töchter sind ihr, scheint mir, nicht sehr ähnlich, Zé vielleicht in ihrem Gang, ihrem Hals, aber von ihrer Wesensart gleicht sie mir mehr: Sie redet auch wenig und zeigt ungern ihre Gefühle. Joana hingegen ist sehr gefühlsbetont, aber ich glaube, sie ist ihr auch nicht ähnlich, obwohl es schwer zu sagen ist.

– Kinder sind im allgemeinen eine Mischung.

– Ja, meine sind sehr gemischt. Ich bin körperlich dem Vater meiner Großmutter ähnlich, und mir kommt es so vor, als sei ich meinen Eltern überhaupt nicht ähnlich, aber ich weiß es nicht. Es ist merkwürdig, wenn ich mit meinen Brüdern zusammen bin: Physisch sind sie unterschiedlich, aber ich fühle, daß in ihnen etwas Undefinierbares ist, das so ist wie ich. Und ich brauche nicht viel zu sagen, um sie zu verstehen, und sie brauchen auch nicht viel zu sagen. Einmal habe ich zu Pedro gesagt: »Schau Manuel an, den Jüngsten, ich kenne ihn kaum.« Pedro hat darauf gesagt: »Wozu ihn kennen. Er ist wie die anderen.«

– Pedro redet wenig, aber wenn er etwas sagt …

– Manuel redet mehr, weil er Diplomat und ein humorvoller Mann ist. Er hat vier Kinder und wird jetzt vierzig Jahre alt sein, doch als ich mein Elternhaus verließ, war er noch ein Kind.

– Kehren Sie den ältesten Bruder heraus?

– Ich bin der Älteste, aber das hat keinen Einfluß. Zu Hause gab es eine Hierarchie, weil wir viele waren, aber das Verhältnis zu allen war immer gut. Einige von ihnen sind sehr gesellig. Pedro redet nicht, aber er lädt gern seine Freunde ein und kocht für sie. Wenn wir am Strand waren, hat er immer wieder mal Abendessen für viele Leute gekocht. Er kochte, grillte … Es ist irgendwie paradox, daß er Gesellschaft liebt und so wenig redet.

– Verstehen Sie sich mit einem besser als mit den anderen? Sind Sie mit einem vertrauter?

– Vielleicht mit Pedro. Ich hatte gerade eine kleine Krise mit meinen Eltern, meine Mutter hat ihn gebeten, mit mir zu reden. Sie dachte, ich würde mehr auf ihn als auf die anderen hören. Zwischen uns beiden gibt es eine Komplizität, aber mit den anderen auch. Wir sind die einzigen Lobo Antunes. Die Brüder meiner Großmutter sind ledig gestorben. Einer endete in den Armen der Köchin. Sie hatten keine Nachkommen. Und der Bruder meines Vater starb als Baby.

Mein Vater hat vier Schwestern, aber ihre Söhne tragen die Nachnamen ihrer Väter. Daher sind wir die Lobo Antunes.

– Sprechen Sie untereinander über Politik?

– Nein, wir haben unterschiedliche Auffassungen, aber links überwiegt. Pedro und Miguel waren während des Faschismus politisch tätig. Ich nicht, überhaupt nicht; ich spielte Schach. Aber meine Freunde sind alle links.

Ich habe Wahlkampf gemacht. Ich war Kandidat für die Kommunistische Partei, als ich begann, bekannt zu werden. Später hat es mir nicht mehr gefallen. Der Dialog verlief immer vertikal, es gab nichts Horizontales. Die Kommunistische Partei mit ihrem Glauben, ihren Traditionen und ihrer autoritären Hierarchie war eine Kirche. Sie hat sich nicht verändert.

Jetzt gibt es innerhalb der Partei einen riesigen Streit. Ich verstehe das, weil die Alten gelitten haben, einige waren zwanzig Jahre im Gefängnis; und viele sind umgebracht worden. Sie können sich nicht verändern, denn wenn sie sich verändern, hätte ihr Leben keinen Sinn mehr. Doch da gibt es eine neue Generation, die nicht im Gefängnis war und die Partei verändern will. Und das, was man sieht, ist eine Partei, der die Anhänger ausbleiben. Wenn sie an der Macht wäre, würde sie versuchen, ihr Programm umzusetzen, und würde sofort von der Bevölkerung abgelehnt werden. Denn niemand will das mehr, aber wenn sie sich reformieren würde, würde sie sich der Sozialistischen Partei angleichen. Das ist ein sehr dramatisches Dilemma für sie, weil sie ihre Identität verlieren könnte.

Hier haben die Freimaurer große Macht, sie haben die Sozialistische und Sozialdemokratische Partei unterwandert. Auch das Opus Dei. Als ich studierte, wurde ich häufig in die Häuser des Opus Dei eingeladen, die sehr luxuriös waren, und heutzutage gibt es viele Leute aus der Politik, die dem Opus Dei angehören. Hier hat es große Macht. Die Anarcho-syndikalisten sind genau wie in Spanien von der Kommunistischen Partei ausgelöscht worden. Es gibt eine von Historikern der nicht-kommunistischen Linken heute vertretene These, daß die Diktatur durch die Kommunistische Partei verlängert wurde; aufgrund ihrer Bemühung, alles zu eliminieren, was nicht reine Orthodoxie war.

Nach der Revolution vom 25. April wurden die Archive der politischen Polizei gestohlen und tauchten während der Perestroika von Gorbatschow in Moskau auf. Seither hat man viel erfahren. Im Namen der Ideale der Revolution hat die Kommunistische Partei eine sehr schmutzige Rolle gespielt. Álvaro Cunhal hat ein Buch mit dem Titel *O Partido com Paredes de Vidro* (»Die Partei mit den gläsernen Wänden«) geschrieben. Ich habe ihnen sehr nahegestanden, und dort gibt es alles, außer Transparenz. Es ist ein vollständig geheimes Haus.

Zum Beispiel sind die Mitglieder des Zentralkomitees sehr diskret, treten kaum in der Öffentlichkeit in Erscheinung, und heute kennt man sie nicht einmal. Und dennoch arbeitet ein Teil der Partei weiter so, als wäre sie noch im Untergrund. Das ist unglaublich. Sie stellen sich nie als Kommunistische Partei zur Wahl, sondern als Coalição Democrática Unitária (CDU – Vereinte Demokratische Koalition). Sie wenden noch immer dieselben Staatsstreichmethoden an. Das ist schon sehr merkwürdig. Und es gelingt ihnen nicht, sich davon zu befreien.

Wir leben in einer Zeit, in der die Ideologie eine Ideologie der Produktion ist, und sie haben nicht begriffen, daß die Macht nicht in Händen irgendeiner Ideologie liegt, sondern bei den transnationalen Unternehmen: Wer produziert, spielt mit; wer nicht, wird rausgeworfen. Sie haben den intellektuellen Teil der Partei vernichtet und zerstört.

– Welche Intellektuellen gehören heute zur Partei?

– Vor der Revolution gehörten fast alle dazu. Heute sind es noch Saramago und ein paar andere. Saramago ist der große Bezugspunkt und vertritt die harte Parteilinie, hat die Genossen, die auf eine Öffnung gesetzt haben, heftig kritisiert. Aber er hat sich erst vor kurzem so gezeigt. Denn bislang war er mit seinen Erklärungen immer sehr vorsichtig. In den spanischen Zeitungen sagte er, er sei im politischen Exil. Was heißt hier »aus politischen Gründen im Exil«? Wir leben schließlich in einer Demokratie. Vor der Revolution war er nie im Gefängnis, und die anderen, die dort waren, haben es ihm nie verziehen.

Jedenfalls ist Saramago ein Phänomen, das in Auflösung begriffen ist. In anderen Ländern existiert er nicht, und hier verliert er Luft wie ein Ballon, in den man hineingepiekst hat. Er hat diese biographischen Hefte publiziert, die den Leuten nicht gefallen haben, weil sie eine unerträgliche Übung in Eitelkeit waren. Und dann, als er den Nobelpreis empfangen hat ... Nun, man sollte sich damit besser nicht aufhalten. Er ist in Spanien und Brasilien präsenter, aber nicht im Rest der Welt.

Die literarische Welt ist außerliterarisch. Sie hat nichts mit Literatur zu tun. Der Erfolg hat nicht immer mit Qualität zu tun, häufig hat er mit der Macht der Verlage und komplexen Phänomenen zu tun, die zu analysieren mich nicht interessiert.

Andererseits denke ich, daß jeder Schriftsteller glaubt, sein Werk sei einzigartig, das, was er macht, sei gut. Ich glaube, in mehr oder weniger verdeckter Form gibt es diese Vorstellung in allen. Daher mag ich Menschen, die nicht schreiben. Ich begebe mich ungern in bestimmte Ambientes, weil man dort auch einer Art respektvoller Furcht begegnet, die Nähe unmöglich macht. Es wird immer erwartet, daß man etwas Intelligentes sagt, und die anderen schützen sich selber, indem sie nichts sagen.

– Fällt es Ihnen schwer, Kontakt mit anderen aufzunehmen, seit Sie ein bekannter Autor sind?

– Nein, ich halte mich, ehrlich gesagt, für jemanden, der sehr bescheiden ist, aber ich verstehe Oscar Wilde, wenn er auf die Frage, welches die zehn besten Bücher des Jahrhunderts seien, geantwortet hat: »Sie stellen mir da eine sehr peinliche Frage, da ich erst vier geschrieben habe.«

– Wären Sie zu so einer Antwort fähig?

– Ich habe einmal eine ähnliche gegeben. 1983 fragte mich eine Journalistin, welches das wichtigste Buch des Jahres sei, und ich habe ihr geantwortet: »Meines selbstverständlich.« Aber für diese Ehrlichkeit muß man teuer zahlen, anschließend zerreißen sich alle das Maul über einen.

Eine Schattenzone

Ich schreibe immer bei laufendem Fernseher, und neulich gab es eine Reportage über den nordamerikanischen Schriftsteller John Dos Passos. Einen sehr schönen Dokumentarfilm, in dem seine Begegnungen mit anderen Schriftstellern gezeigt wurden, Fotos aus seinem Leben und so weiter. Und er sagte, obwohl der Journalist ihm intelligente Fragen stellte, nur Unsinn. Ich halte ihn für einen sehr guten Schriftsteller, aber in dem Interview gab er nur ganz einfache Antworten.

Ich glaube, gute Schriftsteller können nicht über Literatur reden. Ihnen fehlt die Gewandtheit und der Wortreichtum, den sie in ihren Romanen haben. Wenn sie reden, verlieren sie an Glanz und Wirksamkeit. Andererseits bin ich bei den Schriftstellern mißtrauisch, die brillant über ihr Werk sprechen, weil mir ihr Diskurs zu schematisch und zu rational vorkommt. Bei ihnen gibt es keinen Schatten, keine düstere Zone. Alles ist für sie ganz klar, aber für uns ist es das nicht. Zumindest sehe ich niemals so klar. Bei mir gibt es immer eine Schattenzone.

Ich habe Radiointerviews von Céline gehört, und er war, wenn er redete, eine Katastrophe. García Márquez ist kein brillanter Redner. Borges war bei Interviews nie gut. Seine Artikel über Schriftsteller sind luzide, intelligent, aber wenn er redet, ist er das nicht. Allgemein gesagt, verhält es sich bei Schriftstellern – mit Ausnahmen – so, daß ihr Werk um so weniger tief und weniger authentisch ist, je besser sie reden. Und da gibt es ganz deutliche Beispiele. Und dann ist da auch noch das Schamgefühl, das einen daran hindert zu sprechen. Ein Interview ist immer eine Übung in Eitelkeit. Die Kommunikation stellt man durch die Bücher her, die man schreibt.

Ich habe abgelehnt, in *Apostrophes* von Bernard Pivot auf-
zutreten; ich mag die Sendung zwar, doch was sollte ich da
sagen? Es geht mir auch mit Schriftstellern so, manchmal
möchte ich gern einen von denen, dessen Bücher mir gefallen, kennenlernen, aber wenn ich sie kennenlerne, weiß ich
nicht, was ich sagen soll. Ich weiß, daß das schwer zu verstehen ist, aber ich habe ein sehr großes Schamgefühl, es ist so,
als würden die Zweifel für mich sprechen.

10

»Der Gedanke an Selbstmord ist in mir immer gegenwärtig, und ich bin mir meiner selbstzerstörerischen Seite sehr bewußt.«

Die Kirche der Psychoanalyse. Der religiöse Glaube.
Die »Unzeiten«. Sterben heißt endgültig gehen.
Erneut Angola. Ein Puritaner sein.

Lobo Antunes ist ein sehr schüchterner Mann. Es fällt ihm nicht nur schwer, sich vor einem Publikum zu präsentieren, sondern auch, über sich selbst und über sein Leben zu sprechen. Wenn er es aber tut, geht er die Themen – vielleicht, weil er es nicht gewohnt ist – so unbedeckt an, daß man ihn als unschuldig oder gar naiv bezeichnen kann. Er ist unschuldig, wenn er über Religion spricht, über Sex oder Literatur, auch wenn er über Politik redet, und er ist immer über die Auswirkungen seiner Erklärungen überrascht. Vielleicht ist das mit ein Grund für seine Schweigsamkeit. So wie er seine Prosa von Metaphern, rhetorischen Figuren, Worten befreit, die die wahren Worte verbergen, diejenigen, die man auf dem Grund der Worte finden muß, geht er jedes Thema in einem Gespräch mit der Schärfe eines Skalpells an. Er verhehlt eine religiöse Unruhe nicht, klagt aber zugleich über das Fehlen von Glauben. Auch läßt er keinen Zweifel daran, daß er nicht mehr an die Psychiatrie glaubt, obwohl sie jahrelang der Beruf war, mit dem er sein Geld verdiente. Wenn er von seinen Schriftstellerkollegen spricht, so versichert er, daß er keinen Umgang mit ihnen hat, da sie nur über nicht anwesende Schriftsteller sprechen und schlecht über das reden, was sie machen. Über sein eigenes Werk sagt er meist, daß er darüber nichts zu sagen hat. Zu Sex befragt, gesteht er nur, daß er erst spät initiiert worden sei und in seinen Beziehungen puritanisch sei ... Wenn der portugiesische Autor in diesen Gesprächen mehr enthüllt, sollte man seine Aussagen als radikale Ehrlichkeit werten und seine Bemühungen zu kommunizieren als die eines Menschen, der sein ganzes Leben lang die Gefühle unter Verschluß gehalten und als Kommunikationsform das Schweigen gewählt hat.

– Hat Ihnen die Psychiatrie geholfen, die menschliche Natur besser zu verstehen, oder glauben Sie nicht an sie?

– Nein, ich glaube nicht, daß sie etwas bewirkt. Mich überrascht die Macht der Ärzte. Die Psychotherapie gibt einem eine praktisch absolute Macht über die Kranken. Das merkwürdigste war für mich immer die Vorstellung der »Normalität«, was es heißt, normal zu sein. Daniel Sampaio hat einmal zu mir gesagt: »Die Psychiater sind trauriger Luxus.« Ich habe einen ganzen Roman über diese traurigen Luxuswesen geschrieben.

Eines der Probleme besteht darin, daß die Psychiater eine Behandlungstechnik, die Psychoanalyse, zu einem Mittel machen, die Welt zu erklären. Die Psychoanalyse ist zu einer Kirche geworden, der ich eine Zeitlang angehört habe. Eine Kirche, die, wie es mir scheint, im Sterben liegt, da ihr eine Erneuerung in den Generationen fehlt wie der Kommunistischen Partei, wie der katholischen Kirche. Alles, was über die Norm hinausgeht, wird ausgeschlossen, so wie die Befreiungstheologen aus der Kirche ausgeschlossen wurden.

Ich bin ein religiöser Mensch, denke aber oft an den heiligen Thomas von Aquin, der sagte, der Beweis, daß Gott allmächtig ist, könne die Vergangenheit nicht verändern.

– Glauben Sie an Gott?

– Das ist eine Frage wie aus einem Fragebogen im Fernsehen. Als Hemingway gefragt wurde, ob er an Gott glaube, hat er geantwortet: »Ja, aber nur manchmal, nachts.«

Ich glaube, ich bin ein religiöser Mensch in weitestem Sinne. Ich habe eine religiöse Erziehung genossen, die mich zugleich von der Kirche entfernt hat, weil sie dumm war. Ihr Gott war niemals ein Gott der Liebe, es war ein Gott, der immer strafte, unglücklich machte.

Der Gott, den sie einem als Kind zeigten, war ein ungeheuer grausamer Gott, ein alter Mann mit Bart, der Städte zerstörte, Plagen schickte, die Erstgeborenen tötete ... Ich hatte große Angst, weil ich ein Erstgeborener war. Und mein Vater und meine Mutter waren es auch, und daher lebte ich voller Schrecken. Der Gott der katholischen Kirche war grausam. Nach der Revolution hat sich die Gesellschaft vollkommen von der Kirche abgewandt, da stehen nun die Kirchen, alt und leer.

– Wie haben Sie Ihre religiösen Gefühle wiedererlangt?

– Mein Großvater war sehr religiös. Meine Eltern nicht. Mein Vater ging nicht in die Kirche, nur wenn jemand starb. Meine Mutter, die Feministin war, ging in die Kirche, bis sie gegen Papst Paul VI. aufbegehrte, der Empfängnisverhütungsmittel verbot. Meine Mutter ist für Abtreibung und all das.

Ich weiß nicht, wie es dazu gekommen ist, daß ich wieder an die Religion gedacht habe. Ich glaube, zweifeln gehört zum Glauben. Und darin folge ich dem heiligen Augustinus, einem Denker, der mich begeistert. Ich beneide Menschen, die einen Glauben haben. Ich hätte ihn auch gern. Weil der Gedanke an Selbstmord in mir immer gegenwärtig ist und ich mir meiner selbstzerstörerischen Seite sehr bewußt bin. Ich habe keine Angst vor dem Sterben, überhaupt keine.

– Sind Sie da absolut ehrlich?

– Ja, ich habe keine Angst. Ich lebe gern, aber in letzter Zeit habe ich zu viele »Unzeiten« erlebt, habe ich zu viele Menschen sterben sehen ... Meine Freundin Manuela mit vierzig Jahren; Margarida mit sechsundvierzig. Und all die, von denen ich Ihnen schon erzählt habe. Ernesto hat, zwei Tage bevor er starb, zu mir gesagt: »Schau, heute morgen, als ich aufgewacht bin, war ich eingenäßt; laß mich nicht ohne Würde sterben.«

Und wenn man etwas nachdenkt: Man stirbt, und am nächsten Tag schon liegt man unter der Erde. Ich sterbe, und zwei Minuten später, was ist dann noch wichtig an dem, was ich getan habe? Die Bücher und all das, was ist wichtig daran? Man muß Hilfe suchen, um das alles zu relativieren, es gibt keine Form des Überlebens, du stirbst ganz und gar. Es heißt immer, weggehen bedeutet, ein wenig zu sterben. Nun, sterben heißt endgültig gehen, da bleibt nichts. Was nützt einem da all der Erfolg? Mir ist es gleichgültig. Mir kommt der posthume Ruhm Camões' grausam vor, er hätte ihn schon während seines Lebens haben sollen. Was bringt es Cervantes, heutzutage überall verehrt zu werden?

Ich erinnere mich so gut an Melo Antunes, an diese Widmung im Buch von Victor Hugo, die ich Ihnen vorgelesen habe …! Was für ein außergewöhnlicher Mann! Es ist anrührend, wie er inmitten all des Grauens, des Krieges und der Toten fähig war, solche Dinge zu schreiben und Victor Hugo zu lesen. Ernesto ist gestorben, ohne daß ihm die Anerkennung zuteil wurde, die er verdient hätte, obwohl die Revolution ohne ihn ganz anders gewesen wäre. Jetzt beginnt man allmählich, seine Rolle zu begreifen, die grundlegend war. In dem Maße, wie die Zeit vergeht, wird mir immer bewußter, was es bedeutet, so einen Mann verloren zu haben. Das ist sehr hart. Und manchmal habe ich ihn ein ganzes Jahr lang nicht gesehen, aber ich brauchte es nicht, ich wußte, daß er da war. Dennoch bedaure ich es jetzt, ich hätte ihn gern häufiger gesehen, jetzt fehlt er mir.

Er redete auch nur wenig. Ich habe mit ihm die ganze Vorbereitung des Staatsstreichs vom 25. April miterlebt. Es gab viele Zwischenfälle und Tage, an denen er zufrieden ankam, andere, an denen er mutlos war: Wir machen es, wir machen es nicht …

Wenn ich, bevor wir nach Afrika gingen, zu ihm sagte: »Ich möchte desertieren«, antwortete er mir darauf: »Das Abenteuer besteht darin zu bleiben, nicht darin wegzugehen.«

Er hatte ein sehr schweres Leben. Er wollte Philosophie studieren, aber sein Vater war einer dieser alten Hauptleute, die als Unteroffizier angefangen haben, und sein Traum war, daß sein Sohn Offizier wurde.

Ernesto war zehn Jahre älter als ich. Er war häßlich, hatte jedoch ungeheuren Erfolg bei Frauen. Wenn man mit ihm sprach, wurde er nach spätestens fünf Minuten so attraktiv …
Am Ende war er glücklich, er hat zum zweiten Mal geheiratet,

und zwei Monate darauf rief er mich an, um mir zu sagen, daß er Krebs habe ... und starb daran.

Er glaubte ganz fest an mich als Schriftsteller. Ihm gefiel *Handbuch der Inquisitoren* sehr. Dem Buch *Portugals strahlende Größe* gegenüber war er kritisch. Dann wurde er krank. Er war im amerikanischen Krankenhaus, in dem mein Bruder arbeitet, aber sein Krebs war nicht mehr heilbar. Er rauchte viel.

Ich denke daran, wie reif er war. Mit nur fünfunddreißig Jahren hatte er die Verantwortung für einhundertfünfzig Männer, die armen Kerle ...

Während hier in Portugal alles weiterging, als gäbe es keinen Krieg. Regelmäßig erschienen Informationen über die Toten in den Zeitungen, aber es waren immer nur ganz kleine Meldungen ... Alles, um die Leute nicht zu beunruhigen.

Im Krieg hatten wir manchmal nichts zu essen. Tagelang hatten wir nichts, bis die Flugzeuge kamen und Lebensmittel abwarfen, und dann mußte man sich mit den Hunden darum streiten. Das war unglaublich. Jetzt erzähle ich das mit Humor, aber das waren unmenschliche Bedingungen. Im Leben erträgt man alles.

Und immer dachte ich: Werde ich zurückkehren? Werde ich zurückkehren? Und dann wurde meine Tochter geboren, und ich hatte sehr gemischte Gefühle, aber ich dachte: Ich werde nicht sterben, auch wenn sie mich töten, werde ich nicht sterben.

Die militärische Hierarchie war sehr streng und die Disziplin eisern, doch man akzeptierte das. Obwohl man einen Offizier nicht von einem Soldaten unterschied. Man begriff überhaupt nichts. Und wenn ich hinausging, ging ich nie als erster, immer als dritter oder vierter oder fünfter; und es gab ein System der Verständigung ohne Worte, denn man wußte, sie würden einem folgen. Es war ein Terrain, das man nicht kannte. Auf jeden Offizier kamen dreißig Mann.

Es war ein merkwürdiges Gefühl, weil man nicht sterben wollte, aber dennoch hatte man keine Angst. Und man hatte nie das Gefühl, tapfer zu sein.

Aber glauben Sie nicht, daß ich viel über den Krieg rede, nur mit Ernesto habe ich darüber gesprochen und jetzt ein wenig mit Ihnen.

– Ich glaube, der Krieg hat Sie sehr geprägt.

– Ich denke schon, aber nicht bewußt. Man mußte alles relativieren, weil … Es war so einfach zu sterben. Und sie starben bei voller Gesundheit!

– Ihre Erinnerung ist von dieser Zeit Ihres Lebens besetzt.

– Bis zum Ende des Krieges ja. Und danach beginnt der weniger interessante Teil. Mein Leben verschmilzt mit den Büchern.

– Aber Ihr Leben ist weitergegangen, Sie haben wieder geheiratet, haben Isabel bekommen, Ihre dritte Tochter. Ihr Leben geht weiter.

– Der Rest meines Lebens ist öffentlich. Mit den Büchern hat der öffentliche Teil begonnen. Ich habe angefangen zu veröffentlichen, und es wurde sofort ein Erfolg.

– Mit dreißig Jahren.

– Und ich habe immer geschrieben. Mein erstes Buch kam 1979 heraus. Und da beginnt der öffentliche Teil: die Bücher, die Veröffentlichung und all das.

Die Lehrjahre sind die einzigen, die nicht bekannt sind. Und auch nicht die Kriegsjahre. Dann haben die Interviews und das alles angefangen.

Das einzig Wichtige sind ein paar entscheidende Begegnungen: Zé Cardoso, Nelson de Matos, Daniel Sampaio, Tom Colchie, Marianne. Was persönliche Beziehungen betrifft, habe ich ein großes Schamgefühl.

– Nun, dann erzählen Sie von etwas anderem Wichtigem in Ihrem Leben.

– Die Lektüre, allein die Lektüre. Sie hat mir am meisten Freude gegeben, und mit den Jahren wird man wählerischer, was die Freuden betrifft, und die des Lesens ist immer vorherrschend gewesen. Es hat Zeiten gegeben, in denen ich täglich ein Buch gelesen habe. Ich lese wahnsinnig gern. Es gibt mir immer noch Freude. Ich erinnere mich an die Reaktion der Kritik, als *Hundert Jahre Einsamkeit* publiziert wurde. Ein brasilianischer Kritiker sagte: »Brasilien hat so einen Schriftsteller verdient.« García Márquez, das ist ein Autor. Man kann ihm alle möglichen Beschränktheiten vorwerfen, aber er ist ein großer Schriftsteller. Mir gefällt er nicht, aber ich weiß, daß er sehr gut ist.

Die ersten Romane von Vargas Llosa haben mir auch sehr gefallen, sie sind sehr gut: *Gespräch in der Kathedrale, Die Stadt und die Hunde, Das Grüne Haus* ... was er später geschrieben hat, gefällt mir weniger.

– Haben Sie Beziehungen zu vielen Schriftstellern, nehmen Sie am literarischen Leben teil?

– Als ich angefangen habe zu publizieren, kannte ich niemanden. Damals traf man sich einfach bei literarischen Abenden, aber ich ging dort nicht hin. Ich kannte niemanden. Und auch jetzt kenne ich nur wenige.

Das Leben in den literarischen Cafés in den vierziger und fünfziger Jahren gibt es nicht mehr, es ist zu Ende. Und als ich angefangen habe zu publizieren, traf ich mich mit Schriftstellern wie Zé Cardoso, der auch den ganzen Tag lang arbeitete. Zudem trinke ich nicht, und bei den Cocktails oder den Treffen war ich kein guter Gesellschafter. Jemand, der trinkt, hat nicht gern jemanden neben sich, der nicht trinkt. Ich denke, diejenigen, die diese Feste frequentieren, sind Schriftsteller, die nicht schreiben, oder Maler, die nicht malen. Diejenigen, die schreiben, arbeiten.

Zudem bin ich sehr schamhaft, wenn es darum geht, über Literatur zu reden. Was soll man über das sagen, an dem man gerade schreibt? Und ich rede auch nicht gern über das Leben der anderen. Wenn sie über Schriftsteller reden, die beim Treffen nicht anwesend sind, tun sie das nur, um zu sagen, daß sie sehr schlecht sind.

Ich habe nicht viele gute Eigenschaften, aber ich bin nicht neidisch. Ich war niemals auf jemanden neidisch. Ich erinnere mich daran, wie ich im Haus meines Bruders in New York einmal etwas Abfälliges über jemanden geäußert habe, und ein alter Mann, der auch dort war, sagte zu mir: »Was an den anderen schlecht sein mag, macht Sie nicht besser.« Und er hatte recht. Häufig versucht man, einen Menschen zu zerstören, um sich selber zu erheben, aber das funktioniert nie.

– Haben Sie je erwogen, über Ihr eigenes Leben zu schreiben?

– Manchmal fühle ich mich versucht, etwas über mein Leben zu schreiben, zu erklären, wie ich mich von einem Roman zum anderen verändert habe, wie ich gewachsen bin. Denn ich spüre, daß ich mit den Romanen wachse. Mir ist gleichgültig, ob sie veröffentlicht werden oder nicht, aber es ist wichtig für mich, sie zu schreiben. Während des Schreibens lernt man nicht nur das Handwerk, sondern man ist seinen Gefühlen auch näher.

– Jedenfalls benutzen Sie häufig reale Personen als Romanfiguren, wie zum Beispiel in *Die natürliche Ordnung der Dinge*.

– Ja, ich spreche darin von meiner Tante, der Schwester meines Vaters, die sehr krank war.

Auch das diabetische Mädchen hat es wirklich gegeben, ich habe sie nicht erfunden, sie heißt Yolanda und ist Biologielehrerin. Das Mädchen lebt noch und ruft mich manchmal an. In diesem Buch habe ich auch die Namen nicht verändert. All diese Leute gibt es. Der Geheimpolizist war ein Nachbar meiner Tante, der aus politischen Gründen im Gefängnis war und Jorge hieß.

Ich habe nichts verändert. Dieses diabetische Mädchen hat mich sehr beeindruckt. Sie aß nie Süßigkeiten, und während der Mahlzeiten ging sie hinaus, um sich Insulin zu spritzen, und ich hatte noch nie eine Diabetikerin gesehen. Ich habe sie kennengelernt, weil sie mich um ein Autogramm gebeten hat, sie war achtzehn Jahre alt.

– Wo vollzieht sich in dieser Trilogie *(Die Leidenschaften der Seele, Die natürliche Ordnung der Dinge, Der Tod des Carlos Gardel)* der qualitative Sprung in Ihrer Erzähltechnik?

– Ich glaube, er hat sich schon etwas früher, in *Einblick in die Hölle*, vollzogen, in dem sich schon alle späteren Techniken finden.

– Alles, was sich in *Portugals strahlende Größe* findet, ist bereits in dieser Trilogie vorhanden?

– Ich denke schon. Obwohl ich *Portugals strahlende Größe* für einen naiven, einfachen Roman gehalten habe, aber alle haben mir gesagt, daß dem nicht so sei, daß er sehr gut sei.

Jedenfalls beginnen in *Die Vögel kommen zurück* andere Stimmen aufzutauchen. In diesem Buch erzähle ich von einem Selbstmord, vielleicht etwas besessen. Der Großvater meines Vaters hat sich umgebracht. Und in diesem Roman habe ich den Selbstmord als eine Zirkusnummer erzählt: Alle Trapezkünstler, die Clowns, alle, die zum Zirkus gehören, geben ihre Kommentare ab.

Nach diesem Buch habe ich *Fado Alexandrino* geschrieben, dessen Hauptfiguren vier Männer sind, die abwechselnd reden. Es war ein sehr rationales Buch. Meine Absicht war, von der Zeit vor, während und nach der Revolution zu erzählen und dabei die unterschiedlichen sozialen Klassen zu Wort kommen zu lassen, deren Grenzen bis zur Revolution nicht durchlässig waren. Ich habe in der dritten Person erzählt, manchmal auch in der ersten.

Der Reigen der Verdammten war ein komplex aufgebautes

Buch, alle Teile sind anders, als hätte das Buch verschiedene Gesichter.

Die Rückkehr der Karavellen ist das kürzeste meiner Bücher, es wurde in Deutschland veröffentlicht und hatte einen erstaunlichen Erfolg. Es ist eine Art Anti-Epos und wurde in Portugal heftig angegriffen. Es hat keine literarischen, sondern nur politische Kritiken gegeben, und es wurde von der Rechten und der Linken gleichermaßen angegriffen. Ich war sehr überrascht, weil es für mich einfach nur ein Roman war und ich diese Reaktion nicht erwartet hatte. Die Rechte hat mich angegriffen, weil ich ihrer Meinung nach schlecht über die großen historischen Figuren geredet hätte, die die Heimat geschaffen hatten. Die Linke, weil sie angriff, was jene sagten: die Entkolonisierung … es war ein Riesenskandal. Die Kritik war unerbittlich, aber es war nur eine politische Kritik.

Mein Rhythmus ist alle zwei oder drei Jahre ein Roman. Und es ist immer dasselbe, schreiben, schreiben, schreiben und korrigieren, korrigieren, korrigieren. Im Augenblick bin ich mit dem Roman, an dem ich schreibe, nicht zufrieden, mache mir Sorgen. Manchmal finde ich ihn sehr gut … Aber nein. Ich bin nie zufrieden.

– Und warum haben Sie einen Transvestiten gewählt, der Ihnen als Figur so viele Schwierigkeiten macht?

– Gerade deswegen. Weil es genauso eine Herausforderung ist wie die des Mädchens in *Geh nicht so schnell in diese dunkle Nacht*, eine Figur, die auch nicht einfach war. Ich weiß nichts über einen Homosexuellen, ich muß alles erfinden. Vielleicht konstruiere ich ja eine homosexuelle Metawelt, weil meine Ignoranz auf dem Gebiet vollkommen ist. Ich muß mich in einen Mann hineinversetzen, den ich nicht kenne. Ich habe in meinen Büchern noch nie eine sexuelle Beziehung beschrieben, niemals ... Orson Wells hat einmal gesagt, daß er weder je eine Sex-Szene noch eine Szene gefilmt habe, in der gebetet wird. Und in meinen Büchern werden Sie nicht eine sexuelle Beschreibung finden. Das ist keine Schamhaftigkeit, sondern die Bücher bitten mich schlicht und einfach darum, und andererseits finde ich es schwierig, so etwas zu schreiben. Ich weiß nicht, ob ich das notwendige Feingefühl hätte. Und zudem ist es etwas so Intimes, und ich bin im Grunde sehr puritanisch.

– Sind Sie wirklich puritanisch?

– Ja, das haben Sie doch schon gemerkt. Ich bin ein Puritaner. Ich verstehe die sogenannten sexuellen Abweichungen nicht, ich kann sie intellektuell nachvollziehen, aber vom Gefühl her verstehe ich sie nicht. Ich habe einen konservativen Teil, der sehr stark ist, ich bin sehr konservativ, was Beziehungen betrifft, beispielsweise, ich habe seit vielen, vielen Jahren dieselben Freunde ... Und ich war puritanisch, als sich diese Art sexueller Befreiung nach der Revolution vollzog. Es wurde beispielsweise Partnertausch gemacht, und ich wollte so etwas nie machen.

Zugleich war Ehebruch für mich immer etwas Kompliziertes. Ich habe mit vielen Frauen Beziehungen gehabt, aber hinterher immer ein großes Schuldgefühl. Ich kann es nicht besser erklären, aber ich glaube, ich bin ein großer Puritaner. Es muß aus dem Unbewußten herrühren. Ich bin kein Libertin, auf gar keinen Fall.

Und jetzt denke ich, daß ich mit vielen Frauen geschlafen

habe, weil ich mich mit Sex gegen die Liebe wehrte. Meine sexuelle Initiation ist auch sehr spät erfolgt. Meine erste Frau war sehr viel freier als ich, sie wollte nicht heiraten, sie war sexuell freizügiger ... Ich nicht, ich war es nicht. Ich war in vielen Dingen sehr naiv.

Jetzt tragen die Frauen mir alles mögliche an, aber ich glaube auch, daß sie nicht mit mir, sondern mit dem Schriftsteller Lobo Antunes zusammensein wollen. Meine Töchter sagen mir: »Glaub nicht, daß es um dich geht ...« Ich bekomme eine Menge Briefe von Frauen, und die beantworte ich alle, die von Frauen und die von Männern, alle. Ich habe als Junge an Louis-Ferdinand Céline geschrieben, ich war fünfzehn, und er hat mir geantwortet, und ich habe jahrelang den Briefumschlag aufbewahrt, weil meine größte Freude weniger der Brief war, sondern zu sehen, daß mein Name auf dem Umschlag von ihm geschrieben war.

Jetzt fange ich an, mich viele Dinge zu fragen, ich glaube, ich habe aus Fehlern gelernt, aber ich habe auch viele begangen, die mir nichts gebracht haben. Ich bin in allem anspruchsvoller geworden, auch in bezug auf meine Arbeit. Sicher aber ist, daß ich mein Leben lang versucht habe, meine Gefühle zu verbergen. Meine Tochter Joana, die sehr gefühlsbetont ist, umarmt mich auf der Straße, und ich ziehe mich ein wenig zurück, weil ich denke: Was werden die denken ... der Alte und das junge Mädchen ... Und da sie brünett ist und mir nicht ähnlich sieht ... Joana ist die zärtlichste von allen. Wenn sie mir einen Brief schreibt, schreibt sie nicht nur meinen Namen, sondern: »Für meinen lieben Papa«. Und darunter schreibt sie die Adresse.

Zwischen Bahamontes und
der Tour de France

Mir gefiel nicht, was in Portugal geschrieben wurde, als ich anfing zu veröffentlichen, und ich habe dies gesagt. Doch das wurde sehr schlecht aufgenommen. Ich war in diesen ersten Interviews sehr naiv. Aber es ist verständlich, denn ich bin innerhalb eines Monats aus der Anonymität zum Erfolg gekommen. Und plötzlich sogar ins Fernsehen ... es war alles sehr seltsam. Jetzt vermeide ich es, meine literarischen Meinungen kundzutun, weil die Leute es sehr übelnehmen, aber hier gibt es keine guten Romanschriftsteller.

Es gibt allerdings gute Lyriker, aber die Lyrik ist nicht viel anders als die spanischer Dichter, sie ist sehr ähnlich. Die Dichter, die heute siebzig oder achtzig Jahre alt sind, waren alle sehr von der Generation von 1927 beeinflußt, und diese Generation ist auch für die jüngeren Dichter sehr wichtig gewesen. Es hieß immer, daß Spanien und Portugal zwei Länder sind, die sich seit jeher den Rücken zugekehrt haben, aber ich habe das nie geglaubt. In der Bibliothek meines Vaters habe ich sehr viele spanische Schriftsteller gefunden. Vielleicht hat man in Spanien keine portugiesischen Autoren gelesen, aber hier hat man die spanischen Autoren gelesen. Im Hause meiner Großeltern, die keine großen Leser waren, gab es Bücher von Blasco Ibáñez. Dort habe ich *Sangre y arena* (»Blut und Sand«) gelesen, das mir sehr gefallen hat.

Clarín habe ich allerdings erst vor kurzem entdeckt, vor fünf oder sechs Jahren, als ein portugiesischer Verleger ihn mir empfohlen hat. Ich habe ihn gelesen und war nicht beeindruckt, aber inzwischen beeindrucken mich nur wenige Dinge. Vielleicht, wenn ich ihn in meinen Anfängen als Leser gelesen hätte ... Ich habe auch die Dichter des »Goldenen Zeitalters« erst relativ spät entdeckt, obwohl sie hier in Portugal viel gelesen wurden, aber nicht von mir. Mich haben die Modernen mehr interessiert.

Ich kenne auch die angelsächsische und die französische Literatur gut. Wenn ich nach Frankreich fahre, sind alle überrascht über das, was ich gelesen habe, und daß ich ihre Klassiker aus dem Gedächtnis zitiere. Aber sie wissen nicht, daß ich die Fahrer der Tour de France oder das Leben von Ocaña oder von Bahamontes besser kenne.

Der Radsport interessiert mich wahnsinnig, er begeistert mich. Einer meiner Träume war immer, über ein Radrennen zu schreiben. Über die Tour de France oder die Volta de Portugal. Ich habe mit Radrennfahrern gesprochen, sie haben mir von den Opfern erzählt, die sie erbringen müssen, und ich denke, es sind sehr merkwürdige Persönlichkeiten. Ich würde gern die Volta machen, aber das Problem ist, daß ich keine Zeit habe, und die Zeit verfliegt ständig schneller, immer schneller. Jemand hat einmal gesagt: »Die Jahre vergehen sehr schnell, aber was wirklich angst macht, ist, mit welcher Geschwindigkeit die Minuten vergehen.« Und genau so ist es.

11

»Was ich bekommen habe, ist sehr viel mehr, als ich mir hätte wünschen können.«

Das Alltagsleben. Die Eitelkeit der Schriftsteller.
Das Geld und die Schuld. Die stille Entwicklung. Die
Wiederentdeckung von Borges. Liebesleid. Die
ersten Worte.

Sein Gedächtnis ist das eines Elefanten, und es ist auch der
Ort, an dem er wohnt. Ein Ort, aus dem man ihn kaum heraus-
holen kann. Jedes alltägliche Geschehen, jede Reflexion, ob
sie die Literatur, die Liebe oder den Haushalt betrifft, führt
ihn unvermeidlich in dieses labyrinthische Lagerhaus, in dem
er seine Vergangenheit gesammelt hat.

Denn die Gegenwart scheint für Lobo Antunes nicht zu
existieren. Die Tage sind Stunden, die er dem Schreiben wid-
met, Wege, um diese Romane voranzubringen, die er aneinan-
derreiht, und ihm ist der Ort gleichgültig, an dem er schreibt,
an dem er ißt oder schläft.

Der Roman nimmt ihn bei der Hand, sagt er immer wieder;
er kommt einem vor wie eine nicht ausreichend bekannte
Spezies, die sich als ein Körper und ein Geist beschreiben ließe,
die nur für das Schreiben geschaffen sind. Merkwürdig ist
nicht nur, daß er sich selbst so sieht, sondern vor allem, daß
ihm dies auch noch gefällt.

Daher klingen die Aussagen von Lobo Antunes über seine
Gegenwart oder die Form, wie er sein Leben oder seine Frei-
zeit organisiert, oft seltsam. Seltsam ist sein Alltagsleben, weil
es übertrieben einfach ist, seltsam sein Verhältnis zum Geld,

seltsam seine nicht vorhandene Eitelkeit, die manchmal wie Hochmut erscheint … Seltsam schließlich sein Verhältnis zu Frauen, die in seiner Erinnerung als unveränderlicher Archetyp verankert sind. Während reale Frauen, die natürlich auch existieren, eine Art stillen Limbus zu bewohnen scheinen und am Rande des Lebens des Autors bleiben.

Vielleicht weil er den Liebesschmerz kennt und sich »ein wenig«, wie er sagt, mit Sex vor der Liebe schützt. Vielleicht weil in seiner Welt der Worte niemand anders Platz hat. Ganz bestimmt aber ist Lobo Antunes ein einsamer Mann, der wenig Menschen sieht, immer weniger spricht und sich nicht darüber beklagt, sondern der, wie er versichert, sich am besten mit sich selber amüsiert.

– Sprechen wir über den gegenwärtigen Moment. Wie organisieren Sie Ihr Leben, wie sieht Ihr Alltag aus?

– Schreiben ist wie eine Droge. Man fängt aus purem Vergnügen an, und am Ende organisiert man sein Leben wie ein Drogensüchtiger um seine Sucht herum. Und das ist mein Leben. Ich sagte Ihnen schon, daß ich, wenn ich leide, dies wie eine Spaltung erlebe: Der Mann leidet, und der Schriftsteller denkt darüber nach, wie er dieses Leiden für seine Arbeit nutzen kann.

Diese ständige Spannung ist einerseits gut, weil sie einen daran hindert, in Depressionen zu verfallen. Man ist sich bewußt, daß Depression ein Luxus ist, den man sich nicht leisten kann. Man stellt sein Leben in den Dienst der Arbeit, denn selbst wenn man sich vom Schreiben entfernt, hat es irgendwie mit den eigenen Büchern zu tun: Man stellt sie vor, man begibt sich irgendwohin, um einen Preis entgegenzunehmen …

Es gibt Schriftsteller, die sind Verwalter ihres Erfolges. Mein französischer Verleger ist sehr ärgerlich auf mich, wenn ich keine Interviews geben will, aber ich habe wirkliche keine Lust dazu. Wenn die Bücher herauskommen, dann werden sie vorgestellt, dann wird man nach ihnen gefragt, aber für mich sind sie schon weit weg, weil ich inzwischen ein anderes schreibe und in ihm versunken bin. Ich habe wie die kleinen Soldaten und die Dienstmädchen meinen freien Tag: Samstag gehe ich mit Nelson essen, und zweimal im Monat esse ich mit meinem Freund Daniel Sampaio. Mit Zé Cardoso Pires verband mich eine Alltagsfreundschaft, aber er ist gestorben. Mein Leben scheint langweilig zu sein, aber ich langweile mich nie. Ich fange morgens an zu arbeiten wie im Krankenhaus …

– Um wieviel Uhr gehen Sie ins Krankenhaus?

– Das ist unterschiedlich. Denn ich gehe dorthin, um zu schreiben und zu lesen.

– Haben Sie im Krankenhaus Umgang mit den Kranken?

– Nein. Aber ich gehe gern dorthin, denn ich wechsle so den Ort, an dem ich schreibe. Morgens schreibe ich im Krankenhaus und in der Klinik; ich esse im Krankenhaus und gehe dann, so etwa um halb zwei, in die Wohnung meiner Töchter. Dort schreibe ich bis acht Uhr. Um acht esse ich etwas, und dann arbeite ich nur noch wenig. Jetzt wache ich sehr früh auf, daher bin ich um elf oder um Mitternacht im Bett.

So geht es jeden Tag, bis ich die erste Fassung meiner Romane beendet habe. Ich setze mir Fristen und trete mit mir selber in einen Wettstreit, um zu sehen, ob ich sie unterschreiten kann. Wenn die erste Fassung fertig ist, gebe ich mir vierzehn Tage Ferien, um mich vom Buch zu entfernen.

– Was machen Sie in diesen Tagen?

– Ich lese, gehe spazieren, ins Kino und … Dinge, die ich nicht sagen kann … Nach dieser Ruhepause kommt der Augenblick, in dem ich mit den Korrekturen beginne, aber da ich noch keine klare Vorstellung vom Buch habe, beginnt dann die Angst. Ich denke, daß ich mir auch diese Tage zum Ausruhen nehme, weil ich Angst habe. Denn es gibt Augenblicke, da bin ich mir sicher, daß das Buch nicht gut ist.

Das Buch, an dem ich gerade schreibe, werde ich vierzehn Tage oder einen Monat lang nicht ansehen, denn ich habe Angst davor, es nicht zu mögen, weil diese erste Version eine erste Kontaktaufnahme mit dem Material ist. Wenn ich dann das Gefühl habe, daß das, was ich da habe, gut ist, beginne ich, das Buch von diesem ganzen Sumpf von Worten zu befreien, zu reinigen.

Es ist immer die gleiche Methode. Manchmal kann ich nur ein Drittel oder ein Viertel des Materials nutzen. Es gibt Schriftsteller, die, wenn sie korrigieren, etwas hinzufügen, aber ich streiche und streiche. Und wenn das Buch wirklich unter all diesen Worten ist, dann heißt das, daß es gutgeht.

Das merkwürdigste ist, daß ich, seit ich zwölf oder dreizehn Jahre alt bin, mein Leben so organisiert habe. Ich habe sehr jung angefangen, an der Uni zu studieren, ich war sechzehn Jahre alt. Ich war drei Jahre lang im ersten Kurs, weil ich immer schrieb und keine Zeit zum Studieren hatte. Ich habe immer die gleichen Arbeitsmethoden benutzt.

– Benutzen Sie keine Wörterbücher?

– Nein. Ich habe kein Wörterbuch. Was dazu führt, daß ich Fehler mache, weil ich so schreibe, wie ich zu schreiben angefangen habe, einige Ausdrücke und grammatikalische Normen haben sich geändert. Jetzt fahre ich zum Beispiel nach Frankreich und schreibe ein paar Stunden, das ist die Bedingung, die ich meinen Verlegern stelle. Zum Schreiben brauche ich nur meine Quartblätter.

Ich war nie sehr gesellig, ich hatte immer nur wenig Freunde. Nun gut, als ich mit der Mutter meiner Töchter zusammenlebte, war ich es schon, ich hatte gern Leute bei mir zu Hause und so. Aber jetzt sehe ich niemanden, sogar meine Freunde sagen, daß ich so nicht weitermachen kann, daß ich immer schlimmer werde …

Aber ich habe kein Problem damit, mein Problem ist, daß ich mich nicht langweile, mich mit mir selber niemals langweile, und wir lachen viel, wir beide. Das ist lustig. Einmal habe ich eine sehr viel ältere Dame gefragt, ob sie einen Fernseher habe, und sie antwortete mir: »Wozu? Ich mache die Augen zu und sehe sehr viel schönere Dinge.«

– Ist das denn bei Ihnen so? Sehen Sie auch schöne Dinge?

– Ja, mein Kopf ist voller Dinge, Sachen, Ideen … Ich versichere Ihnen, daß ich mich nicht langweile, das war immer so. Dann ist da noch die Freude am Lesen, die sehr groß ist, es immer war. Mit dem Alter nehmen die Freuden ab. Fußball war einmal meine Leidenschaft, aber jetzt interessiert es mich nicht mehr so, ist es langweilig geworden, sie spielen nicht mehr gut … Aber die Freude am Lesen ist unverändert geblieben, ich lese alles. Es ist eine sehr große Freude. Und da ich nicht neidisch bin, bin ich sehr zufrieden, wenn ich eine sehr gute Lektüre finde. Und ich empfehle die Bücher meinen Verlegern.

– Sie empfehlen sie tatsächlich?

– Ja. Schließlich werde ich die »António-Lobo-Antunes-Bibliothek« machen, von der wir schon gesprochen haben. Ich werde für die Bücher, die ich mag, kleine Einführungen schreiben, um sie auf eine attraktive Weise vorzustellen und meine Leidenschaft mit den Lesern zu teilen. Jetzt habe ich einen Vertrauensvorschuß seitens meiner Leser, der mir erlauben wird, Schriftsteller bekannt zu machen, die noch nicht viel gelesen wurden und für die ich mir wünschen würde, daß sie viele Leser finden.

Wir sind dabei, mit Büchern anzufangen, für die man keine Autorenrechte zahlen muß, und die Liste ist unendlich. Ich habe eine Liste von fünfzig oder sechzig Titeln aufgestellt, ohne je den Namen eines Autors zu wiederholen, und es gibt erstaunlich viele Bücher; bessere oder schlechtere, aber Bücher, die es verdient haben, gelesen zu werden. Und da ich die Anerkennung des Publikums besitze, hoffe ich, daß die Leute so mehr lesen. Mir kommt es immer merkwürdig und seltsam vor, aber meine Leser sind jung und verstehen mich gut. Und das gefällt mir, da ich mit ihnen meine große Leidenschaft teile.

– Es kommt mir eigenartig vor, von Ihnen zu hören, Ihnen gefielen schlechte Bücher und Sie fänden immer etwas Positives darin, obwohl Sie an Ihre eigene Prosa so hohe Ansprüche stellen.

– Es gibt keine schlechten Bücher, ein Buch verdient meiner Meinung nach immer Respekt. Es gib soviel Hoffnung und manchmal Leiden und sogar die Gesundheit des Autors ... Ich bedanke mich für die Bücher, die ich geschickt bekomme, bevor ich sie lese, damit ich nicht lügen muß, weil die Leute nicht selbstkritisch sind. Wenn man ihnen sagt: »Mir hat Ihr Buch nicht gefallen ...«, verwechseln sie sich mit dem Produkt und nehmen es irgendwie persönlich. Wäre ich Kritiker, würde ich nur Bücher rezensieren, die ich mag, weil man großen Schaden anrichten kann, die Leute fühlen sich schlecht, wenn sie eine negative Kritik bekommen; das ist sehr schmerzhaft.

– Ihnen machen schlechte Kritiken nichts mehr aus, nehme ich an.

– Es gibt keine, ich habe keine schlechten Kritiken, und das beunruhigt mich. Wenn das, was man macht, sehr gut ist, ist man seiner Zeit voraus, und nicht alle können einen verstehen. In anderen Ländern habe ich immer sehr gute Kritiken gehabt. Hier in Portugal war die Kritik anfangs geteilt – ich erinnere mich an meine ersten Bücher und die häufig sehr heftigen Kritiken der Rechten –, und nun bin ich der große Autor, vor allem auf institutioneller Ebene. Einmal habe ich Jorge Amado gefragt: »Belasten dich schlechte Kritiken nicht?« Und er hat mir geantwortet: »Ja, aber nur zwei Minuten lang.«

Im allgemeinen sind Schriftsteller sehr enttäuschend, es sind Männer und Frauen, die nur über Bücher reden und einen immensen Durst nach Ruhm haben. Einmal war ich Mitglied der Jury eines Filmfestivals, und als die Siegerin am Ende ihre Plakette enthüllen sollte und sah, daß die des Schauspielers vom Vorjahr zwei Zentimeter größer war, ist sie wütend geworden und hat sie nicht enthüllt. Das war eine unglaubliche Szene ... Nun, die Verleger erzählen das gleiche von den Schriftstellern.

Ich erinnere mich daran, wie ich Anfang der achtziger Jahre mit anderen portugiesischen Schriftstellern in Brasilien war, und Saramagos damalige Frau morgens erschien und sagte: »José, du hast zwölf Zeilen gehabt, der da hatte neun und der andere acht ...« Sie zählte die Zeilen, die jedem einzelnen von uns in der Presse gewidmet waren. Und verbrachte den Vormittag damit, in den Zeitungen nicht nur das zu unterstreichen, was dort über ihn gesagt wurde, sondern auch über die anderen. Als wäre das Lob für andere ein Angriff auf ihn. Das ist schon sehr merkwürdig.

– Und Sie besitzen diese Art von Eitelkeit nicht?

– Sie wissen es doch bereits, daß ich sie nicht besitze, ich bin nicht eitel. Ich habe gerade mit Daniel Sampaio gegessen, der sehr viel mehr verkauft als ich, und war hoch zufrieden über seinen Verkauf, und das, wo sie ihn anfangs nicht publizieren wollten. Er ist Psychiater und schreibt Bücher, um den Eltern zu helfen, ihre Kinder zu verstehen. Es sind sehr ehrliche, seriöse Bücher. Er ist ein Spezialist für das Jugendalter, für den Selbstmord im Jugendalter. Seine Bücher sind sehr gut, und er verkauft sehr viel.

– Nun gut, Daniel ist keine Konkurrenz, er schreibt über etwas anderes.

– Ich bin absolut ehrlich, wenn ich Ihnen sage, daß es für mich keinen Grund gibt, jemanden zu beneiden. Ich weiß, wozu ich fähig bin und was ich noch tun muß, um bessere Bücher zu schreiben, aber ich glaube, daß niemand so schreibt wie ich. Und das gibt mir eine enorme Sicherheit. Eine Sicherheit, die aus meiner Arbeit herrührt. Ich bin dafür verantwortlich, die Dinge so gut wie möglich zu machen; ja, ich gehe bei meiner Arbeit bis an die Grenze, für mich ist das ganz offensichtlich, niemand schreibt so wie ich.

Zugleich ist es sehr merkwürdig, daß ich mich wie ein Organismus fühle, der nur dazu da ist, um zu schreiben. Ich bin zu nichts anderem nütze. Ich habe immer gute Freunde, das ja, und ich glaube, daß ich darin sehr großes Glück gehabt habe, aber praktische Dinge sind nicht meine Sache. Nicht einmal Autofahren: Meine Bücher kennen kürzere und bessere Wege, um wo auch immer hinzukommen. Es gibt einen praktischen Sinn fürs Leben, den ich nicht habe; ich muß dafür bezahlen, daß man alles für mich macht: die Steuererklärung, Geld auf der Bank so einzahlen, daß es Zinsen abwirft ... Vor kurzem ist Nelson sehr wütend auf mich geworden, weil ich viel Geld verdient hatte und es auf der Bank hatte, ohne daß es einen Cent abwarf. Nelson sagte zu mir: »Ruf die Bank an und sag ihnen, sie sollen dir fünf Prozent geben.« Sie haben es getan, das ist unglaublich. Ich bin dazu außerstande, ein Teil des Lebens ist mir fremd ... Und ich habe ein schlechtes Verhältnis zum Geld.

– Wieso?

– Es macht mir Schuldgefühle.

– Das Geldverdienen?

– Ja, weil mein Leben und das meiner Brüder sehr streng gewesen ist. Wir sind auf staatliche Schulen gegangen, auf die arme Leute gingen. Aber ich besuchte meinen Großvater, und da herrschte der Überfluß: alles zu essen, was man wollte, viele Dienstmädchen, jede Art von Dienstpersonal; und in diesem Ambiente fühlte ich mich wohl. Meine Mutter fragt mich, woher ich weiß, wie die Leute sind, die ich in meinen Büchern beschreibe, wie ich deren Einrichtung kenne, ihr Ambiente und die Ausdrucksweise des einfachen Volkes, weil dies nicht die Umgebung meiner Familie war.

Ich habe viel Geld verdient, und wäre ich ein guter Verkäufer meiner selbst, würde ich noch mehr verdienen, aber so, wie es ist, ist es gut. Was ich bekommen habe, ist sehr viel mehr, als ich mir hätte wünschen können.

– Ich glaube, der Leser in Ihnen stellt weniger hohe Ansprüche als der Schriftsteller. Sie selbst sagen ja, daß Sie alles mögen.

– Es ist unglaublich, aber es macht mir sogar Spaß, *Hola* zu lesen, dieses Klatschmagazin. Den Text zu lesen, die Fotos anzuschauen, wie diese Leute leben, was sie essen. Das macht mir unendlich viel Spaß. Ihnen nicht? Es gibt Dinge, die mich wegen ihrer Naivität rühren, man lernt die Menschen besser kennen.

– Lesen Sie Essays?

– Ja, sehr gern, und zudem ist es sehr gut, Essays zu lesen, wenn man schreibt. Anfangs konnte ich keine Romane lesen, wenn ich an meinem eigenen arbeitete. Jetzt kann ich es schon, aber viele Jahre lang habe ich es nicht getan, weil sie am Ende in meine Romane einflossen. Jetzt lese ich alles. Panik verursacht mir die Vorstellung, daß ich keine Bücher mehr zu lesen habe. Außerdem lese ich sehr schnell und erinnere mich an alles; ich habe ein gutes Gedächtnis.

– Haben Sie wirklich ein Gedächtnis wie ein Elefant?

– Ja. Ich erinnere mich daran, wer vor vielen Jahren die Tour de France gewonnen hat … an die Fußballmannschaften. Manchmal denke ich, daß ich nutzlose Dinge speichere, aber das ist gut fürs Schreiben, denn man schreibt mit dem Gedächtnis.

Ich habe das Gefühl, daß, wie der Fisch, der dazu geschaffen wurde, im Wasser zu schwimmen, mein Gehirn und mein Körper für das Schreiben geschaffen sind. Wenn ich in der Wohnung meiner Töchter schreibe, läuft der Fernseher, und manchmal erscheinen da ein paar wirklich hübsche Italienerinnen, und ich höre dann Zé, die Ältere, sagen: »Was ist los? Warum hörst du auf zu schreiben …?«

– Sie schreiben einen Roman im Jahr.

– Der Durchschnitt ist zwei Jahre, manchmal drei. Jetzt schaffe ich es, alle zwei Jahre einen Roman zu schreiben, aber ich kann mich ja auch nicht herausreden, denn ich mache nichts anderes.

– Brauchen Sie nicht etwas Zeit, um Abstand zu bekommen?

– Ich gestatte mir zwischen fünf und sieben Monate. In dieser Zeit schreibe ich überhaupt nicht, obwohl ich dann auch arbeite, denn es ist eine Zeit, in der man alles absorbiert, und bevor man anfängt, hat man schon einen Teil der Arbeit getan. Es ist so wie das, was Freud die stille Entwicklung nannte, eine Zeit, in der man wartet, die aber sehr wichtig ist, obwohl scheinbar nichts geschieht. Bis zu dem Augenblick, in dem man fühlt, daß man anfangen wird. Es ist eine sehr gute Zeit, weil man nichts tut, nicht arbeitet, und die Dinge sich in deinem Kopf entwickeln. Dann beginnen sie sich ganz allmählich zu organisieren.

Ich habe seit langem vor, ein Buch über religiöse Sekten zu schreiben, diese Sekten, in denen kollektiver Selbstmord begangen wird, weil ich gern einen Ausgangspunkt hätte, der mir erlaubt, über Dinge zu schreiben, die mich interessieren. Denken Sie an den Satz von Manuel de Melo: »Das Buch handelt von dem, was in ihm geschrieben steht.« Denn es sind die Worte, die Worte hervorbringen. Wenn man über die Logik der Gefühle sprechen möchte, muß man Worte benutzen.

Vor ein paar Tagen ist ein Freund von mir, ein alter Freund, gestorben. Ich habe Ihnen vom ihm erzählt, er hieß Arturo und war ein großer Schauspieler. Im Fernsehen wurde von ihm gesagt: Arturo war nicht so, sondern … Für mich war Arturo ein Humorist, ein sehr witziger Mann, von unglaublicher Schönheit; er hatte enormen Erfolg bei Frauen. Die Leute redeten über seine Liebe zum Fußball, zum Benfica, von seinem Leben als Schauspieler, als Regisseur, als Humorist, als Eroberer; aber mich hat er immer an den Mann im Zirkus erinnert, der Teller auf einem Stab balanciert und rennt, damit sie nicht herunterfallen. Mein Gefühl war, daß Arturo genau das mit Tränen machte und daß ihm niemals eine Träne aus den Augen gekullert ist. Als balancierte er Tränen anstatt der Teller und würde immer rennen, damit keine herunterkullert.

Ich würde gern darüber schreiben, weil er ein außergewöhnlicher Mann war. Arturo war ein Verführer, ein guter Schauspieler ... aber auch etwas anderes.

Im Augenblick interessiert mich das Projekt der »António-Lobo-Antunes-Bibliothek« sehr. Ein Autor muß siebzig Jahre lang tot sein, damit seine Rechte verfallen und seine Bücher billig sind und zu vielen Menschen gelangen.

– Wird es darin nur Romane geben?

– Ja, weil das die Leute am meisten mögen.

– Und werden auch Kurzgeschichten oder Erzählungen berücksichtigt?

– Ich habe daran gedacht, eine Anthologie der Erzählungen von Tschechow zu machen, doch wer bin ich, eine Auswahl zu treffen. Der einzige Mensch, der das machen könnte, ist Tschechow. Ich bin ein parteiischer Leser.

Dann ist da noch ein dramatisches Problem, die Übersetzungen. Ich habe mich mit einer russischen Pianistin über Tolstoi unterhalten, und als ich ihr sagte, ich hätte ihn auf englisch gelesen, meinte sie: »Ach, wenn Sie ihn auf russisch gelesen hätten ...« Kafka zum Beispiel; mich begeistert er nicht, aber dem Vernehmen nach ist sein Deutsch phantastisch, aber ich lese kein Deutsch, mein Deutsch ist sehr schlecht.

Es ärgert mich, großartige Schriftsteller in mittelmäßigen Übersetzungen bekannt zu machen.

– Und welche lateinamerikanischen Schriftsteller mögen Sie?

– Ich mag eine Reihe lateinamerikanischer Schriftsteller. Nicht nur ihre Phantasie, sondern auch ihre Art zu schreiben halte ich für gut. Ich habe *Pedro Páramo* mehrfach gelesen und denke, ich habe das Buch sinnlich, von den Sinnen her erfaßt. Es ist ein Roman mit einer sehr komplexen Struktur, und manchmal denke ich, daß Rulfo vielleicht nicht verstanden hat, was er gemacht hat, weil man, wenn man seinen Erklärungen glaubt, zu dem Schluß kommt, daß er es nicht verstanden haben kann. Aber vielleicht ist das immer so. Und ich verstehe auch, daß er danach nichts mehr geschrieben hat, weil das, was ich später von ihm gelesen habe, nicht dieses Niveau hat. Borges, den ich früher nicht sehr mochte, gefällt mir jetzt besser, weil ich auf seine konkrete Arbeit am Schreibstil achte, und die ist großartig. Cortázars Prosa ist manchmal außergewöhnlich gut, obwohl ich noch an ihr feilen würde, weil es unnötige Wiederholungen gibt, aber die Erzählungen sind sehr, sehr gut. Seine Romane gefallen mir überhaupt nicht, *Himmel und Hölle* und all das, ich denke, daß die Romane sterben werden, nicht bleiben werden. Die Erzählungen aber sind sehr, sehr gut. Bioy Casares mag ich sehr. Ernesto Sábato mochte ich, als ich ihn entdeckt habe, aber jetzt interessiert er mich nicht mehr so. Es ist merkwürdig, wie die Kurse der Werte an deiner eigenen Bewertungsbörse sich mit der Zeit verändern. Borges habe ich früher abgelehnt und jetzt nicht mehr, vielleicht habe ich ihn damals nicht verstanden.

Aber das geht mit allem so. Früher gefielen mir die Filme von Ingmar Bergmann überhaupt nicht, und jetzt rühren sie mich zu Tränen. Woody Allen hat mich fasziniert, heute langweilt er mich. Ich gehe selten ins Kino, aber wenn es einen neuen Scorsese gibt, verpasse ich ihn nie, er ist wunderbar. Was für ein großer Regisseur! Ich habe noch nie etwas von Almodóvar gesehen, aber meine Töchter haben *Alles über meine Mutter* gesehen und waren begeistert. Allerdings gefallen mir die Schriftsteller, die sie mögen, nicht: Paul Auster, Raymond Carver gefallen mir nicht, aber vielleicht habe ich ja unrecht, und ich verstehe sie nur nicht.

– Halten Sie sich für einen Schriftsteller, der verstanden wird?

– Zuerst einmal weiß ich nicht, ob ich Schriftsteller bin, und das meine ich ernst … Und verstanden? In welcher Hinsicht?

– Glauben Sie, daß der Leser alles in Ihren Büchern versteht?

– Das weiß ich nicht. Ein befreundeter Dichter, Eugénio de Andrade, hat mir einmal gesagt, daß er meinen Erfolg nicht verstehe, weil es, um meine Bücher zu lesen, notwendig sei, etwas von Literatur zu verstehen, und es nicht normal sei, daß ich so viel verkaufe. Und ich glaube, er hat recht, aber das letzte Buch, das ich im Oktober herausgebracht habe, ist seit vier Monaten auf der Bestsellerliste. Ich weiß nicht, was los ist. Vielleicht kaufen die Leute es ja, um es zu besitzen, ich weiß nicht. Vielleicht bin ich ungerecht.

In den Briefen, die meine Leser an mich schreiben, gibt es sehr viel Gutes, und es gibt eine öffentliche Anerkennung, die einem das Leben sehr erleichtert. Meine Töchter sagen, es sei gut, Lobo Antunes zu heißen, weil man dann alles bekäme. Manchmal gehe ich in ein Restaurant und bitte um die Rechnung, und es heißt dann: »Lassen Sie es gut sein, es war uns eine Freude.« Einerseits ist das gut, andererseits ist es ein wenig unangenehm. Als ich meine neue Wohnung gekauft habe, habe ich sie nur bekommen, weil ich anderen vorgezogen wurde, die sie auch haben wollten. Die Leute werden sehr freundlich. Der Erfolg ist angenehm, natürlich ist er angenehm, aber …

– Was ist schlecht am Erfolg?

– Am Erfolg selber nichts, aber es hat in meinem Leben einige äußerst schlimme Situationen gegeben. Als ich achtzehn war, wurde bei mir Krebs diagnostiziert; ich lag im Koma; hatte mit einem Jahr eine Meningitis … Aber die schmerzlichste Erfahrung war der Krieg, es war zweifellos der Krieg. Doch dann habe ich auch aus Liebe sehr gelitten, und das Leiden aus Liebe ist ein physisches Leiden.

Daniel hat mir von einem seiner Patienten erzählt, einem Heranwachsenden, der eine tiefe Depression hatte, und der junge Mann sagte: »Sehen Sie, es wäre mir lieber, ich hätte ein organisches Leiden, denn dann würde mir nur dieses Organ weh tun, bei der Depression tut mir alles weh.« Und so ist das Leiden aus Liebe, es tut alles weh. Es ist grauenhaft. Und das war die Erfahrung eines sehr, sehr großen Schmerzes.

– Schützen Sie sich deshalb mit Sex vor der Liebe, so wie Sie es im Interview einmal behauptet haben?

– In den Interviews gebe ich manchmal irgendeine Antwort, damit man mich in Ruhe läßt, aber etwas Wahres ist immer daran. Ja, das erste, was man tut, ist, mit einer Frau zu schlafen, und man lernt sie nie kennen. Der Sex ist nichts anderes als ein Dialog, die Fortführung eines Dialoges auf andere

Weise; er ist eine Art, einen Menschen immer besser kennenzulernen, aber wenn man dabei Phasen überspringt, funktioniert es nicht.

– Sex ist ein Dialog, der vereinen kann.

– Für die meisten Männer, die ich kenne, ist Sex nicht mit Liebe
verbunden, sondern mit der Anziehung. Aber das ist ein Bereich, über den ich aus Schamgefühl ungern rede.

– Können Sie eine Definition der Liebe geben?

– Die Liebe ist wie die Zeit. Einmal wurde der heilige Augustinus gefragt, was die Zeit sei, und er hat geantwortet:»Wenn
du mich nicht fragst, dann weiß ich, was es ist, und wenn du
mich fragst, weiß ich es nicht mehr.« Kann man definieren,
was ein Roman, ein Mensch ist?

Manchmal gibt es im Fernsehen sehr aggressive Journalisten, Interviews der Art:»Glauben Sie an Gott, antworten Sie
mit Ja oder Nein.« Als könnte man die Beziehung zu Gott so
zusammenfassen. Orson Welles sagte, daß er niemals Sexszenen filme und auch keinen betenden Menschen. Bei mir
ist es genauso, in keinem meiner Bücher gibt es Sexszenen,
niemals. Ich wäre außerstande, eine zu erzählen. García Márquez macht es großartig in *Liebe zu Zeiten der Cholera*, aber
ich denke, es ist sehr schwierig.

Aber es gibt andere Dinge, die mich mehr interessieren,
zum Beispiel, wie ein Buch dich mitreißt, wenn es zu existieren beginnt. Ich habe Ihnen von der Angst und dem Leiden
erzählt, aber Schreiben ist auch eine Lust. Es gibt Lust und
Angst, die Angst, mich zu wiederholen, zum Beispiel. Alles,

was ich schreibe, ist ein Versuch, das vorangegangene Buch besser zu machen.

– Sehen Sie Ihr Werk als ein Kontinuum, oder kann jedes Buch verstanden werden, ohne daß man das vorangegangene im Sinn hat?

– Ich weiß es nicht. Es gibt Leute, die über mein Werk schreiben und die sich anstrengen, das zu verstehen, was ich selber nicht besonders gut verstehe. Ich will nicht ungerecht sein, weil sie es aus Sympathie machen, aber ich glaube, ganz ehrlich, es ist sehr schwer, über Literatur zu schreiben. Das erste Buch, das ich vorgestellt habe, war das eines Dichters, den ich sehr mag, den ich schätze, obwohl ich nicht sagen kann, daß er ein Freund ist, weil ich ihn nur drei- oder viermal in meinem Leben gesehen habe, und es war sehr schwierig.

Das Problem ist, die »Primworte« – im mathematischen Sinne – zu finden. Diejenigen, die nur durch sich selber teilbar sind und durch die Einheit, und mit ihnen zu arbeiten. Bin ich verständlich?

– Nicht besonders. Was wäre ein Primwort?

– Die wesentlichen Worte. Diese Verse von García Lorca: *Por tu amor me duele el aire, el corazón y el sombrero**. Das ist phantastisch. Ich weiß nicht, wie es ihm gelungen ist, das zu schreiben. Und die Tendenz wäre, Seele zu sagen, mich schmerzt meine Seele, anstatt Luft, aber dann verliert der Vers seine Schönheit, wird platt.

Die Poesie ist wie die Antwort, die Julius Cäsar gegeben hat, als er gefragt wurde, welches der beste Tod sei: »Der unerwartete.« Und ich glaube, genauso verhält es sich mit der Poesie, der beste Vers ist der unerwartete, auch für den Dichter. Das Problem ist, das in einem Roman zu machen. Es geht nicht, weil es wie mit dem Orgasmus ist, der sehr lustvoll ist, aber schmerzt, wenn man ihn zu lange hinauszögert.

Wörter sind keine Schafherde. Es gibt ein Kapitel in diesem neuen Buch *(Was werd ich tun, wenn alles um mich brennt)*, in dem die Figur die Worte wie Hunde losläßt, die die Personen suchen: Du öffnest den Zwinger, und sie kommen heraus. Du läßt die Wörter los, und sie suchen die Personen, die unter den Ruinen der Sätze, der Bilder und der nutzlosen, idiotischen Metaphern sind.

– Fühlen Sie wirklich, daß es der Roman ist, der Sie mitreißt?

– Ja, es ist ein Gefühl, das diesem sehr ähnlich ist. Das Problem sind immer die ersten zwei oder drei Zeilen eines Kapitels. Manchmal wartet man fast einen Tag lang auf sie, und wenn man den ersten Satz hat, kommt der Rest von ganz allein.

Wenn man die Hälfte des Buches erreicht hat, geht es immer schneller, das Buch fängt an, von allein zu laufen. Das ist so, als würden im ersten Teil des Romans die Hunde noch schnüffeln und schnüffeln, ohne eine Spur zu finden.

Ein gescheiterter Dichter

Ich beneide die Dichter sehr. Wäre ich doch fähig, wie García Lorca zu schreiben … Niemand schreibt Romane wie ich, aber ich bin ein gescheiterter Dichter. Ich mag Salinas, Cernuda, ich mag die solaren, lyrischen, dionysischen Dichter … Aber vor allem Federico rührt mich an: *Como canta la noche, como canta ... qué espesura de anémonas levanta ...** Glauben Sie, man kann besser schreiben?

Ich besitze diese dichterische Fähigkeit nicht. Für mich ist das das Leben: *Por tu amor me duele el aire, el corazón y el sombrero**. Das ist so wahr, so stark ... Mir scheint, Lorca wird noch nicht der Wert beigemessen, der ihm zukommt. Vielleicht weil er zu bekannt ist, und die Intellektuellen haben ja, wie Sie wissen, eine Tendenz zu hochgestocheneren, hermetischeren Dichtern. Aber Lorca hat eine Reinheit, eine Kraft ...

Solo el misterio nos hace vivir ...* Ich hätte das schreiben sollen, aber ich habe nicht das Talent dazu. Vielleicht sind ja gute Schriftsteller gescheiterte Dichter. Ich weiß es nicht.

Ich glaube, meine Prosa, die dem Vers am nächsten kommt, sind die Kolumnen. Ich habe ein oder zwei von den bereits in der Zeitung veröffentlichten gelesen, und sie haben mir gefallen. Obwohl es kleine Prosastücke sind, die ich am Morgen eines jeden ersten Sonntags im Monat schreibe. Ich brauche für jede eine Stunde.

Und es gibt noch andere Schriftsteller, die ich beneide, und das sind große Theaterautoren wie Tschechow, O'Neill, die ein Talent haben, das ich nicht besitze. Vielleicht ist der Roman die Form, die am einfachsten zu schreiben ist. Ich hätte gern ein Stück wie *Die drei Schwestern* geschrieben. Das ist große Literatur.

Ich bin unfähig zu einem dichterischen Niveau wie das Rosalías in ihren großen Augenblicken. Wie Camões und so viele andere Dichter. Die englischen Dichter, die wunderbar sind. Ich besitze dieses Talent nicht.

12

»Schreiben ist der einzige Sinn meines Lebens.«

Das Familienleben. Die Töchter. Schweigend reden.
Quevedo. Der Tod. Freud. Das Spiel. Die »Schmetterlinge« des Casinos. Freundschaft und Sex. Die Einsamkeit. Die Flughäfen.

Es ist merkwürdig, daß es ihm so schwerfällt – für alle, die
ihn kennen, ist es offensichtlich –, aber schließlich gesteht
Lobo Antunes ein, daß er ein Einzelgänger ist. Er ist ein Mann,
der ohne Worte kommuniziert, alle, die er sagen muß, sind in
seinen Büchern, und um seine Gefühle auszudrücken, reichen
die Anwesenheit und der Blick.

Aber es hat eine Zeit in seinem Leben gegeben, von der er
in diesem Gespräch erzählt, in der er weder eine Zeile geschrieben noch gelesen hat und ein extrovertierter Mensch, ein Spie-
ler und Frauenheld gewesen ist. Es ist kaum zu glauben, aber
mit seiner manchmal naiven, manchmal brutalen Offenheit
gesteht er in diesem Gespräch, daß er sogar »sexuelle Kundinnen« gehabt habe, so groß sei die Promiskuität gewesen,
in die er sich in den zwei Jahren nach der Trennung von seiner
ersten Frau begab.

Und Lobo Antunes kehrte zurück, er brauchte Hilfe, aber
er kam wieder zurück. Zu seiner Lektüre. Zu seinen kleinen
Zetteln. Zum Bleistift. Zur winzigen Handschrift. Zu seinen
Büchern. Denn Schreiben war sein Leben, seit er sieben Jahre
alt war.

Er veröffentlichte »Elefantengedächtnis«, und seit diesem
ersten Buch hat er immer Brücken zur anderen Seite ge-

schlagen, zu seinen Lesern, den unsichtbaren Freunden, wie er sie nennt. Das Werk des António Lobo Antunes ist eine ganze Welt. Ein lyrisches Gestrüpp – lyrische Epen nennt er seine Romane, um den Schrecken, den Tod, die Leidenschaft, den Wahn auszudrücken … Mit nackten, aller Metaphern entledigten Worten, genauen Worten, schmerzlich wirkungsvollen Worten.

– Es sieht so aus, als wären Sie zur Zeit mehr denn je von Ihren Töchtern abhängig. Ist Ihr Leben familienorientierter geworden?

– Meine Töchter waren immer sehr wichtig für mich, genau wie meine Freunde. Mit wachsendem Alter entwickelt sich die Leidenschaft für die Freundschaft, mit der Zeit entdeckt man, daß es andere Formen der Liebe gibt. Meine älteste Tochter hat vor ein paar Wochen zu mir gesagt: »Du schreibst, weil die anderen Dinge für dich sehr schwierig sind …« Vielleicht hat sie recht.

Ich glaube, sie haben eine harte Zeit hinter sich. Sie haben ihre Mutter verloren und sind noch sehr jung, alle ihre Freundinnen haben noch ihre Mutter und sie nicht. Obwohl sie andererseits ein vertrautes Verhältnis zu mir haben, etwas, was ich mit meinen Eltern nicht hatte.

Die beiden hatten eine Beziehung zu ihrer Mutter, die ich sehr respektiert habe. Jetzt habe ich ein Schuldgefühl, weil es besser gewesen wäre, ich wäre gestorben. Ihre Mutter war für sie viel wichtiger als ich.

Dennoch fühle ich auch, daß sie sich um mich sorgen, sich wegen meiner Gesundheit Sorgen machen: »Du rauchst zuviel, ißt zu viele Hamburger, zuviel Junk food.« Und das stimmt. Ich liebe McDonald's. Ich fühle, daß sie sich bemühen, sich etwas um mich zu kümmern, und sich Sorgen machen, weil sie glauben, daß ich in verschiedenerlei Hinsicht ungeschützt bin.

Jedenfalls wissen sie genau, wo sie aufhören müssen, wie weit sie gehen können, ohne in meinen Freiraum einzudringen.

– Hüten Sie Ihre Privatsphäre eifersüchtig?

– Ja. Und es macht sie wütend, daß ich sie an meinen Gefühlen nicht teilhaben lasse. Und ich bin mir dessen bewußt, daß ich mehr mit ihnen sprechen und meinen Seelenzustand mit ihnen teilen sollte, aber ich rede mit niemandem. Ich habe mit Zé Cardoso darüber gesprochen, er war vielleicht der einzige Mann, mit dem ich über Gefühle gesprochen habe. Ich rede wenig, denn ich glaube, daß das, was mit einem selber passiert, für die anderen nicht wichtig ist, und auch weil es eine Frage des Schamgefühls ist.

– Im allgemeinen braucht man es doch, die Dinge, die man liebt, mit denen, die man liebt, zu teilen. Aber es ist klar, daß Sie das nicht brauchen.

– Ich habe immer große Schwierigkeiten damit gehabt. Weil es eine nicht verbale Kommunikation gibt, die die andere überflüssig macht. Zudem glaube ich, daß die meisten Leute verstanden werden wollen, ohne etwas zu erklären.

– Aber wenn Sie die Fakten verbergen, kann man Sie nicht verstehen. Es ist schwierig, den Seelenzustand eines Menschen zu erraten, wenn man seine Situation nicht kennt.

– Das sehe ich anders, wenn ich keine intimen und persönlichen Dinge erzähle, tue ich das aus Respekt vor den anderen.

Hier in Portugal habe ich nur wenige Interviews gegeben, ich spreche fast nie mit den Zeitungen. Und mir scheint, daß bei dem Buch *Geh nicht so schnell in diese dunkle Nacht* die Kritik großzügiger denn je zu mir war, da ich weniger hermetisch war. Ich verstehe, daß die Verleger daran interessiert sind, daß ich mit den Zeitungen rede, sie glauben, es ist gut für das Buch, und ich gebe ihretwegen Interviews. Aber die Interviews sind immer das Schlimmste an meinen Büchern, und ich glaube, sie haben den Aufwand nicht verdient. Ich denke, daß dies nicht dazu führt, daß sie verkauft werden, wie der Verleger glaubt. Wenn das Buch gut ist, verkauft es sich von alleine.

– Die Werbung hat nichts mit der Art von Kommunikation zu tun, über die wir gesprochen haben.

– Es gibt Augenblicke und Situationen, in denen ein Blick mehr sagt als Worte, das ist auch Intimität. Ich glaube, daß ich in der Lage bin, viele Dinge zu sagen, ohne zu sprechen, der andere muß dich verstehen, in der Lage sein, dich zu deuten. Wenn es diese intime Beziehung und Freundschaft gibt, muß man nicht reden. Sie wissen, daß das so ist, Sie wissen es. Es ist nicht notwendig zu reden, häufig ist es besser, es nicht zu tun, weil die Worte sehr verbraucht sind.

– Stimmt es, daß Sie aus Liebe viel gelitten haben?

– Ja, vor allem, als ich vierzehn oder fünfzehn Jahre alt war. Ich habe mich verliebt, als ich zehn war. Erinnern Sie sich an den Film *Die zwölf Gebote*? Ich habe ihn mit meinen Eltern gesehen und mich wahnsinnig in die Frau des Pharaos verliebt, die von Anne Baxter gespielt wurde. Ich war ihr bis vierzehn treu. Als der Pharao sie küßte, war ich eifersüchtig. Ich erinnere mich daran, wie ich dreizehn war und mich in ein Mädchen verliebt habe, das vielleicht elf oder zwölf war.

– Und als Erwachsener, haben Sie da ein wichtiges emotionales Scheitern erlebt?

– Selbstverständlich. Ich identifiziere mich sehr mit den Dichtern, wenn es um Liebesleid geht. Ich erinnere mich an die Verse von Apollinaire: *J'ai souffert de l' amour à vingt e trente ans, / j'ai vecu comme un fou / et j'ai perdu mon temps ...** Schön, nicht wahr?

Die Dichtung ist so konzentriert, sagt auf sparsame Weise so viel ... Ich erinnere mich an Quevedo: *serán ceniza, mas tendrá sentido; / polvo serán, mas polvo enamorado**. Ich bin voller Neid. Quevedo hat sehr petrarkistische Sonette, wie die von Camões. Und Rosalía hat Gedichte, deren Verse nicht greifbar, luftig sind. Ich weiß nicht, ob das das richtige Adjektiv ist, aber ich kann es nicht besser erklären.

Es gibt einen sehr guten Text von Georg Lukács, dem marxistischen Kritiker, in dem er einen sehr interessanten Vergleich zwischen dem Werk Tolstois über den *Tod des Iwan Iljitsch* und das Gedicht von Lorca über den Tod von Ignacio Sánchez Mejías anstellt und zum Schluß kommt, daß er Lorcas Gedicht dem Roman von Tolstoi vorzieht. Ich verstehe seinen Gesichtspunkt, aber ich glaube, er irrt, weil *Der Tod des Iwan Iljitsch* kein Buch über den Tod, sondern ein Buch über einen selber ist.

Nun, es ist ein Buch, das selbstverständlich viele Aspekte

hat, aber wenn ich ein Gefühl des Romans allen voranstellen müßte, wäre es der Egoismus, das Fehlen von Liebe, die ptolemäische Sicht der Welt, der kleinen, armen Welt des Protagonisten, seiner Gefühle … Dies alles ist sehr viel mehr als der Tod. Lukács sagte, daß, während Tolstoi den Tod negiere, Lorca ein schreckliches Zeugnis der Endlichkeit des Lebens sei, über den Tod als Nichts, als Auslöschung …

– Wie ist Ihr Verhältnis zum Tod?

– Wenn es heißt, daß der Tod in meinem Werk sehr präsent sei, rührt das, denke ich, daher, daß meine Romane nicht verstanden wurden. Der Tod ist darin eine Art Wiedergeburt. Vielleicht, weil mir der Gedanke unerträglich ist, daß die Menschen, die ich geliebt habe, für immer tot sind. Erinnern Sie sich an das Gedicht? *Porque te has muerto para siempre –* »Warum bist du für immer gestorben?« Vielleicht fällt es mir schwer, das zu akzeptieren.

Ich frage mich immer, wieso Politiker so lange leben. Sie werden sehr alt: Ho Chi Minh, Stalin, Churchill, Adenauer … sie sterben nicht jung. Es ist unglaublich, wie die Macht zur Konservierung beiträgt. Vielleicht kommt es daher, daß sie keine Schuldgefühle haben. Die Schuldigen sind immer die anderen. Hier in Portugal, die Schuld des Faschismus, des Kommunismus … Nie war es ihre Schuld. Es ist schon merkwürdig, wie die Macht das Leben konserviert.

Zugleich bin ich irgendwie neugierig auf den Tod, darauf zu wissen, was geschehen wird … Ich erinnere mich an Gabriel Marcel, den französischen Philosophen, der, als er sehr krank war und wußte, daß er sterben würde, gesagt hat: »Ich werde endlich erfahren, ob das, woran ich geglaubt habe, wahr ist.«

Es gibt einen sehr guten portugiesischen Schriftsteller des vergangenen Jahrhunderts, der, als er starb, einem Freund, der bei ihm war, sagte: »Sieh nur, sterben ist das hier, nur das hier!«

– Stellen Sie sich Ihren eigenen Tod vor? Denken Sie an ihn?

– Ja. Mir ist das Gefühl der Endlichkeit sehr gegenwärtig. Mein Gefühl ist immer dasselbe: »Mir bleibt keine Zeit mehr, mir bleibt keine Zeit ...«, weil man nie das schreiben wird, was man gern geschrieben hätte.

– Beklagen Sie am Tod nur die Tatsache, daß Sie nicht mehr schreiben werden?

– Ja, weil es der einzige Sinn meines Lebens ist. Mein Leben hat ohne das Schreiben keinen Sinn. Es ist so reduziert ... Ich weiß nicht, wie ich es erklären soll. Ich mag Frauen, ich mag den Sommer, die Hitze ... aber ohne meine Bücher würde ich mir verloren vorkommen. Einmal habe ich zu meinem Bruder Miguel gesagt: »Es würde mir nichts ausmachen, zu einer lebenslangen Gefängnisstrafe verurteilt zu werden, solange ich Bücher zum Lesen und Papier zum Schreiben habe ...« Und er sagte zu mir: »Mir auch nicht.« Miguel ist der Direktor des Centro Cultural de Belém und macht großartige Sachen, organisiert sehr gute kulturelle Veranstaltungen. Letztes Jahr hat er ein außergewöhnliches Bach-Festival organisiert, Ausstellungen ... Vielleicht ist das seine Art zu schreiben, vielleicht schreiben wir alle auf die eine oder andere Art. Mein Bruder hat eine freudianische Erziehung gehabt! Wie sehr hat er daran geglaubt!

Freud hat gesagt, unser Leben sei ein Kampf gegen die Depression. Und ich glaube, daß das stimmt. Man versucht, die Depression mit Arbeit zu mildern, mit Liebe, mit den Freunden ... Jeder sucht sein Gegenmittel. Für Freud war das Ziel der Psychoanalyse, mit der Depression zusammenzuarbeiten, sie in etwas Kreatives zu verwandeln.

Jung sagte hingegen, er beneide weder Schriftsteller noch Maler, weil diejenigen, die nicht schöpferisch tätig sind, das Glück haben, sich selber zu schaffen, was sehr viel wichtiger sei. Das steht in einem sehr interessanten Artikel über die Kreativität. Er behauptet darin, daß die Möglichkeit, eine kreative Beziehung zu sich selber zu haben, wichtiger sei, als ein Buch oder ein Bild zu schaffen und so ein wenig der Depression zu entgehen.

Es hat Zeiten in meinem Leben gegeben – weil ich sehr gut aussah, ich weiß nicht recht, aber ich brauchte nichts zu tun, um Frauen zu haben –, in denen Frauen für mich als Antidepressivum funktionierten. Eine Zeitlang fühlte ich mich mit ihnen wohl, aber dann war es enttäuschend, es gelang mir nicht einmal, sie kennenzulernen.

– Hat diese Periode lange gedauert?

– Es war eine schwierige Zeit nach der Trennung. Und ich habe sie nicht kennengelernt ... Manchmal sehe ich eine Frau und denke: Habe ich mit ihr geschlafen? Ich glaube ja, aber ... Wie heißt sie? In dieser Zeit habe ich nichts geschrieben. Ich habe jahrelang nicht geschrieben. Ich war außerstande zu schreiben.

Ich habe viel als Arzt gearbeitet. Ich war vierunddreißig oder fünfunddreißig Jahre alt. Ich lebte in Estoril, in einer sehr hübschen Wohnung. Und dann ging ich jede Nacht ins

Casino, jede Nacht, jede Nacht. Weil man damals als privat praktizierender Arzt viel Geld verdiente. Ich hatte viele Patienten. Aber am Ende des Monats hatte ich kein Geld mehr.

– Sie gaben Ihr Geld beim Spiel im Casino aus?

– Ich verlor es beim Spielen. Spielen ist eine schreckliche Sucht. Es hat mich viel gekostet, diese Sucht aufzugeben. Ich kann Dostojewski gut verstehen … Ich kenne Leute, die bitten die Türsteher der Casinos, sie nicht reinzulassen. Es ist eine unglaubliche Sucht, es ist sehr schwer, sie in den Griff zu bekommen.

– Wie lange hat das gedauert?

– Zwei Jahre. Ich ging jeden Abend spielen. In den Casinos gibt es Frauen, die werden »Schmetterlinge« genannt, es sind spielsüchtige Frauen. Einige sind hübsch, andere weniger hübsch, es sind junge, alte, von allem etwas. Auch sehr arme Leute. Es ist eine seltsame Welt … Häufig habe ich eine dieser Frauen mit zu mir nach Hause genommen. Ich ging sehr spät ins Bett, stand sehr früh auf, um ins Krankenhaus zu gehen. Ich hatte ein sehr kompliziertes Leben.

Ich schrieb nichts. Ich arbeitete nur, spielte und schlief mit Frauen. Sonst tat ich nichts. Und das funktionierte als Antidepressivum. Und morgens wachte ich neben einer Frau auf, von der ich nicht wußte, wer sie war, und das, obwohl ich nicht trank.

– Sie trinken überhaupt nicht?

– Nun, ich könnte ein Glas trinken, und das ist mit den Drogen genauso, ich kann rauchen oder etwas nehmen, aber nichts davon hat mir je Freude gemacht, ich nehme nichts. Meine Brüder trinken auch nichts, weil in meinem Elternhaus nur Wasser getrunken wurde.

Ich las auch überhaupt nicht. Aber es war eine sehr, sehr komplizierte Phase. Meine Frau ließ mich die Mädchen nicht sehen. Und ich erinnere mich an Ferien, die ich in Estoril oder in Cascais auf der Mole sitzend verbracht habe, wo ich auf die Wellen schaute und darauf wartete, daß das Casino aufmachte, um spielen zu gehen. Jeden Abend, jede Nacht um elf war ich im Casino von Estoril.

Das war mein Leben. Das schlimmste war, nicht zu schreiben, aber wenn man zu deprimiert ist, kann man es nicht, es ist nutzlos.

– Wie sind Sie da wieder herausgekommen?

– Ich bin zu einem Arzt gegangen, damit er mich behandelt, und mit Antidepressiva ging es mir dann besser. Die Abhängigkeit vom Spiel ließ nach, und ich empfand einen großen Widerwillen gegen Frauen, sie hatten keinen Sinn mehr für mich, und zudem fühlte ich wegen all dieser Exzesse eine große Leere. Ich empfand eine körperliche Abneigung, nicht nur Frauen, sondern auch mir selber gegenüber.

Und nach dieser ersten Etappe habe ich die zweite begonnen, die darin bestand, wieder nach Hause zu gehen, in die Wohnung meiner Frau; weil ich mich schon besser unter Kontrolle hatte, konnte ich mich benehmen. Und ich habe angefangen, zu lesen und zu schreiben. Aber es war sehr schwer, das Casino zu lassen.

Obwohl es auch seine guten Seiten hatte. Ich hatte keine sexuelle Erfahrung und wußte bis zu diesem Zeitpunkt nicht, daß die Lust vom Gefühl abhängig ist.

Niemand ist im Bett gut oder schlecht. Wenn man ein sexuelles Problem hat, dann ist es etwas anderes, aber wenn man keine konkreten Probleme hat, dann braucht man nur eine Frau sehr zu mögen; wenn das passiert, ist sie die Beste im Bett.

Zugleich amüsierten mich meine sexuellen Eroberungen. Ich war sexuell sehr begehrt. Einmal habe ich Zé Cardoso in einer Bar abgeholt, und die Besitzerin sagte, als sie mich sah, zu mir: »Du bist in Lissabon der Beste im Bett.«

– Oder anders gesagt, Sie waren wegen ihres Sex berühmt.

– Ich hatte sogar Kundinnen, weil sie untereinander redeten, diejenigen, die mit mir zusammengewesen, und diejenigen, die es noch nicht gewesen waren, und ich bekam Angebote … Aber das war alles vor meinen Büchern ….

In gewisser Hinsicht war diese Nachfrage gut für mich. Ich war durch meine Trennung zerstört, obwohl ich es war, der gegangen war, und das ohne Grund, aber es war fatal, und so viel Nachfrage seitens der Frauen war angenehm. Das half meinem Selbstwertgefühl. Es hätte eine hedonistische Zeit voller Lust sein können, aber es war eine Zeit voller Angst und Beklemmung. Ich wünsche niemandem so etwas.

Selbstverständlich begreift man schnell, daß diese Frauen sich mit allen Männern so verhielten. Aber mein Leben war grauenhaft. Ich lebte in einer zauberhaften Wohnung in Monte Estoril, hatte einen herrlichen Blick aufs Meer und hatte kein einziges Buch im Haus, dachte weder ans Kino noch an Literatur, ich dachte an gar nichts.

– Nur an die Frauen und das Spiel.

– An die Frauen brauchte ich nicht zu denken, sie kamen von allein. Ein Bruder meiner Mutter, der sehr gut aussah, meinte: »Mein Sohn, wenn jemand so ist wie du, muß er überhaupt nichts tun. Du setzt dich hin und wartest.« Und, Spaß beiseite, so war es. Das Komische ist, daß ich mich selber nie für gutaussehend gehalten habe. Jetzt sehe ich, daß es so war. Aber damals hielt ich mich nicht für gutaussehend, deshalb war ich so überrascht über das, was passierte.

Als mein erstes Buch herauskam, war ich im Fernsehen. Und am nächsten Tag waren meine Bücher vergriffen. Mein Bruder Miguel sagte zu mir: »Ich war im Buchladen, und da waren Mädchen mit deinem Buch in der Hand, die meinten: Es ist sicher Mist, aber er ist so hübsch!« Und ich erinnere mich daran, wie ich meinen Verleger aufsuchte – einen anderen als den heutigen – und zu ihm gesagt habe: »Weg mit den Fotos, ich möchte, daß mein Talent gewürdigt wird.«

Ich war sechsunddreißig Jahre alt. Jedesmal, wenn ich im Fernsehen war, waren meine Bücher vergriffen. Und zudem werden Bücher vor allem von Frauen gekauft, bei der Buchmesse sind sie in der Überzahl.

Dann habe ich Schriftsteller kennengelernt, bis zum damaligen Zeitpunkt hatte ich nicht diese Art von Beziehungen, und während einer Reise nach Brasilien habe ich miterlebt, welchen Erfolg Schriftsteller haben, einige mit sechzig und siebzig Jahren. Die Angebote von jungen Frauen, die sie bekamen! Die Faszination, die sie auf eine bestimme Art von Frauen ausübten! Ich hätte nie gedacht, daß das so funktioniert, das war eine große Überraschung. Sie waren alt, waren häßlich, waren langweilig … aber sie hatten Frauen um sich herum. Ich weiß nicht, ob es eine Frage des Aussehens, des Geistes oder von sonst etwas ist, aber Tatsache ist, daß Schriftsteller bei Frauen einen ungeheuren Erfolg haben. Und je älter, je bekannter sie sind, um so größer ist er.

Ich habe gelernt, Respekt vor Frauen zu haben im edelsten Sinne des Wortes, als meine Töchter heranwuchsen. Ich habe viel von ihnen gelernt, weil ich erkannt habe, daß ich früher die Frauen benutzte. Immer das gleiche Umwerben, das Zeremoniell der Verführung ist immer dasselbe. Obwohl es mir manchmal doch etwas Spaß macht.

– Und wünschen Sie sich keine feste Beziehung?

– Ich fühle mich mit mir selber wohl. Obwohl ich ohne meine Freunde nicht leben könnte. Ich brauche sie. Ich brauche ihre Briefe. Ich würde sehr viel schlechter leben, wenn Marianne – die, glaube ich, fast siebzig Jahre alt ist, und ich habe Angst, daß die Zeit vergeht, weil ich nicht möchte, daß es aufhört – mir nicht schreiben würde. Ich kenne Männer, die mit ihren Freundinnen schlafen, aber das ist für mich unmöglich. Für mich ist die Freundschaft vollkommen asexuell. Die Beziehung der Freundschaft ist viel wichtiger als Sex. Ich habe das Gefühl, daß, wenn ich mit einer Freundin schlafen würde, unsere Freundschaft zerstört würde.

In der Freundschaft fehlt das Begehren, weil es wichtigere Dinge gibt. In jener Zeit des Spiels und der Frauen hatte ich das Gefühl, ein Sexprofi zu sein, denn ich hatte Sexkundinnen, zum größten Teil verheiratete Frauen. Es gab keine Gefühlsbeziehung. Vielleicht wollten sie keine haben. Sie wollten, daß ich ihnen gab, was sie zu Hause nicht bekamen. Es war eine brutale Zeit, die zwei oder drei Jahre gedauert hat.

Tatsächlich sind wir alle allein. Aber das ist nicht schlecht, und es ist auch amüsant. Ich langweile mich nicht, und da ich ein sehr karges Leben führe, das habe ich von meinen Eltern geerbt, brauche ich nichts. Ich brauche niemanden. Manchmal brauche ich Hilfe bei Dingen im Alltagsleben, die ich nicht bewältige, wie in den Supermarkt gehen, sonst kaufe ich immer das Teuerste und das Schlechteste.

Es fällt schwer, es einzugestehen, aber es stimmt, ich bin ein Einzelgänger.

– Machen Sie keine Pläne für die Zukunft?

– Ich fühle mich so wohl. Wenn ich reisen wollte, könnte ich reisen, wohin ich möchte, ich bin überall eingeladen, aber dann könnte ich nichts anderes mehr tun, wäre nie in Lissabon. Ich weiß nicht, wie es die Schriftsteller machen, die immer akzeptieren. Wann schreiben sie?

Ich reise drei- oder viermal im Jahr. Nicht mehr.

Ich mag Flughäfen. Ich bin immer drei oder vier Stunden zu früh da. Es finde es wunderbar, Menschen zu beobachten …

Interview mit João Lobo Antunes und Maria Margarida Machado Almeida Lima, den Eltern von António Lobo Antunes

Vor dem ersten Treffen mit den Eltern von António habe ich bei ihnen angerufen. João Lobo Antunes nahm mein Gespräch an. Er drückte sich in fast korrektem Spanisch aus, und seine Höflichkeit und Freundlichkeit haben die leichten Bedenken zerstreut, die sein Ruf als strenger Mann in mir hervorgerufen hatte.

Das Haus, eine im Stadtteil Benfica gelegene Villa, ist eine kleine Insel inmitten eines Durcheinanders von Häusern, die offensichtlich ohne einen Bebauungsplan entstanden waren.

João, der Vater, empfängt mich an der Gartenpforte. Er ist ein überschlanker, großer, knochiger Mann. Er ist sechsundachtzig Jahre alt, ist 1915 geboren und war einer der wichtigsten Neuropathologen seines Landes. »Er wird Sie verführen«, hatte mich sein Sohn António gewarnt, und tatsächlich war zu spüren, daß er ein Mann von freundlichem Charakter und außergewöhnlicher Höflichkeit ist – die in Portugal überhaupt sehr groß sein kann –, mit einem Blick, der eine scharfe Intelligenz widerspiegelte. Er wirkt zudem sehr unruhig, sehr entschieden.

Die Mutter hingegen, die mich ganz aufrecht oben an der Treppe erwartet, ist hinreißend. Klein und perfekt zurechtgemacht, wirkt sie wie eine antike Puppe. Sie ist zweiundachtzig Jahre alt und hat immer noch sehr lebendige, aufmerksame Augen.

Der Besuch war sehr herzlich. Die Unterhaltung fand in

einem kleinen, gemütlichen Salon statt, der mit gutem Geschmack eingerichtet ist. Die *Encyclopædia Britannica* und viele Fotos von Eltern, Kindern und Enkeln bestimmen den Raum. Die Mutter ist schwerhörig, aber man merkt ihr nichts an, sie folgt dem Gespräch. Sie zeigt ein Album mit Fotos ihres Sohnes António – sie hat eines für jeden Sohn – und spricht von seiner außergewöhnlichen Frühreife und Intelligenz. Als ihr zweiter Sohn, João, geboren wurde, sei sie mit diesem zum Arzt gegangen, weil sie sich Sorgen machte, er könnte zurückgeblieben sein, so groß sei die Intelligenz des Ältesten gewesen, mit dem sie ihn unweigerlich verglich … »Später war er genauso außergewöhnlich wie sein Bruder«, fügt sie schnell hinzu.

Der Vater bestätigt, daß António außergewöhnlich gewesen sei. Er erzählt, dieser habe mit einem Jahr schon Puzzles und Würfel zusammensetzen können. Er sagt aber auch, daß er seine Romane nicht liest, weil ihn Literatur ermüde. Von denen, die er gelesen hat, habe ihm *Fado Alexandrino* am besten gefallen, und er erinnert sich amüsiert daran, wie er einmal eine Postkarte mit folgender Adresse erhalten habe: »António Lobo Antunes, A Ordem Natural das Coisas, Lissabon«, die wohlbehalten ankam.

In einem Augenblick, in dem der Vater den Raum verläßt, erwähnt die Mutter, daß sie bald sechzig Jahre verheiratet sind. Und auf meine scherzhafte Bewunderung meint sie mit einer müden Geste: »Ich habe genug, mir fehlt die Geduld dazu.« In bezug auf Antónios Bücher sagt sie, sie lese sie, weil es ihr Sohn sei, aber daß sie sie nicht unterhielten, da sie sehr traurig seien.

Beim zweiten Besuch zeigten sich beide wieder freundlich und herzlich. Der Vater fing an, über Literatur zu sprechen, über die Literaturbeilagen, die er lese, über die spanische Sprache. Und als ich ihn fragte, wann die englische Sprache angefangen habe, die Rolle zu spielen, die sie heute innehat, meinte er darauf: »Das Englische ist heute das Latein des Mittelalters.« Außer seiner eigenen Sprache spricht er noch Englisch, Französisch, etwas Italienisch und Spanisch, und er kann Deutsch lesen und Katalanisch, eine Sprache, die er als Kind in Tanger gelernt hat, weil die Arbeiter in der Thunfischfabrik seines Vaters Fischer aus Valencia waren. Er lobt die Vorzüge der *Encyclopædia Britannica* im Zusammenhang mit einer witzigen Begebenheit mit einer Eidechse, die er in einer Ecke des Zimmers gefunden hat und die sich selbst verstümmelte, um zu entkommen. Die *Encyclopædia* habe ihn tagelang über alle Arten von Eidechsen und Reptilien aufgeklärt …

Die Mutter spricht über ihre Schwerhörigkeit: »António wirft mir vor, ich sei schuld an seiner Schwerhörigkeit, und ich bin von seiten meines Vaters schwerhörig, aber mir ist nie in den Sinn gekommen, es ihm vorzuwerfen. Es ist ärgerlich.« Und sie erzählt, daß sie mit dem Alter das Interesse an den Dingen verliert: »Ich spiele nicht mehr Karten, gehe nicht mehr ins Kino; in ein Konzert gehe ich nur äußerst selten. Manchmal schrecke ich aus dem Schlaf hoch und denke, ich hätte das Interesse an der Lektüre verloren … Aber nein, ihr gilt weiterhin mein einziges Interesse. Schon als kleines Mädchen las ich sehr gern. Mein Sohn Miguel, der augenblicklich Direktor des Centro Cultural de Belém ist und ein großartiger Mensch, und das ist nicht nur mütterliche Leidenschaft, er ist es wirklich, hat mir ein Buch von einem Amerikaner mitgebracht, der Raymond Carver heißt und Kurzgeschichten schreibt; aber wenn ich eine lese, möchte ich gern weiterlesen, und sie ist schon zu Ende. Ich weiß nicht, ob mir das so gut gefällt …«

Das Interview, das darauf folgte, war nicht vorgesehen. Von António wußte ich, daß beide nur ungern in solche Gespräche einwilligen, aber mein Besuch war ein Höflichkeitsbesuch, um ihnen die Fotos zurückzugeben, die sie mir geliehen hatten. Und während der Unterhaltung, die hin und wieder wirklich amüsant war, ist der Vater auf meine Andeutung eingegangen und hat mich aufgefordert, sie aufzunehmen. Genau so, wie sie sich von dem Augenblick an abgespielt hat, an dem ich die Aufnahmeerlaubnis erhalten hatte, wird sie in der Folge wiedergegeben:

– Ich glaube, Ihre anderen fünf Söhne sind ebenfalls außergewöhnlich. Liegt das Geheimnis in der Erziehung, die Sie ihnen haben angedeihen lassen?

Vater: Es ist schwierig zu sagen, welchen Einfluß wir gehabt haben könnten. Einmal hat João etwas gesagt, was mir noch nie eingefallen war. Er meinte, einer der Pfeiler der Erziehung, die seine Eltern ihm gegeben hätten, sei eine bestimmte »Kargheit des Lebens« gewesen. Wir waren ja nicht arm, aber wir waren in unseren Forderungen ziemlich streng.

Dazu gehörte auch eine gewisse Disziplin: Sie mußten im Haus sein, um ihre Aufgaben zu erledigen, sie konnten erst nach einer bestimmten Uhrzeit das Haus verlassen, sie mußten ihre Hausaufgaben machen, sich waschen und so … Die Zeit, als sie klein waren, war auch die, in der wir weniger Geld hatten.

Bevor wir geheiratet haben, hat meine Frau einen Nähkurs

gemacht und hat ihr eigenes Hochzeitskleid auf einer Singer-Nähmaschine genäht, und sie hat auch das Hemdennähen gelernt, mit Kragen und allem, und damit konnte sie Geld ins Haus bringen. Wir haben damals ein Leben mit einigen Einschränkungen geführt. Das haben die Kinder miterlebt: Wir hatten nur eine beschränkte Menge Essen, es gab einige wichtige Prinzipien, wie das, nicht zu lügen, eine bestimmte Anzahl von Normen, die sie zu erfüllen hatten.

– António hat voller Bewunderung von seinen Großeltern gesprochen, aber vor allem von Ihrem Vater, Großvater António.

Vater: Mein Vater hat uns sehr geholfen. Er hat die Kinder in die Schule gebracht und holte sie später wieder ab, überwachte ihre Schulnoten, sprach mit den Lehrern … Daher war die Erziehung der Kinder eine natürliche Erziehung. Später, als sie älter waren, habe ich mich mehr um ihre kulturelle Bildung gekümmert – mein Vater kümmerte sich darum nicht –, erzählte ihnen von den Büchern, die ich gerade las, las ihnen Passagen aus Flaubert, Bernard Shaw, Somerset Maugham und so weiter vor, so daß sie dank meiner und ihrer Mutter ein Interesse für Kultur erwarben.

Mutter: Ich konnte ihnen nur wenig beibringen.

Vater: Du hattest eine intellektuelle Neugier, und das ist die Hauptsache. Ich habe auch die Dinge hier und da aus Neugier heraus gelernt. Später gab es drei oder vier Menschen, die mich beeinflußt haben. Ein Kollege von mir, Professor Milar Guerra, hat auf eine Stelle als Lehrer für Literatur verzichtet, und ich habe dann diese Stelle innegehabt. Milar Guerra hat mir Dostojewski, Pascal und englische Autoren nahegebracht. Viele Menschen haben mir geholfen, haben meinen Horizont erweitert. Aber das Wichtigste war meine intellektuelle Neugier.

Mutter: Er hat ihnen nicht nur Literatur beigebracht: Die Musik war auch wichtig. Und das hat man den Kindern weitergegeben. Jeder war in seinem Zimmer, und er legte Musik auf und fragte sie, wer da spielte. Fast immer hat António geantwortet. Weil er ein außergewöhnliches Gedächtnis hatte. Literatur, Musik waren für die Erziehung meiner Kinder sehr wichtig. Ich habe mich mehr dem gewidmet, ihnen zu sagen: »Ihr sollt nicht lügen«, »Tut nicht dies, tut nicht jenes«.

– Sie haben sich also die Rollen geteilt.

Mutter: Den intellektuellen Teil hatte ihr Vater übernommen … Nicht, daß ich an intellektuellen Dingen nicht interessiert gewesen wäre, aber ich war weder von meiner Ausbildung noch von meinem Verstand her dazu in der Lage. Ich habe Interessen, aber nicht so viele wie er.

Vater: Wissen Sie, ich bin sehr obsessiv …

– Man braucht Sie nur nur sehen, um zu begreifen, daß Sie ein eigenwilliger Mann mit Charakter sind …

Vater: Jetzt ist es schon vorüber, aber vor zwei Jahren habe ich mich sehr für das Mittelalter interessiert. Und ich wollte auch etwas über die Liturgie, die religiöse Organisation der Kirche wissen, war am gotischen und romanischen Baustil interessiert, daran, wie die Klöster entstanden und so weiter. Und auch die Herkunft der Wörter, zum Beispiel des Wortes »Abt«. Und ich ging immer weiter zurück, bis ich bei Adam und Eva angelangt war … *(Gelächter)* Es war eine Obsession. Und jetzt ist es der Erste Weltkrieg. Viele Dinge wußte ich bereits. Aber ich lese viel, und wenn mich ein Thema interessiert, beschäftige ich mich gründlich mit ihm.

Mutter: Alle Bücher sind mit Bleistift unterstrichen, haben Randbemerkungen. Er hat diese Angewohnheit, Notizen in seine Bücher zu machen.

– Wem von Ihnen beiden ist António ähnlich?

Vater: In seiner Wesensart, ich weiß nicht …

Mutter: Er ist sehr kritisch, er sagt immer, was nicht richtig ist.

– Ich denke, António ist Perfektionist.

Vater: Ich sehe immer die Schwächen der Menschen, die falsche Seite einer Behauptung … Das habe ich von einem Mann beim Militär gelernt. Einmal hat ein Offizier mich angewiesen, die Infanteriesoldaten zu unterrichten. Die Offiziere mochten sich nicht mit dem Unterricht abgeben. Und ich bin einem Engländer begegnet – das war im Ersten Weltkrieg – und erfuhr dann, daß er ein Spion war. Und er hat mir einen Rat gegeben: »Wenn du eine Aufgabe übernimmst, versuche immer zu widersprechen, finde immer Fehler.« Und seither *(er lacht)* habe ich immer nach Fehlern gesucht.

– Wie erklären Sie Antónios Perfektionismus, die Tatsache, daß er mehrere Tage mit zwei Quartblättern verbringen kann, bis er das richtige Wort oder den angemessenen Ausdruck gefunden hat?

Vater: Weil er einen zwanghaften Charakter hat. Da ist er wie ich. Ich bin sehr zwanghaft.

Mutter: Er läßt nicht ab, bis er etwas geschafft hat. Da ist er das genaue Gegenteil von mir. Die Mischung hat dazu geführt, daß unsere Söhne ihrem Vater und mir in ausgeglichener Weise ähnlich sind. Sie haben das Glück gehabt, vom Vater das Gute zu bekommen – das Interesse an Musik, an Literatur –, und von mir haben sie geerbt, weniger aggressiv zu sein, den Fehlern der anderen gegenüber mehr Geduld aufzubringen.

Vater: João hat gesagt, ich würde nicht »Das hast du nicht richtig gemacht« sagen, sondern: »Du hast eine Dummheit gemacht. Das ist nicht etwas schlecht Gemachtes, sondern eine Dummheit.«

Mutter: Wir haben außergewöhnliche Kinder. Wir haben sechs Söhne mit Verstand und Charakter. Nun ja, Gott sei Dank sind sie außergewöhnlich. Jemand, ich weiß nicht mehr, wer es war, hat mich einmal gefragt: »Was fühlen Sie angesichts der Tatsache, solche Söhne zu haben?« Und er hat noch hinzugefügt: »Sind Sie zufrieden, glücklich, finden Sie, daß Sie viel Glück gehabt haben?« Aber ich habe ihm geantwortet: »Kein Glück, das war meine Erziehung.«

Vater: Wo hattest du diese Unterhaltung?

Mutter: Auf dem Markt. Ich kaufte gerade etwas, da kam diese Dame und hat mich gefragt …

Vater: Mir haben sie etwas anderes gesagt. Als ich beim Bäcker war, hat eine Dame, die auch gerade Brot kaufte, zu mir gesagt: »Dieser Herr hat sehr intelligente Söhne«, und die Bäckerin, die uns das Brot verkauft hat, sagte: »Das kommt vom Brot.«

Mutter: Der Witz liegt in der Einfachheit, mit der die Frau das gesagt hat …

Vater: Obwohl sie sich anders darstellt, hat Margarida eine eiserne Willenskraft, nicht wahr? In schlechten Augenblicken kann sie schon mal eine Träne vergießen, aber dann macht sie gleich weiter.

– Es heißt, Frauen sind stärker als Männer.

Vater: Sehr viel stärker.

– Hat es Ihnen leid getan, keine Töchter zu haben?

Vater: Es sind all diese Jungen gekommen, weil wir ein Mädchen haben wollten.
Mutter: Als ich noch ledig war, habe ich gesagt, ich wollte nur Jungen haben. Ich zog Jungen den Mädchen vor, Mädchen sind komplizierter. Im Alter zwischen fünfzehn bis zwanzig Jahren sind sie schwierig. Daher wollte ich nur Jungen haben. Aber heute fehlt mir eine Tochter, weil Töchter einen unterstützen, einem helfen.

– Sie haben Ihre Enkelinnen. Allein von António sind es drei.

Mutter: Aber das ist nicht dasselbe. Auch wenn alles noch so gut läuft. Zum Glück haben alle ihre Familie und brauchen mich nicht.

– Wer von Ihnen beiden hat António in seinem Wunsch, Schriftsteller zu werden, am meisten unterstützt?

Vater: Es ging allein von ihm aus. Er lernte nicht, er schrieb. Was ich da sage, ist wahr. Er schrieb heimlich. António war ein schlechter Schüler. João ist zwei Jahre jünger, und irgendwann ist er an ihm vorbeigezogen. Und António mußte eine Klasse wiederholen. Schon damals schrieb er immer. Ich wußte, daß er das heimlich tat. Ich kam, und er versteckte, was er gerade schrieb, und tat so, als würde er lernen. Anfangs hat er Verse geschrieben, aber später hat er nie wieder Gedichte geschrieben. Es waren sehr schöne Gedichte.

Mutter: Nach unserer Hochzeit lebten wir in einer Wohnung mit einem großen Salon, und wenn wir beide dort saßen, kam António vorbei und rezitierte, während er sich fertig machte, Gedichte. Er hat immer schon Lyrik geliebt. António kennt unglaublich viele Gedichte auswendig.

Vater: Mehr als ich.

Mutter: Er hat ein außergewöhnliches Gedächtnis. Wie ein Elefant. Es machte ihm immer Spaß zu sagen, er habe ein Elefantengedächtnis. Er konnte sich Dinge leicht merken. Er brauchte einen Text nur einmal zu lesen, um ihn nicht wieder zu vergessen. Daher hat er von uns keine Hilfe bekommen, er besaß große Intelligenz und vor allem ein phantastisches Gedächtnis.

Vater: Es gibt Leute, die sagen, António sei intelligenter als João. Aber João ist brillanter und ehrgeiziger, während António nicht viel Ehrgeiz besitzt.

Mutter: João besitzt eine große Intelligenz, und ihn interessieren viele Dinge. Während António sehr auf die Literatur konzentriert ist.

Vater: Das ist nicht ganz richtig. Er liebt auch sehr die Musik. João brilliert gern, er ist gern in Gesellschaft, und António nicht.

– António interessieren offenbar nur seine Bücher.

Vater: António ist das alles gleichgültig, er hat nicht das geringste Interesse daran. Das ist eigenartig.

– Glauben Sie nicht, daß ihn der Krieg sehr geprägt hat?

Vater: Ja. Die Briefe, die er während des Krieges geschrieben hat, sind sehr interessant. Einige sind außergewöhnlich. Er schrieb aus dem Norden von Angola.

– Und was erzählte er? Waren es die Briefe eines Schriftstellers?

Vater: Ja, aber da war nichts erfunden, er schrieb über das, was er erlebte. Hast du die Briefe Antónios aus der Kriegszeit aufbewahrt?
   Mutter: Ich habe nur wenige Briefe, aber ich habe sie.
   Vater: Wo sind diese Briefe?
   Mutter: Das weiß ich nicht.
   Vater: Die Briefe, die João geschrieben hat, hast du alle aufbewahrt.
   Mutter: João schrieb sehr viel. Er war dreizehn Jahre in Amerika. Und bis zum Ende hat er jede Woche geschrieben. Die Briefe hatten zwei Teile. Im ersten erzählte er von der Familie, davon, was sie machten, von den Orten, die sie besuchten. Und im zweiten Teil erzählte er von seiner Arbeit im Krankenhaus.

– João ist der zweite, nicht wahr?

Vater: Ja. Erst António, dann João, dann Pedro, die drei volkstümlichen Heiligen: der heilige Antonius, der heilige Johannes und der heilige Petrus. Dann Miguel, Nuno, das ist ein arabischer Name, und schließlich Manuel.

– Warum ein arabischer Name?

Vater: Ich wußte nicht, daß es einer war, aber Joaõ hat in New York im Krankenhaus einen Araber kennengelernt, der ihm gesagt hat, es sei ein arabischer Name.

– Ist Nuno Neurologe?

Vater: Ja. Kinderneurologe, Kinderarzt. Wie Sie sehen, hatten wir keinen großen Einfluß.

– Und was halten Sie von Antónios Büchern? Halten Sie sie für gut? Wenn ich es richtig verstanden habe, sind Sie ein großer Leser.

Vater: Ich schaffe es nicht, Antónios Bücher zu lesen, ich bringe nicht die Geduld auf. Anatole France sagte über Proust: »Das Leben ist kurz und Proust zu lang« *(Lachen)*. Das Leben ist zu kurz, um António zu lesen. Ich habe schon nicht mehr die Geduld dazu. Er ist kompliziert zu lesen. Ich mag seine ersten Bücher, darin gibt es Außergewöhnliches. Aber die letzten nicht. Seine Mutter liest sie alle.

Mutter: Ich lese seine Bücher, aber ich genieße es nicht, weil alles so traurig ist, nur Unglück … Diese Personen, die nicht unserer Gesellschaftsschicht angehören. Das sind nicht die Leute, mit denen wir Umgang haben.

Ich verstehe es nicht, denn António war ein glückliches Kind. Er war der Erstgeborene, mit großer Familie von beiden Seiten. Und das Kind wurde wie Gott auf Erden behandelt. Die anderen Kinder wurden auch gut aufgenommen, aber nicht wie António.

Dann hat er geheiratet, die zwei Frauen, die er geheiratet hat und die wir kennengelernt haben, waren phantastische Frauen, schön, intelligent, fleißig, kurz, es fehlte ihm nichts. Er hat alles gehabt.

Als er als Psychiater gearbeitet hat, war er sehr anerkannt. Aber dann, als er angefangen hat zu schreiben … Alles ist traurig. Aber es ist seine Wesensart, er glaubt, der Mensch sei geschaffen, um Tragisches zu erleben, Dinge, die ihn beeindrucken.

– In seinen Büchern scheint durch, daß er ein glückliches Kind war, aber ich glaube, der Krieg hat ihn in radikaler Weise getroffen.

Vater: Vielleicht. Er ist sehr menschlich. Menschlich gesehen ist es nicht einfach, all das Unglück zu ertragen, Männer zu sehen, denen die Eingeweide heraushängen und so weiter, das ist nicht einfach. Er war eine Zeitlang Direktor eines psychiatrischen Krankenhauses hier in Lissabon, aber er war immer außer Landes. Er fuhr nach Spanien, nach Deutschland, nach Frankreich. Und ich habe mit den Priestern gesprochen, denn es war eine kirchliche Institution, und gefragt: »Wie gehen Sie damit um, daß António immer weg ist?« Und sie sagten mir, er sei ein ausgezeichneter Therapeut. Es fällt ihm leicht, das Leiden der anderen zu verstehen.

– Er praktiziert schon lange nicht mehr, geht aber täglich ins Krankenhaus.

Vater: Er sagt, er tut im Krankenhaus nichts. Aber das glaube ich nicht.

– Glauben Sie, daß er als Psychiater arbeitet?

Vater: Ja.

– Er sagt, er ginge nur dorthin, um zu schreiben.

Vater: Das glaube ich nicht.

– Vielleicht fehlen ihm die Kranken?

Vater: Er ist über die heutige Psychiatrie informiert, über die modernen Medikamente ... Er sagt, er geht zum Schreiben dorthin. Das stimmt nicht.

– António konstruiert seine eigene Welt wie beim Schreiben, manchmal gibt es keine Grenze zwischen Realität und Phantasie ...

Vater: Ich habe ja schon einmal gesagt, daß ich seine letzten Bücher nicht gelesen habe, aber ich glaube, er hat Qualitäten verloren, er ist »literarischer« als früher. Finden Sie nicht auch?
Mutter: Wenn es so vielen Menschen gefällt ... Einmal habe ich mit einem Diplomaten gesprochen, und als er erfuhr, daß ich die Mutter von António Lobo Antunes bin, hat er mir gesagt, wie sehr er seine Bücher schätze, wie außergewöhnlich er sei ... Aber manchmal geschieht das Gegenteil. Ich bin zum Beispiel neulich in die Apotheke gegangen ...

Vater: Etwas anderes, das noch wichtig für seine Erziehung war, ist das kleine Haus gewesen, das wir auf dem Land hatten, als António klein war. Es war ein Haus mit einem Garten davor, die benachbarten Familien kannten uns, waren unsere Freunde, und es waren Leute aus diesem Ort. Es war ein richtiges Dorf, mit Häusern mit Garten. Es lag in einem Vorort von Lissabon.

Mutter: Die Erziehung, die wir unseren Söhnen gegeben haben, war sehr einfach. Sie war ganz anders als die von heute. Sie gingen abends nicht aus, nur am Wochenende, es gab keine Cafés, in die man gehen konnte.

Vater: Es war ein provinzielles Leben, und das war sehr wichtig.

Mutter: Irgendwie hat er auch die anderen Einflüsse bekommen, die er noch brauchte.

Vater: António spricht mit großer Sehnsucht vom Dorfladen, er redet immer vom Apotheker seiner Kindheit, weil er ihn sehr geprägt hat.

– Er sehnt sich auch sehr nach seinem Großvater. Vielleicht ist da seine eher kosmopolitische Seite, weil er davon erzählt, wie er ihn mit auf Reisen genommen hat …

Vater: Kurz bevor António geboren wurde, hat mein Vater, der auch António hieß, weil er am Tag des heiligen Antonius geboren wurde, am dreizehnten Juni, immer gesagt: »Wenn es ein Junge wird und ihr ihn António nennt, wird er seine erste Kommunion in Padua feiern.«

Und so war es, als der Junge sieben Jahre alt war, sind mein Vater, wir und eine meiner Schwestern, die jüngste, zusammen im Wagen nach Padua gefahren, wo er seine erste Kommunion gefeiert hat und bei der Messe assistiert hat. Und ja, er liebte seinen Großvater über alles. Er führte lange Gespräche mit seinem Großvater. Sein Großvater dachte an Pferde, aber António hatte schreckliche Angst vorm Reiten. João hatte überhaupt keine Angst davor, sich auf ein Pferd zu setzen.

Mutter: Er war ein außergewöhnlicher Großvater. Er war der Kontrapunkt dessen, was ihm fehlte. Wir hatten kein Geld, und das machte er wett. Er ging mit den Jungen in den Zirkus, nach Lissabon …

Vater: Er nahm sie mit zu Pferderennen.

– Und war er ein außergewöhnlich intelligenter Junge?

Vater: António, ja. Als er ganz klein war, gerade ein Jahr alt, saß er da und sagte nichts. Und es gab ein Spiel aus Würfeln, bei dem man aus unterschiedlichen Bildern auf den sechs Seiten der Würfel ein Bild legen konnte. Und António legte ein Bild nach dem anderen, ohne zu zögern. Das war unglaublich.

Mutter: Er war sehr frühreif. Sehr ernst, sehr still und sehr frühreif. Er lernte spät laufen, aber was das Sprechen und Verstehen betraf, war er außergewöhnlich. Er hatte die Phantasien, die in seinen Büchern auftauchen. Und schon als er klein war, schwieg er und dachte an irgend etwas, stellte sich etwas vor. Er konnte lange dasitzen und mit diesem und jenem spielen. Er ganz allein.

Vater: Und João wirkte dumm neben ihm.

– Was halten Sie von Antónios augenblicklichem Leben? Glauben Sie, daß er glücklich ist?

Vater: Er macht, was ihm gefällt, ist glücklich. Ich denke schon. Früher hatte er Kontakt zu vielen Schriftstellern, aber ich glaube, daß er jetzt keinen mehr hat.

– Er wirkt jetzt, zumindest kam es mir so vor, wie ein sehr einsamer Mensch.

Vater: Es gab eine Zeit, in der sein Werk gut aufgenommen wurde, und da hatte er viele Kontakte. Er hat gute Freunde, das ja. Sampaio ist ein großer Freund von ihm.

– Und hatte er als Kind viele Freunde?

Mutter: Ja, ja. Mehr als João.
    Vater: Ich weiß nicht, was für ein Leben er jetzt führt, da wir ihn nicht häufig sehen.
    Mutter: Ich sage immer zu ihm, daß er ins Konzert, ins Theater, ins Kino gehen soll, aber er tut es nicht.
    Vater: Ich weiß nicht, ob er Zeitungen liest oder nicht.
    Mutter: Er liest alles und erinnert sich an alles.
    Vater: Er hört Radio.

– Und erinnern Sie sich an eine amüsante Begebenheit aus seiner Kindheit oder Jugendzeit? Irgendeine bezeichnende Anekdote?

Vater: Was wir von Antónios Leben wissen, sind die Folgen, a posteriori *(Lachen)*.
    Mutter: Er hat immer die Frauen geliebt. Und die Frauen beten António an.
    Vater: Ich erinnere mich an eine Versammlung, in der An-

tónio spät kam und von allen Frauen umringt wurde, die »António! António!« riefen.

Mutter: Und das ist nicht nur wegen der sexuellen Anziehung. Die Frauen in der Familie schwärmen alle für António. Man muß nicht verliebt sein, man braucht nur Frau zu sein. Es gibt andere Menschen, die auf António fliegen wie Fliegen auf Honig. Es ist nicht wegen des Sex. Sie haben nur das Bedürfnis, sich geschmeichelt zu fühlen. Und wenn ein Mann ihnen ernsthafte Dinge zu sagen weiß, ehrlich …

– Und war er als Kind genauso?

Mutter: Weniger. Diese Anziehungskraft kam erst später. Natürlich haben alle Verwandten António geliebt, aber er fand das normal. Für ihn existierten Mädchen überhaupt nicht. Aber er machte sie verliebt. Und jetzt ist er alt und dick, aber sie sind noch immer an ihm interessiert.

Vater: Also, an Begebenheiten aus Antónios Leben erinnere ich mich nicht. Ganz bestimmt hat seine Zeit in Afrika ihn geprägt. Sie hat ihn reifen lassen. Das ist sehr wichtig. Sie hat ihm eine andere Sicht der Welt gegeben.

Jetzt beginnt António, sich zu religiösen Dingen Gedanken zu machen. Als die Kinder klein waren, ist mein Vater mit etwa fünfundfünfzig Jahren zu einem praktizierenden Katholiken geworden, und die Jungen auch. Und António ging in die Messe, sang im Chor. Dann hat er seine erste Kommunion gefeiert, und später hat er wie die meisten jungen Leute die Religion aufgegeben. Aber jetzt, ich weiß nicht, ob es wegen des Todes seiner Frau ist oder wegen seines Alters, sehe ich, daß er sich über religiöse Fragen Gedanken macht. Ich habe den Eindruck, aber es ist ein vages Gefühl.

– Er hat mir gesagt, daß er sich Gedanken macht.

Vater: Ach ja, hat er Ihnen das gesagt?

– Nicht, daß er ein religiöser Mensch sei, aber seine Beziehung zu Gott habe sich verändert, jetzt könne er sich vorstellen, daß es einen Gott gibt.

Vater: Ich hatte diesen Eindruck, und dies bestätigt ihn.

– Er ist ein verschlossener Mensch, und die Beziehung zu anderen Frauen scheint mir sein Leben nur leicht zu berühren.

Vater: Sie ist immer nur oberflächlich. Und mit dem Tod seiner Frau …
  Mutter: Diese Sache mit der Religion … Alle wurden katholisch erzogen.
  Vater: Manuel nicht.
  Mutter: Manuel nicht, wie das Leben so spielt … Ich bin immer zur Messe gegangen, weil ich dachte, meinen Kindern gefiele es, und weil es eine Hilfe im Leben sein soll …

– Es kann ein Trost sein …

Mutter: Und es war sehr gut. Ich bin katholisch erzogen worden und bin zum Katechismusunterricht gegangen und so weiter; später habe ich mich vom Glauben entfernt, bin aber weiter mit den Kindern zur Messe gegangen, weil ich nicht wollte, daß sie sich ebenfalls vom Glauben entfernten. Und als Manuel geboren wurde, war ich zweiundvierzig Jahre alt und bin nicht mehr hingegangen. Manuel hatte zudem keinen religiösen Geist. Später hat er eine Frau geheiratet, die praktizierende Katholikin ist, die Kinder auch, und ich weiß jetzt nicht, welche Beziehung er heute dazu hat.

Vater: Und noch etwas Merkwürdiges. Ihre Mutter hat allen das Lesen beigebracht.

Mutter: Nur João nicht. João hat es in der Schule gelernt. Ich habe immer gern gelesen, war immer, von klein auf, begeisterte Leserin. Und ich dachte, es würde ihnen auch gefallen, und je früher sie es lernten, desto eher könnten sie es genießen. Daher habe ich, sobald sie fünf Jahre alt waren, am Tag nach ihrem Geburtstag mit Leseunterricht angefangen. Aber da sie noch klein waren, war es kein richtiger Unterricht. Wenn ich merkte, daß sie unaufmerksam wurden, habe ich aufgehört. Es waren Übungen, die fünf Minuten dauerten, denn man sollte ein Kind nicht dazu zwingen, lange aufmerksam zu bleiben. Alle konnten, als sie in die Schule kamen, mehr oder weniger gut lesen, aber nicht schreiben.

– Wie alt war António, als er lesen gelernt hat?

Vater: Er war fünf oder sechs.

Mutter: Nein, mit fünf Jahren. Weil es beschlossene Sache war, daß ich am Tag nach ihrem fünften Geburtstag anfangen würde, ihnen das Lesen beizubringen. Außer João, wie gesagt. João hatte einen außergewöhnlichen Verstand und war sehr interessiert. Er fragte nach Dingen, die für ein Kind nicht normal waren.

Vater: Ein Freund von Sigmund Freud hat diesen einmal gefragt, wie man ein Kind erziehen solle. Und Freud hat ihm geantwortet: »Du kannst es wie auch immer erziehen, denn richtig macht man es nie.«

– Haben Sie immer schon gedacht, daß António einmal Schriftsteller werden würde?

Vater: Nein, das war eine Überraschung.

Mutter: Nein. Als er Gedichte schrieb, damals ja. Aber davor nicht. Obwohl er immer geschrieben hat.

Vater: In gewisser Hinsicht war es eine Überraschung.

Mutter: Weil er anfangs nie vorgehabt hat, etwas zu veröffentlichen. Es war Daniel Sampaio, der ihn ermuntert hat und …

Vater: Haben Sie Daniel Sampaio aufgesucht? Es lohnt sich, mit ihm zu sprechen.

Mutter: Daniel Sampaio ist immer gern bereit. Er wird Sie mit offenen Armen empfangen. Zum einen, weil er immer Zeit hat, und zweitens, weil er António sehr gern hat, er war es, der ihn ermuntert hat zu veröffentlichen, und er liebt Antónios Bücher. Neulich wurde er nach seinen Lieblingsbüchern gefragt, und er nannte Antónios letzten Roman. Er mag sie also immer noch.

Vater: Wir haben Antónios letztes Buch gar nicht.

Mutter: Sie sollten Kontakt zu Sampaio aufnehmen, weil er Ihnen interessante Dinge sagen kann.

Vater: Er ist Psychiater.

– Er war auch sein Psychiater, nicht wahr?

Vater: Ja.

* Anmerkung zu den Seiten 247, 249 und 254: Da António Lobo Antunes in der Originalsprache zitiert und sie auch thematisiert, hält es die deutsche Ausgabe ebenso. Zum besseren Verständnis hier die wörtliche Übersetzung:

Por tu amor me duele el aire, el corazón y el sombrero: Deiner Liebe wegen schmerzt die Luft, mein Herz und mein Hut.

Como canta la noche, como canta … qué espesura de anémonas levanta: Wie singt die Nacht, wie sie singt … welch Anemonendichte sie bringt.

Solo el misterio nos hace vivir …: Allein das Geheimnis läßt uns leben.

J'ai souffert de l'amour à vingt e trente ans, / j'ai vecu comme un fou / et j'ai perdu mon temps …: Ich habe mit zwanzig und dreißig an der Liebe gelitten, / ich habe gelebt wie ein Verrückter / und ich habe meine Zeit vertan.

serán ceniza, mas tendrá sentido; / polvo serán, mas polvo enamorado: Asche werden sie sein, doch voll Bedeutung; / Staub werden sie sein, jedoch verliebter Staub.

Von António Lobo Antunes
sind bei Luchterhand bisher erschienen:

Das Handbuch der Inquisitoren
  (Roman, 1997, in Portugal 1996)

Portugals strahlende Größe
  (Roman, 1998, in Portugal 1997)

Anweisungen an die Krokodile
  (Roman, 1999, in Portugal 1999)

Der Tod des Carlos Gardel
  (Roman, 2000, in Portugal 1994)

Die Rückkehr der Karavellen
  (Roman, 2000, in Portugal 1988)

Geh nicht so schnell in diese dunkle Nacht
  (Roman, 2001, in Portugal 2000)
286
Fado Alexandrino
  (Roman, 2002, in Portugal 1983)

Einblick in die Hölle
  (Roman, 2003, in Portugal 1980)

Was werd ich tun, wenn alles brennt?
  (Roman, 2003, in Portugal 2001)